山西焦煤
SHANXI COKING COAL

煤炭企业管理培训丛书

U1019126

煤炭企业精益化管理

MEITAN QIYE JINGYIHUA GUANLI

山西焦煤集团有限责任公司 编

中国财经出版传媒集团
中国财政经济出版社

图书在版编目（CIP）数据

煤炭企业精益化管理／山西焦煤集团有限责任公司编. --北京：中国财政经济出版社，2023.7
（煤炭企业管理培训丛书）
ISBN 978-7-5223-2301-5

Ⅰ.①煤… Ⅱ.①山… Ⅲ.①煤炭企业-工业企业管理-中国-技术培训-教材 Ⅳ.①F426.21

中国国家版本馆 CIP 数据核字（2023）第 103534 号

责任编辑：马　真　　　　责任校对：张　凡
封面设计：智点创意　　　　责任印制：党　辉

煤炭企业精益化管理
MEITAN QIYE JINGYIHUA GUANLI

中国财政经济出版社出版
URL：http：//www.cfeph.cn
E-mail：cfeph@cfeph.cn

社址：北京市海淀区阜成路甲 28 号　邮政编码：100142
营销中心电话：010-88191522
天猫网店：中国财政经济出版社旗舰店
网址：https：//zgczjjcbs.tmall.com
北京时捷印刷有限公司印刷　各地新华书店经销
成品尺寸：185mm×260mm　16 开　14.25 印张　322 000 字
2023 年 7 月第 1 版　2023 年 7 月北京第 1 次印刷
定价：89.00 元
ISBN 978-7-5223-2301-5
（图书出现印装问题，本社负责调换，电话：010-88190548）
本社质量投诉电话：010-88190744
打击盗版举报热线：010-88191661　QQ：2242791300

本书编委会

前　言

进入新时代，实现中华民族伟大复兴的中国梦感召着我们，面对历史之变、世界之变、时代之变，全国上下立足新发展阶段，贯彻新发展理念，构建新发展格局，推动经济高质量发展。山西焦煤作为国有煤炭企业，实现高质量发展，加快经济发展质量变革、效率变革、动力变革，一方面需要横下一条心，加快结构调整、产业转型，构建符合新时代发展要求的现代化产业体系；另一方面必须推进管理创新、管理升级和管理再造，加紧构建与现代化产业体系和高质量发展要求相匹配的全新管理体系、运营模式，向管理要发展、向管理要效益。

2020 年 6 月，国务院国资委下发了《关于开展对标世界一流管理提升行动的通知》，明确提出“推进精益化管理、提升精益运营能力，将精益化管理运用到研发设计、生产制造、供应链管理、营销服务等全流程全链条，以最小资源投入，创造更多更大价值”的要求；2020 年 7 月，国务院国资委召开对标世界一流管理提升会议，对精益化管理进一步作出安排部署。这标志着“精益化管理”正式出现在国家战略层面，也标志着精益化管理由学术研究和企业探索转向由国家倡导的全面推广阶段。从国务院国资委安排部署，到社会、企业层面积极响应、迅速行动，充分体现了社会、企业层面对精益化管理的一致认同，更从管理创新的角度为山西焦煤指明了高质量发展的目标和路径。

精益化管理起源于 20 世纪 20 年代，其核心是以市场为基础、以客户为中心、以结果为导向、以数字化为支撑，注重产供销全过程效益、效率、效能提升和工艺水平改进，持续优化流程管理、供应链管理、质量管理、人力资源管理等，以最小投入创造尽可能多的价值，实现企业效益最大化。工欲善其事，必先利其器。精益化管理经过近百年的探索、实践后逐步发展、完善，具有极强的生命力，已成为世界公认的、科学的、最具竞争力的科学管理体系和管理方法。

作为新组建的焦煤集团合并主体之一，山西焦煤集团早在 2017 年就着手推行精益化管理，并在一些单位开始试点且取得一定成效。2020 年，山西焦煤集团与山煤集团实现联合重组，重组后的新焦煤锚定“打造具有全球竞争力的世界一流炼焦煤企业”奋斗目标，明确提出：精益化管理是企业管理的一场革命，是实现新焦煤高质量转型发展的必由之路，是加快建设世界一流炼焦煤企业的重要抓手，是解决新焦煤突出问题的治本之策，是每一位焦煤人的历史使命和责任担当。

本书在吸收日本丰田精益生产合理内涵的基础上，以山西焦煤集团有限责任公司精益化管理实践为依托，立足煤炭产业特点，主要研究了煤炭企业精益化管理基本原理，煤炭企业作业成本管控，同时总结提炼了在管理推进过程中能够复制应用的管理案例。

本书适用于煤炭企业的管理人员和技术人员，为煤炭企业推进精益化管理提供有益的参考和指导。随着精益化管理的不断深入推进，未来还会有更多的管理创新成果产生。千里之行，始于足下，希望读者朋友能够牢固树立精益化管理理念，认真领会精益化管理内涵，准确掌握精益化管理在实践中的方式方法，不断提升精益化管理素质和能力，用创新的精神、务实的行动，为推动煤炭企业高质量发展作出新的贡献。

对于书中存在的表达不够精准、不够完善甚至偏差之处，敬请包涵和指正！

作　者

2023 年 6 月

目　录

第一部分　精益化管理原理要义

第二部分　精益化管理应用实践

第一部分　精益化管理原理要义

第一章　精益化管理概述

第一节　引言

2020 年 6 月 13 日，为贯彻落实习近平总书记关于国有企业一系列重要论述和重要指示批示精神，进一步推动国有企业管理体系和管理能力建设，国务院国资委正式印发了《关于开展对标世界一流管理提升行动的通知》（国资发改革〔2020〕39 号）（见图 1－1）。通知提出，到 2022 年，国有重点企业基本形成系统完备、科学规范、运行高效的中国特色现代国有企业管理体系，企业总体管理能力明显增强，部分国有重点企业管理达到或接近世界一流水平。

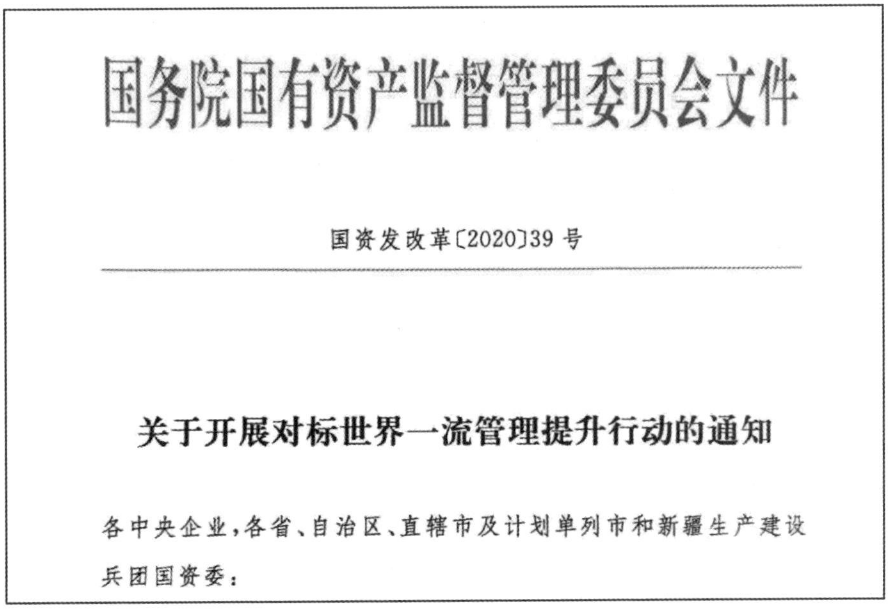
国务院国有资产监督管理委员会文件

国资发改革〔2020〕39 号

关于开展对标世界一流管理提升行动的通知

各中央企业，各省、自治区、直辖市及计划单列市和新疆生产建设兵团国资委：

图 1－1　国资委《关于开展对标世界一流管理提升行动的通知》

在此背景下，某省属国有企业党委积极响应党中央号召，为提高企业生产经营管理效率，降低成本，按照对标世界一流管理要求，通过大量的调研学习，因地制宜地导入了世界一流管理经验之一的精益化管理。该企业经过几年的摸索、改革和实践，构建了符合煤炭企业实际的精益化管理新模式，通过实施一系列提质增效、节支降耗举措，最终实现了企业成本的有效降低和上缴国家利税的大幅提升。为了推动企业进一步发展，特撰写本书，对精益化管理的基本要义进行介绍，并通过案例对该企业推行精益化管理过程中取得的经验进行总结和提炼，与全国同行共同探讨中国煤炭企业高质量发展的实现路径。

第二节　精益化管理与生产模式的演进

1973 年，时任丰田汽车总公司总经理的大野耐一出版了著作《丰田生产方式（トヨタ生産方式）》，书中总结了他在丰田几十年实践的管理经验。

当时，日本市场正处于一个激变的时期，各行各业受到石油危机的影响，业绩开始急速下滑，整个日本经济由盛转衰，进入了经济低速增长阶段。在日本经济低速增长的背景下，与其他企业业绩锐减的现状截然不同，丰田汽车公司的业绩仍然保持在较为稳健的发展水平。因此，大野耐一的《丰田生产方式》一经出版，便引起了很大的反响，人们纷纷猜测：或许丰田成功的秘诀就隐藏在书中所提到的独特生产模式中。随后，由于其导入不同企业都取得了较好的效果，实践性较强，丰田生产方式的精益化思想在全球范围内得到了推广。事实证明，丰田生产方式，不仅为丰田公司创造了巨大的价值，在其他行业和企业实施后也收效颇丰。那么，丰田公司采用的精益化生产模式与大规模生产模式相比，其有效性和普遍性是否适用呢？从精益化管理的实践结果来看，国内外很多不同行业的企业都在灵活运用了精益化管理后，都取得了很好的成效，精益化管理的有效性和普遍性毋庸置疑。

在企业的生产管理发展过程中，各种学说百家争鸣，其中最具权威的是泰勒的科学管理观。汽车制造行业在丰田模式出现之前，最成功的生产模式当属福特生产模式。但泰勒的科学管理（Scientific Management）和福特的生产模式都是针对单一车型，采取同步控制（Synchronized Control）的方式，也被称为大量生产或批量生产（Mass Production），而丰田模式所采用的丰田生产方式则可以认为是超越传统模式的自律控制（Autonomous Control）。

本书旨在深入研究丰田生产管理模式的思想精髓，为了准确地理解这一管理模式，本书在结合历史发展和市场条件等社会背景的前提下，从丰田的生产控制、作业管理、劳务管理等侧面和企业理念出发，深刻地理解丰田生产管理模式的创新点、构筑原理和实施方法，进而明确其在生产管理史上的定位，展望今后的发展。

一、精益化管理的追求

精益化管理的基本思想可以精要地表述为：“为了贡献利润、创造更多价值而彻底消除浪费，追求高效合理化生产”（大野，1978）。精益生产是为了彻底消除浪费而展开的、追求达到最短生产期间、作业效率化、管理效率化的生产模式（熊谷，1978）。

（一）最短生产期间

最短生产期间又称为JIT（just in time：及时性生产或柔性生产），它是指为了实现最低库存和最短生产时间的生产目的，以生产系统生产流程全过程为焦点，追求生产体系运作的高效合理化。其效果包括提高运营资本周转率、消减库存、节约空间、压缩周期时间（Cycle Time：CT）、提高顾客满意度等。JIT可以使企业在库存水平降低的情况下，将品质不良和生产流程中生产切换太长、设备故障、生产线不均衡等生产系统基础能力薄弱的问题更加透明化。更重要的是，JIT给出了如何逐一克服和解决上述问题而达到更高水平生产系统的对策。总之，JIT的主旨是为了实现最低库存和最短生产时间，将生产进度与全品优良品化、低成本生产等条件进行相互关联，最终实现生产价值提升。

（二）作业效率化

作业效率化要求企业以根据单位时间所需数计算出的周期时间（生产需求量/工作时间）为基础进行生产，不追求过度的自动化，作业效率化要求开发通过第二次机械化水平作业的多工序、多设备作业生产，按流程顺序配置设备和机器，这是一种由一人或多名作业人员同时负责多工序的多能工作业方式（熊谷，1978）。精益生产模式中，在作业效率化的基础上，另一个引人注目的改善点是全面压缩作业准备、切换时间（生产品种切换时间），这也是多品种生产下，维持最低库存生产的基础。如前所述，福特模式大量生产的产量是基于经济订货量（Economic Order Quantity，EOQ）的原理，虽然带来了长时间高性价比、高速度地运转，但仅考虑了单一模式下的生产，缺乏考虑压缩品种变换和流程切换时间的问题。而精益生产模式则是利用工业工程（Industrial Engineering，IE）技术，彻底地压缩生产时间。

（三）管理效率化

管理的效率需要根据管理能力和管理成本的高低两方面来评价。精益化管理中管理效率化是指基于JIT应对生产状况的各种变化，在多品种少量化生产中实现最小管理成本的“看板”模式。在质量上，通过自动化保障实现低价和全优良品。在精益化管理中，为了实现高效率的管理体系，丰田创造出了以拉动式生产模式为原理的看板模式和“自働化”①。

---

① 一般来说，自动化是指将人的工作机械化，以提高效率和速度为目标。在精益化管理生产模式中，不是“自动化”，而是写带有“人字旁”的“自働化”。精益化管理生产模式中的自动化是以提高产品生产质量和提高人的工作质量为目标，为此在机器的工作中加入人类智慧的工作，在发生问题时自动关闭机器。所以说，“自动化”与“自働化”最大的不同是，通常的自动化是自动运作，而精益化管理生产模式中的自働化是自动停止。

二、生产管理模式发展演进

（一）泰勒模式之前的管理模式

在泰勒之前，企业内的管理人员将管理目标确定为“为了确定工资而对工作进行的管理”。其中，最具代表性的方法是进展管理（Drafting Control），其特点是将生产管理的重点集中在如何决定工人的工资率上，通常以按件计酬的工资计量体系为中心来提高生产效率，但按件计酬的标准存在很大的局限性。这是由于按件计酬的标准（基准）一般是由经验决定的，如果工人的自主积极性得到提高，设备和作业方法得到改善，单位时间的生产量就会增大。这时，经营者为了保证自身利益通常会设法降低工人的工资率，导致工人虽然凭借经验等有利因素提升了生产率，但工资总额却没有提高，仍然维持在较低的水平。即随着生产效率的不断提高，工人工资率反而会进一步下降。因此，企业生产效率的提高未必总是与个人或作业者群体的利益挂钩，从而可能使企业陷入群体性消极怠工的困境。为了解决这一问题，企业管理者又提出了节约型工资分配制度，但由于没能找到公正合理地确定单位时间合理工作量的方法，最终结果仍是劳资双方的纠纷不断。

（二）泰勒模式

泰勒（1856—1915）认为，劳资纠纷不在于工资支付制度的不合理，而在于工资率的设定不科学、不合理。如果能够确定合理的工作方法，让有能力的人去做适当的工作，就能决定出公平的日工作量（a fair day is work）。为此，企业进行了各种各样的实验和试行。从课业研究延伸到作业研究和时间研究，工资率的确定基于工作的难易性、必要的能力、社会环境等不同角度，公平地决定（藻利，1965）。

终于在一系列试验和试行后，构筑起泰勒体系，泰勒体系也称为科学管理法（Scientific Management）。泰勒体系的主要内容可以归纳如下：

1. 基于作业研究和时间研究，设定合理的作业方法和作业量（课业）。这一原理在后来的福特模式、大规模生产模式、精益化管理中都得到应用，实际上没有发生本质的变化。

2. 实行计件工资制度。科学地设定和计量作业，并以此为基础建立计件工资制度。

3. 按职能实行班组长（职长）制。其与计件工资制度、企业内部承包制度共同形成了泰勒式生产系统。尽管其强调一切人工物料都进行科学管理，但依然缺乏整体的合理性和系统性，与后来的福特模式、大规模生产模式、精益化管理相比，可以视为以生产者为中心的部分合理化生产管理系统的尝试。

（三）福特模式

福特模式是亨利·福特在开发福特T型汽车（Ford Model T）[①] 的时候（见图1－2），

---

① 1908年9月27日，诞生于密歇根州底特律市的皮科特（Piquette）厂。T型车实现了汽车的低廉化，从而使汽车作为一种交通工具走入寻常百姓之家，亦使美国成为“车轮上的国度”。

为生产福特T型汽车而创造出来的生产模式（藻利，1965）。

图1－2　1908年福特推出的低廉汽车——福特T型车

1. 福特模式的具体内容

（1）福特模式是一种以单一品种的大量生产为目标的生产系统。

（2）以规范化的零件生产为对象，将操作动作、工具、设备、机器、生产线、职场、工厂（车间）等进行彻底的专业化。

（3）流水作业方式。

（4）彻底专业化分工。

（5）从钢铁生产到零件生产、最终组装，由多条生产线、分厂组成的树枝状生产线。

2. 福特模式的特征

（1）泰勒模式是根据作业研究来追求合理的作业方法和缩短作业时间。但是，泰勒模式仅仅只是整合各个要素进行最优化，而汽车生产体系可以理解为一个综合体系，其作业流程和分工实现了跨企业、跨生产线的整体同步管理。相对于泰勒模式，福特模式向管理的整体化、机械化进行了拓展。

（2）福特模式以单一品种的长期化大规模生产为前提，彻底地追求合理性，将工作人员也单纯视为可交换的组成部分，是极端的生产本位的体系思维。

（3）通过连续化生产，追求低成本和最少周期时间。

（4）利用输送带等实施进度管理的机械化和强制性。

（5）确保零部件的标准化和互换性，推进全品优良品化。

（四）大规模生产模式

福特模式是单一品种的长期连续化生产模式，在单一需求的汽车制造时代福特模式取得了极大的成功。但随着市场对产品的多样化需求，单一化品种的产品已无法满足市场多样化的需求。于是，GM的斯隆（Sloan Jr. 1875—1966）开发出多品种大规模生产的大规模生产模式（三轮，1978）。

1. 大规模生产模式的主要内容

（1）多式样车型从外观上看，就是每年更新换代提供给市场的生产系统。

（2）实现众多品牌车型的差别化。

（3）推进零部件的标准化、通用化，实施长期化大规模生产。

（4）与模式体系整体的最优化无关，为了实现各零部件生产成本的降低，利用昂贵的高速化设备进行生产。

2. 大规模生产模式的特征

（1）作为生产体系，吸收福特模式优点的同时，采取了挖掘市场需求的产品样式更新政策。

（2）在管理上，引入了将权限下放给各品牌负责人的分散型体系。

（3）产品的生产和零部件的生产都有各自最优化的生产体系存在，相互之间互不相关。为了降低成本，实现了设备和机器的高性能化。

（4）虽然各式样在外观上有所不同，但仍不忘追求零部件通用化的努力。

根据这些特征，大规模生产可以实现以低廉的成本大规模生产外观上有所差异的、不同样式的汽车和产品，但仍难以应对石油危机等经济和社会状况变化所带来的困难。另外，为了低成本生产产品或零部件，不管产品的（市场）状况如何，工厂依旧采用昂贵的高速化设备连续生产。为了应对生产量的变动，生产准备、切换将花费极长的时间，这导致了费用的增加。作为零部件生产合理化的对策，诞生了 MRP（Material Requirement Planning）和 EOQ 等手法。

（五）精益化管理

1945 年，战败的日本处于灭亡边缘，人民在贫困和饥饿的境地中挣扎，产业界也在极度疲惫中徘徊不前。

制造业在荒废中开始重建，丰田当时的生产能力仅为月产 800 辆卡车的水平。由于战争中对生产力的过度使用，丰田还存在生产设备老化、技术人员严重短缺等问题，导致生产效率低下，生产目标难以达成。根据相关数据，1950 年，日本的汽车生产量是美国的万分之一，生产效率也只有美国的 1/8。

当时，丰田陷入了关系到企业生死存亡的巨大经营危机中。为了化解这一经营危机，丰田明确了生产必须解决的几个课题：第一，必须将中小卡车、客货两用车、小型轿车等车型的生产结合起来，进行多品种少批量的生产低成本化；第二，企业必须构筑生产效率不低于欧美国家的可实现的生产模式。

这要求丰田必须在超越当时生产效率 8 倍的同时，实现成本的低水平（低于欧美的低成本）。而且，在此基础上还要实现多品种少量生产，对于当时的丰田，以上目标是根本无法想象的高难度课题。

此后，丰田公司以大野耐一为中心的团队勤勉务实，脚踏实地地从实践出发，日本汽车制造企业的低谷期逐步攀升，最终实现了以更高的品质和更低的成本生产多种车型的目标（大野，1978），成功地从实践中发展出了丰田生产方式。在 20 世纪 80 年代，美国麻省理工工学院教授詹姆斯·P. 沃麦克等专家启动了一项名为“国际汽车计划（IMVP）”的研究项目，通过对全世界 17 个国家 90 多个汽车制造厂的调查和对比分析发现，日本丰田汽车公司的生产组织、管理方式是最适用于现代制造企业的生产组织管理方式，随即，将丰田生产方式定义为“精益生产（Lean Production，LP）”，即狭义的精益化管理。

1. 精益化管理的主要内容

（1）彻底消除浪费；

（2）根据多品种少量的需求进行混合生产（平准化）；

（3）通过 JIT 生产手段，实现最低库存生产和拉动式生产；

（4）通过自働化追求生产高效率、多工序作业（机械）和多能工化（Multi skill）①；

（5）利用看板（Kanban）模式等实现管理的自働化和自律型管理。

2. 精益化管理的特征

（1）以市场需求为导向，追求生产合理化，兼顾相互排斥的顾客满意度和生产效率两目标的同时实现，追求全面满足的、生产体系效率的提高。

（2）追求 JIT、最少库存、最短周期时间等目标，这与福特模式相似，但精益化管理要求在多品种小批量背景下同时全面实现目标。

（3）基于看板模式的拉动式生产，不是通过管理来移动生产对象，而是通过物和生产的移动来与管理联动，是在生产流程中嵌入进度管理的生产管理模式。

（4）福特模式和大规模生产模式都是基于中央集中控制的管理，指令是通过信息网络传达到各个部门。而精益化管理却是在最后组装工序的最前端工序传达中央集中生产指令，整个工序通过看板模式，实现自律管理。精益化管理使生产体系主要功能（内容）的进度、数量等管理变得简易化，提高了生产适应变化的弹性，实现了低成本高水平的管理。

（5）生产体系不再由中央集中控制，而是将责任权限移交给现场生产体系。通过重视自主性运营，提高劳动积极性，这也是对福特模式中出现的人性阻碍的一种应对方式。

三、生产模式的比较分析

（一）精益化管理的目的

精益化管理的本质是在一定的市场价格和工资条件下，通过彻底消除浪费以降低成本，从而实现更高利润的经营指标。此外，为了满足市场需求，精益化管理选择在最佳时机为满足顾客的要求而进行多品种生产，对从产品原材料到产品交付客户的复杂生产流程上的包括合作企业、外购的上游企业在内的所有企业进行关联，保证生产持续稳定地降低成本。为了实现这一目标，企业必须对生产力的各要素进行高度的协调统一，实现成本、机能和交货时间等顾客需求的全面满足。为此，在明确以上目标的基础上，对生产体系各构成要素的流程、作业和管理，反复不断地进行实践性、革新性的努力，开发出符合精益化管理理念的各种手法、机制，最终构筑出促进构建高水平持续性改善机制的综合生产体系。

---

① 简而言之，在传统的生产线，每个员工只负责一台设备或工序，即单能工。为了减少待工的浪费，精益化管理要求员工同时负责数台同种类设备或工序，进而消除待工带来的浪费，提高效率。此工作模式叫“多工序”，员工就叫“多能工”。

精益化生产体系的特征是以市场为导向、以客户为中心，合理组织生产形态，采用多品种少批量、系列化持续性同步生产、追求低成本的生产体制。

（二）福特模式、大规模生产模式和精益化管理的比较

精益化管理与福特模式以及之后的大规模生产模式相比，被认为是更加进化的生产方式和生产管理模式。就生产模式的发展历程来看，各种生产模式基于不同的时代背景都是历史的选择，但每个生产模式的迭代都必然将生产系统的革新性作为课题。

1. 福特模式

此处的福特模式是指 20 世纪初开发的福特生产方式。在福特汽车生产模式出现之前，汽车是作为王公贵族的交通工具根据订单模式手工制作的。福特生产模式试图将汽车大众化，其原理是以实现汽车功能为目的，彻底实现以生产为本位的合理化导向。福特模式面向单一产品，在保证高品质、低价格的前提下，为员工提供仅凭工资就能购买的汽车，同时将汽车拉下神坛为社会提供服务。基于汽车大众化的目的，福特模式从原料到成品的一条龙生产出发，使各工序同步化，建立了大量专用设备和机器，构筑出在组装环节实行彻底的流水线作业和分工的生产体制。福特模式的特点是以移动组装法为代表，本质是从原材料到产品同步化流水线生产。

例如，福特模式下的汽车生产从铁矿石到整车下线仅需 81 小时，这实现了周期时间划时代的缩短（藻利，1975）。福特模式不仅是有利于降低每个产品成本的合理化生产方式，而且是有利于提高经营资本周转率的优秀生产方式，尤其对福特公司的资金运营管理方面具有显著的效果。

如上所述，福特模式的特点就是在生产形态上，彻底贯彻以自我为中心的、单一产品大规模生产。

2. 大规模生产模式

随着福特 T 型汽车的销量增加，汽车得到迅速普及，汽车产业规模也得到不断扩大发展。之后，消费者开始追求多样的车型，汽车产业也开始被要求不断地进行更新换代。同时，支撑汽车产业发展的其他相关产业也得到了发展。

在这一背景下，通用的斯隆倡导构建了多品种大量生产（以下简称“大量生产”）机制。同步（同时）生产多款车型，并且每年都会推出新的车型。汽车企业产品的车型数量变多，由于车型改款大多是外观发生了变化，通用的零部件还是被持续使用。生产设备向高性能化、高价化发展。

设备本与汽车产业整体的匹配性无关，它是根据自身的进化规律不断向高性能化、高价化发展的。这种设备的连续生产速度越来越快，但品种转换和批量转换的时间相对来说却变长了。为了实现低成本生产，利用这种设备进行多品种化的零部件、产品生产，就必须实行集中生产、库存型生产，缩短周期时间的课题也就不得不放在第二位考虑。因此，大规模生产模式将生产准备、切换时间作为给定的要素，考虑到运转损失和库存损失，按照适当 EOQ 运营生产体系。

另外，在设备高度发达的生产体系中，选择库存型生产导向的理由之一就是考虑到设备故障的缓冲功能。这一功能在生产体系中被视为次要因素。虽然生产准备、切换时间一

直被视为给定时间，但实际上，在近（现）代生产体系中，它是支配低成本化和无滞留生产化这两个课题实现统一协调的关键要素。它们通过销售额利润率和经营资本周转率构筑了综合经营效率，所以从大规模生产到现在的一般生产体系，都会重视通过降低成本实现销售额利润率的提高，而轻视经营资本周转率。

3. 精益化管理

精益化管理的狭义概念即精益生产，其目的是以市场（顾客）为导向，应用 JIT 方式进行多品种少量生产。即努力通过个别对应的柔性流水线、低成本实施的协调性生产体制。其本质是综合吸收了福特模式和大规模生产模式的特点，这也是生产体系发展的历史性回归与统一。

（三）精益化管理的意义

大野耐一为了追求彻底降低成本，实现了很多“自働化”，同时他注意到降低成本的效果可能被产品滞留造成的损失所抵消，为了消除这种损失，他提出了 JIT（just in time）生产方式。

作为实现方案，大野耐一从美国超市的经营模式中获得了灵感，创造了具有划时代意义的拉动式生产模式，即“看板模式”。超市的经营特点是不仅要将商品的库存降至最低，还要低成本地备齐多种商品，同时要求敏锐地了解顾客动向，迅速补充商品。这样才能将商品周转率提高至极限，现在的便利店也是在努力做到这一点。我们可以理解为精益化管理将此推广到了生产现场。

精益化生产流动化导向就是追求各工序的无缝衔接。这与通过降低工序间搬运和准备、切换时间，实现成本降低的思维是一致的。

另外，根据实际需求，工厂每天都以多品种混合的形式进行生产，为了实现这一生产方式的生产流动化，就有必要实现多品种混合的高切换生产。对切换生产进行管理是为了防止由于重新切换生产产品，导致生产停工时间延长而带来的成本增高。在福特模式下，由于长期生产产品的品种单一，所以不会发生这种情况。但在精益生产模式下，对于高速度、高价设备来说，停止生产而产生的损失将会很大。在一定程度上，生产流动化和低成本这两个成本减少原则具有相斥的特征。

精益化管理谋求的是生产流程体系的无缝化衔接，关系到如何实现流动化和低成本这两个相斥原则的相容化。另外，由于工厂在低成本的同时尽可能追求缩短准备、切换时间，所以调和这两个相斥原则之间的冲突具有深刻的意义。

在精益化管理中，为了实现流动化和低成本化这两大生产原则，将“工序衔接”“缩短准备、切换时间”作为生产体系的支柱，作为这两个支柱的强化对策开发了很多手法。例如，为了有效降低故障发生率，使异常更加透明，作业改善更加迅速，开发出了快速应急管理系统，提升作业有效性和设备适宜性的“自働化”设备或体系。精益化管理中，“自働化”包括助力自働化、停止自働化（防错）等，是超越生产体系自动化水平的结构的总称。

如图 1－3 所示，生产体系由流程体系、作业体系、管理体系三个基本结构构成。而且，在管理体系中追求流动化和低成本化两原则的是“看板模式”。因此，可以认为精益化管理是上述生产体系的三个目的的高度化和功能化的协调统一综合体系。

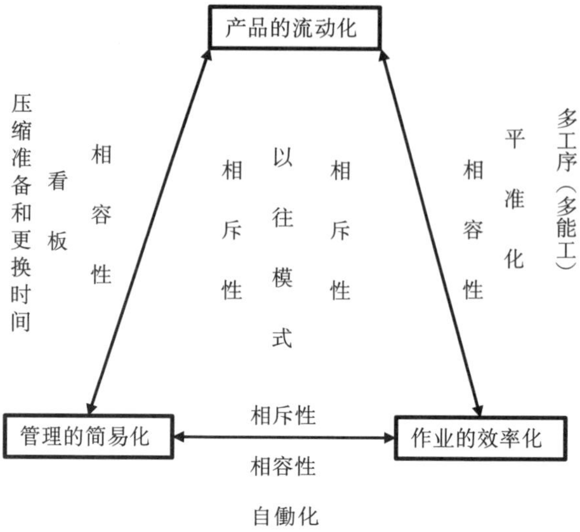

图 1－3　精益化管理结构

（四）流程体系、作业体系、管理体系的组织结构

在传统的大规模生产体系中，生产体系的三个目的之间存在如图 1－3 所示的相斥关系已成为常识。例如，提高产品制造的流动化会因准备、切换时间的延长而导致生产效率的降低。通过同步管理来提高作业效率和产品的流动化，又会陷入管理控制困难和成本增加的境地。

在精益化管理中，丰田开发出了挑战传统生产体系固有的常规和桎梏，努力实现全面满足的手法，其中包括为了尽可能压缩准备、切换时间和衔接工序的“多能工”和“平准化”等手法。

运用精益化管理，丰田打破了人们一直以来对产品流动化、作业效率、管理难易这三者看似相矛盾（相斥性）的固有观念，成为实现高度协调统一的生产体系。

就其意义来看，精益化管理是以大野耐一为代表的丰田人的理想和执着追求，是彻底的现场主义的产物。

第三节　JIT 概要

一、JIT 的思想

在多品种少量生产的背景下，如何才能低成本生产是丰田的重要课题。为了使生产体系无缝衔接、连续运转，丰田考虑了多种方案。考虑到市场需求会频繁波动，生产设备也不能保证总是发挥预定的效率。因此，最简单有效的方法是连续生产相同的零部件或产品，并在生产体系的重要结合部，保证一定的库存作为缓冲。但是，日本的汽车产业在战败后进行重建时，市场不容许大规模生产模式，缺乏选择这种简单生产方式的前提条件。

一般来说，在工业生产中，机器、设备和人虽然都具有一定的生产加工能力、必要的精度、熟练作业和有效地利用土地等优点，但如果不形成一定的规模就会不经济。如果对多个品种进行少量生产，零部件、产品的生产需求量就会与经济的生产规模产生背离，因此，在同一生产线上生产多种产品是很有必要的。对市场需求的预测也是如此，比起预测汽车总体，从私家车，再到某一车型、某一车型特定颜色，细分得越细，需求量的变动幅度就会变得越大，预测的困难性也就越大。而且，生产数量越少，产品生命周期的长短、生命周期总生产量的预测就会越困难。所以，在生产线和设备设计中，即使想要预定和设计最佳生产规模，由于作为前提的预测量本身并不明确，专用化设备的构筑和设计也就会非常困难。

另外，即使是一系列产品、零部件的生产，通常也会有多个前道工序和后道工序，不同生产设备的经济生产量和加工能力也会有所不同。越是接近最终工序，生产形式就越趋向为组装型，对人的依赖程度就越高，机动性也会越高。相反地，如果越接近零件加工、材料加工等工序的上游，就越需要机械、设备的加工能力。一般来说，若是生产速度高，与生产需要量相对应的设备的设计难度就会增大。

而且，生产计划的对象越是多品种，生产量越小，需求变动和流程故障对变动幅度的影响就会越大，相对于计划量来说整个生产困难就会更大。采用传统的生产方式，各工序根据各自的能力，独立地实施连续、高速的生产，就需要在各工序的连接点准备各零部件和产品的库存。如此，整体上会产生大量的缓冲库存，但库存会产生维持费用和管理困难等诸多问题。所以，费用和需求的变动以及应对多品种生产，还是困难重重。

为此，大野耐一提出的JIT（just in time）以需求为中心，根据需求进行生产，其思路是“在必要的时候，仅生产顾客必要的量的产品”。所谓“必要”，其起点是从顾客下定单开始的。从前道工序到后道工序，加工产品井然有序地移动，去除中间过程（工序）的库存，以最短的生产期间实现连续生产。相较于福特的单一车型扩大市场需求和通用以市场销售为导向，精益生产理念要求以市场需求为中心的JIT。但是，考虑到少量不确定订单由中央生产管理部门归总统计生产计划和时间提前量，为了应对不同生产能力的各工序的生产准备、切换时间的差异，以及各种设备故障、不良导致的生产故障，除去运用庞大的库存来缓冲这个方案，丰田不得不构建精细且消耗管理费用的管理体系。

为了成功实施JIT，大野耐一创造出了“拉动式生产方式”。一般的生产流程都是推动式生产，即前道工序按照计划完成生产后，不管后道工序的状况如何，前道工序仅按照自己的计划把完工品搬运到后道工序。拉动式生产方式是对传统生产方式的一种逆转，即由后向前，后道工序在使用完一定数量的零部件和其他生产材料后，向前道工序领取零部件和其他生产材料的生产方式。这种逆转的思维方式来自于超市的模式（大野，1978）。该模式绝不允许前道工序的生产量超出后道工序需求量，因此，前道工序必须按照后道工序需求量进行生产，而且，前道工序的在产品生产量还要限制在一定量以下。为此，丰田导入了“看板”这一机制。这也是有段时间，拉动式生产被称为“看板模式”的原因。

根据拉动式生产模式，阻碍 JIT 生产模式实施的情况很可能有两种：第一种是生产量和品种的变动；第二种是各工序间的生产能力以及准备、切换能力的差异。如果生产量以及品种发生变动，越往工序的上游追溯，生产流程越精细，生产设备和机器甚至将为了几个零部件或材料而采取特殊化应对。为此，负荷的变动就要增大，生产量就不能满足必要的需求量，就会产生待工而形成浪费。为了解决这一问题，丰田导入了将生产种类和数量尽可能平均化的“平准化生产”。“平准化生产”具体来看就是，各工序应对生产需求量的速度按“循环时间（＝运作时间/生产需求量）”进行生产。此外，“平准化生产”还要求根据生产需求量制造（准备）设备。

另外，第二种情况也是同样的道理，越是上游，其设备、机器就越是高价、高速度。究其原因，是为保持连续性生产，不重视可转换性而产生的现象。为了解决这个问题，生产必须压缩各工序的生产准备时间，因为准备时间越长，切换损耗越大。因此，为了确保一定的生产量，有必要通过减少生产准备、切换次数来提高运作效率。所以，如果每批产品的生产量增加，工序间的在产品（半成品）将会增大，周期时间也会被拉长。同时，发生残次品、设备不良等是造成少量多品种生产模式下生产过度的重要原因，必须采取对应的预防措施。

二、JIT 的基本结构

生产体系由生产流程体系、作业体系、管理体系构成（熊谷，1978）。生产流程体系是指资材与零部件加工成为产品的转换过程，焦点是生产对象的变动和加工变化。作业系统是实现生产流程体系的过程机能的生产手段（设备、机器、人）及其活动。管理体系是使生产流程体系和作业体系高效、具体地运作的体系，由计划和评价功能构成。

精益的生产体系并非有意识地为了构筑作业体系和管理体系而开发出来的。归根到底，它是为了彻底改善生产中出现的课题而相对地开发形成，其构成要素分别是 JIT、自働化、看板模式。

三、JIT 的导向

生产流程（工序）基本上由加工、移动、停滞、检查 4 个要素构成。其中，主要创造价值的是加工，伴随的是移动和检查。

在这个生产流程中，大野耐一主张追求 JIT 的状态。这个状态是指生产对象在下一道工序需要的时候，不提前，而是刚好到达。因此，必须要秉持“将必要的东西，在必要的时刻，只生产必要的量”的思想。

大野耐一“JIT”的主张非常符合丰田喜一郎的思想。即使通过自働化降低了加工费，但如果生产流程过程中存在浪费，好不容易取得的降低成本的效果就会被抵消。这也意味着从作业体系的合理化向生产流程体系的合理化更进了一步。大野耐一开发丰田生产方式的初级阶段，一开始只是为了提高生产效率、降低成本而努力构筑作业体系的自働化，而且，为了更有效地运用 JIT，才进一步推广实施了看板模式。

四、JIT、生产期间和库存的关系

生产中最大的浪费，是制造出来的产品卖不出去。此外，浪费也与从接受订单（生产指示）到交货（销售）为止的生产时间长短密切相关。若是生产期间比顾客要求的时间短，将能够最大程度地避免浪费。JIT 要解决的并不是简单的卖得好、卖出去的问题，它与采购、生产、产品完工后各过程（工序）的时间长短都相互关联，其极限是杜绝卖不出去的库存状态出现。

生产期间的思维方式是生产期间中有意义的只是加工时间，而对实际生产期间进行比较分析就会发现，其时间构成中，很大部分是库存状态和生产批次的等待时间。因此，重视生产流程的 JIT，实质上和基于在最短生产期间实现最少在产品的生产模式在思维逻辑上是一致的。

五、JIT、生产流程体系和作业体系的关系

生产流程体系思维方式的 JIT 主张，如果忽视作业体系，则作业体系将长久处于空闲状态，只要加工任务（原材料）到达时能立即进行加工的思维将使作业体系始终处于余力状态，即低运转率运行，从而降低作业体系的生产效率。相反，如果只从作业体系生产性的视角来考虑的话，总是处于生产准备完了、等待加工任务的状态，就可以提高运作效率。总之，生产流程体系和作业体系两者的关系是一种权衡的关系。现在，在很多场合下，生产管理的理论，往往都是基于权衡的理论（原则）。

当然，理想的 JIT 中，生产流程体系和作业体系两者的关系应该是无缝衔接的关系。从作业体系的视角来看，上一个作业结束时正好下一个作业任务（资材）到达，可以不用等待、无缝隙地持续作业；从生产流程体系的视角来看，到达作业线时，上一个作业刚好结束，也可以不用等待，马上开始加工。

福特的同步管理也可以理解为这种生产模式。在福特模式中，从钢铁石的运入，到整车完成、到生产线下线为止，将生产期控制在 81 小时内（藻利，1965）。但是，应该说这是极端的、以生产为本位的生产体制，是通过单品种、大规模生产实现的生产体制。在单一品种大规模生产中，只要使各生产站点的周期时间一致就可以实现。如今由于产品的多样化，以及导入的高性能、高速设备带来成本降低等良好效果的同时，作业体系也将陷入高价化，这是缩短生产期间而出现的新课题。

但是，即使牺牲生产流程体系的运作，也要提高作业体系的生产性已成为管理的主流。简言之，精益化管理可以理解为，在大规模生产背景下，在生产流程体系的流动化生产中，尽可能地追求作业体系的生产性提高。该模式巧妙地解决了前述的基于生产管理理论的压缩生产期间出现的新课题。

其开发顺序是首先努力通过作业体系的自働化来提高生产效率，然后为了消除生产流程体系中的浪费，导入 JIT。如果被迫在作业体系和生产流程体系二者中做选择，即使选择作业体系，也要严格执行“在顾客要求的时间，只生产顾客必要的数量的产品”的 JIT

实践理念。同时，在精益化管理中，为了解决生产流程体系的 JIT 和作业体系中的问题，丰田公司开发了生产输入的平准化生产、在作业体系中急剧压缩准备、切换时间、多工序作业和多能工等多种手法。

六、JIT 的效果

实施 JIT 生产可以取得的效果如下：

（1）提高经营资本周转率；

（2）提高顾客服务和销售推广能力；

（3）提高需求预测的精度和订单生产性；

（4）削减库存费用；

（5）减少资材处理；

（6）减少生产所需占用面积；

（7）减少设计和更换型号的损耗；

（8）防止在产品质量的恶化；

（9）快速反馈；

（10）生产系统的问题点透明化；

（11）实现动态管理。

在这些效果中，最基本的也是最关键的是提高投入资本周转率的经营资本周转率，而其他效果是发挥经营效果的基础条件或附带效果。经营资本利润率可以表示为销售利润率与经营资本周转率的乘积，而 JIT 的焦点在于提高经营资本周转率，生产的主要课题是通过降低成本来提高销售利润率。

目前，企业都将最终的关注点落在产品的生产成本和销售价格，以及这两者之差的利润上面，但却没有考虑成本发生时间的静态利润指标。更全面的方案应该是在关注静态利润的基础上，迅速回收成本和利润投入到下一次经营中，即提高周转率，只有包含周转率在内的动态利润才是真正实现了经营成果的提高。

经营资本是投入到资材、在产品、库存产品等的库存上的金额。因此，降低必要的经营资本的课题其实就是降低库存金额的问题。

迄今为止，由于生产管理的主题是降低加工费，所以进行库存管理时，人们的关注点往往集中在通过削减人工费、海外扩张等策略，进而提高生产和作业效率。换言之，为了提高销售利润，而牺牲了经营资本的周转率。或者为了提高生产效率而使用库存，得到降低成本的评价。当然，即使降低了成本，销售利润率提高了 20%，但资本周转率却下降了 30%，提高效率就失去了意义。

成本降低一直被认为是评价生产活动的主要指标，而压缩周期时间（提高经营资本周转率）这一指标直到今天几乎没有被大家意识到它的重要性。在以往的生产行为中，只重视成本指标评价被认为是理所当然的。而在商业销售中，对周转率的评价在生产现场常常被遗忘，可以说它是导致生产行为决策常常产生错误的主要原因。

丰田生产方式的创始人大野耐一说过：“用同样的人数和设备，即使产能达到了原来的两倍，即生产效率提高了两倍，但如果生产出的产品成为库存消耗费用，甚至卖不出去而造成损失的话，就应该认为是错误地进行了生产（大野，1978）。”所以，丰田主张严格禁止过度生产而导致的生产性提高，IE（MIE）① 的真意也在于此。

于是，精益化管理虽然没有明确地分析到经营资本周转率的结构，但超前地重视了库存导致的损失。丰田公司主张应该重视以生产流程体系流动化为基础，在此基础上提高工作效率。精益化管理不仅通过降低成本提高收益性，在生产中，还通过提高周转率来实现与经营成果相关联，从而构筑出了新的经营模式。

第四节　自働化

一、定义自働化

精益化管理的两大支柱就是 JIT 和自働化。为了完全实现 JIT 就必须保证从上一道工序流往下一道工序的半成品或部件是优良品质。而且，它的流动方式必须是有节奏的，并且不会停滞。所以品质管理极其重要，这也是基于看板模式（拉动式生产模式）JIT 的秘密。于是，精益化管理中，在机器和生产线上设置防止大量残次品产生的机制就叫“自働化”。这个“自働化”不是“自动化”，带有人字边的自働化，是指给机械赋予了人的智慧。“自働机械”是“带有自働停止装置的机械”，在丰田公司生产线上，几乎所有的机械都装置有自働停止装置，在防止大量不良品产生的同时，还自働点检机械故障。被称为“防错”机制的就是其中之一。它是指在刀具、夹具等工具上花费很多功夫，进而事前防止不良品发生的机制。

二、自働化思维

福特模式生产系统的原理，是利用专用设备进行高速连续生产。在这一原理中，个人的技能和直觉将被机器和测量机械所代替，作业员作为生产体系的一部分，被要求按照操作手册重复地进行高度专业化分工的工作。为了在多品种少量生产中，维持这种连续高速生产方式，并提高它的生产性，以提高人、机械体系（作业体系）的综合效率为目的而开发出的各种技法统称为“自働化”。在自働化中，发挥机械设备的高速性和加工力，而作业员要发挥其机动灵活性和调整力的作用，通过二者的协同能力，提高整个生产体系的效率。

---

① IE = MIE，IE（Industrial Engineering）就是前述的工业工程或工业管理工学，即整合人、物、设备以及信息资源，设计并确立最适宜的生产体系。简单地说，就是彻底排除浪费、不行、不均衡的工具。在充分理解和把握企业规模、产品特征、生产流程、设备性能、员工状况等的基础上，为了确保利润，正确把握当前最大的课题，设计出最适合的 IE 方案，实践并稳固下来。

"自働化"的思维不仅是机械，它已经拓展到手工作业的生产线。生产线发生异常，作业员自己按下停止键，让生产线停止。也就是说，它是基于对异常的自主判断，让其停止。后面涉及的安灯等就履行了这个职能（见图1－4）。它的作用是有利于及时发现并应对流程中的异常，保证生产线的流畅。防止不良品的发生只是另一个功效。这也是支撑JIT的机制。

图1－4　国内某品牌汽车生产线上的安灯

最符合原理的应用可以在丰田佐吉的自动织机中看到。织机一旦断了线或用完了线就会自动停止，作业员根据织机反馈过来的信息采取措施。自働化通过让机器和人各司其职，以提高生产效率、降低成本。此外，在工序设备运作过程中，机械故障、产品不良、材料用完、过量加工、作业负担过剩等异常一旦发生，设备就会自动停止，并及时向各自负责部门发出警报（例如，安灯）。另外，工序、作业的状态是否正常，都让其可以判断，并立即通知到各自的责任部门。这些就是所谓"用眼睛看着管理"的思维，都是"自働化"的思维。

"自働化"还有另外一个角色（作用），即它还是保障后一道工序领取（接收）的产品（半成品）是全优品的保障机制。精益化管理的JIT原则是，后工序在必要的时候，能够去前工序领取必要的数量、必要的物品。但是，在有可能混入不良品的情况下，通常不得不领取必要需求量以上的物品，或者必须完成对全部物品的检查，这将成为导致工序内产生废品和死藏品（dead stock）[①] 的原因。在少量生产产品的情况下，上述情况将会是造成缓冲库存和周期时间延长的最大原因之一。因此，自働化的保障机制在于工序内发生不良时立即让工序停止，防止进一步发生不良，并及时将发生异常的信息通知负责人，以便立即采取措施防止再次发生。

三、自动停止

自动停止是指生产体系在运行过程中发生异常时，不需要监视员操作而自动停止的行

① 特指虽然保管在仓库，但由于设计变更或产品停产等原因，已经不再使用的物品，或因保管状况不好、腐蚀等原因已无法再发挥其原本功能的物品。

为。所谓异常，是指因产品不良、材料用尽、超过预定工时等问题导致不能完成预定的成本、质量、交货期的情况。如果不进行自动停止，监视者或监督者就必须与生产体系紧密联系，时刻关注生产。即使引进更高速度、更高价格的设备，生产性的提高也只是停滞在机械性能的增强。与此相对，如果将操作人员（作业员）从设备、机器的监控工作中剥离出来，操作人员（作业员）的工作效率就会迅速提高。

四、自动就地停止

所谓就地停止，是指在装配线上实施与自动停止相同的系统，如果作业人员自己发现异常或不良，就停止生产线，消除异常发生的原因。为此，必须事先确定工作标准并遵守。这一措施不把运转率放在第一位，而是追求目标直达率达到100%。

五、目视化管理

发生自动停止和生产线停止的情况下，必须将信息和原因告知负责人。必须建立设备不良时通知保全负责人、资材用尽时通知供货人补给、生产线停止时通知监督者的机制。为此，丰田公司装备使用了显示停止场所和原因的“安灯”，以及显示生产实绩的生产管理盘等。现在，生产信息终端（Point of Production，POP）等利用LAN，还在补充完善中。在目视化管理中，在产品量、作业标准等是否能够得到严格遵守，一目了然。这些机制和设备，让管理者和监督者都能够及时把握生产经营状况，及时采取应对措施。

六、满额工作系统

满额工作系统是为了防止前道工序生产过剩，在设置有自动搬运设备的工序之间开发的系统。工序间停滞量发生变动的主要原因是：（1）生产能力大于需求量，需要间歇生产时；（2）前道工序的生产能力大于后道工序，有必要间歇地启动前道工序时；（3）各工序在不同时期发生资材补充时；（4）在不可忽视的程度上发生设备短暂停止时。

满额作业系统是通过工序间的在产品数量来判断后一道工序的运转状况，决定前一道工序是否运转的方式。工序间在产品数量达到上限时，前一道工序生产停止。随着后道工序的加工进行，工序间在产品数量达到下限时，前道工序再次开始生产。这样的连续系列措施横跨了生产线所有工序，都同样地发挥着作用，稳定生产线整体的在产品数量。

七、防错

所谓防错，是指为了防止工具、夹具的损坏，或者避免在组装作业中因遗漏组装等作业上的而产生不良所构筑的机制。从整体上来看，在发生作业不良时，作业不可能向下一道工序移动，也无法在下一道工序弥补漏缺，因此，防错机制的必要性不言而喻。

八、标准作业

（一）标准作业的定义

标准作业是以人的动作为中心，以没有浪费的操作顺序，有效地进行生产的作业方法。它由节拍时间、作业顺序、标准手持三要素组成。

（二）标准作业的目的

标准作业的目的是通过明确制造方法的规则，只要严格遵守作业程序，就能促使目标水平的质量、作业时间和生产期间能够安全的实现。在标准作业中，根据明确标示的标准，监督者可以很容易地发现作业的异常（目视管理），也可以防止因操作者的作业失误或不当作业等导致的品质不良发生。通过明确标准持有量（工序内滞留量），持续化地限制和保持一定的工序生产时间，实现给定值。因此，标准的明示是进行改善活动的基础。

（三）标准作业的制定顺序

标准作业的设计包括六项工作：

1. 确定节拍时间；
2. 观测时间（人的作业时间、设备加工时间）；
3. 制定工序能力表；
4. 制定标准作业组合票；
5. 确定标准手持数；
6. 制定标准作业票。

九、多工序作业工作体系

（一）多工序作业体系的思考方式

多工序作业体系始于精益化管理的重要组成部分——标准作业。多工序作业体系是以生产所需的循环时间（生产时间间隔 = 运作时间/生产需求量）为中心，在生产线内导入多种工序，并在加工工序顺序中配置作业站。为使手工作业时间之和算入循环时间内，将作业区域分割给一个人或多个作业人员，进行循环作业的生产体系（熊泽，2012a）。

（二）多工序作业的结构

1. 成功实施多工序作业体系的 3 个必要条件：（1）按加工工序顺序配置设备；（2）通过自动化缩短各设备所需的手工作业时间；（3）采用标准作业，伴随步行实现站立作业。在（1）中，通过调整多个零部件加工工序，可以努力提高同步化水平。通过（2）多工序作业体系可以缩短手工作业时间，从而实现省人化。因此通过自动化缩短手工作业时间是实现工作高效化的最强手段。通过（3）采用标准作业，可以根据必要的生产量投入人员（少人化）。

2. 多工序作业体系实施的效果如下：实施多工序作业体系的效果有以下 7 点：（1）提高应对需求量变动的能力；（2）缩短周期时间；（3）提高作业效率；（4）提高实际生产线平衡（设定作业交接区域）；（5）提高质量和管理响应性；（6）容易熟练作业、设备低价格化①、增加工具寿命；（7）通过采用多工序系统，出现的以下问题都可以得到解决（熊泽，1990a，b）：①发生步行时间及对策；②增加设备数量及对策；③多能工化；④缩短准备时间；⑤站立化作业带来的工作效率和自觉疲劳。

第五节 生产流程布局设计

精益化管理实质上就是一种生产制造方式，让产品制造实现准时化（JIT）的制造方法。而“看板模式”就是控制生产量的方法，其前提为：一是生产流程的布局设计，二是工作的标准作业化，三是生产的平准化。

一、提产流程的布局设计

在机械加工的生产流程中，通常会按照生产加工的顺序，纵向平行放 5 台车床、5 台铣床和 5 台钻床，每个作业员只需要负责操作一台车床。但是，精益化管理非常重视疏通生产流程，保证生产流畅。因此，会改变上述的机械配置。按照生产流程顺序，1 台车床、1 台铣床和 1 台钻床摆放在一起，由一个作业员同时负责操作数个工序，即“多工序作业”。这也要求作业员由原来的“单能工”变为“多能工”。如此改变机械配置的流水线生产有以下 4 个好处：

（1）消除各生产流程工序配置不当造成的浪费。

（2）作业员操作多台机械，即实现了“多工序作业”，就可以实现“少人化”（精益化管理中也叫“省人化”），进而提高生产效率。

（3）每个作业员都是“多能工”，就可以共同参与构筑精益化管理的生产现场管理体系，这也符合他们的工作价值观。

（4）实现多能工化才能形成后述的“团队精神”。

但是，上述的每个作业员的“多工序作业”或是“多能工化”等这些操作方法都是极端化的作业，是日本人特有的工作方法（价值观）。因为，在西方欧美国家中，每个公司内都按职能有几个行业工会（craft union），车床工只做操作车床的作业。在这一劳动背景下，美国企业降低成本的方法主要是通过有计划的大规模生产，也就是由上道工序按顺序推送到下道工序的生产模式。仅限于这一点，习惯采用欧美生产模式的企业就会对精益

---

① 设备低价格化是指持有多工序可以使用简易设备代替高价设备。

化管理有所抵触。

有助于构筑生产流程的另一个机制是可以互相帮助（团队精神）的作业布局设计。比如说，在一个产品制造流水作业中，从素材到完工过程，组成 10 - 15 人的团队，在一定的必要时间（周期时间）内，完成必要量的产品。在这个场合，某个作业区的作业员如果作业磨磨蹭蹭，来不及完成，周围的作业员就会帮助他做作业。为了实现这样的互相帮助，在作业现场谁都可以看得到的地方设置叫做“安灯”的“停线指示板”。于是，在某个作业员想要调慢生产线呼叫帮助时，按下黄色“求援”键后，黄色信号灯就会点亮。发生异常，需要让生产线暂停的话，就按下红色“暂停”键，红灯就会点亮。所以，毋容置疑，通过互相帮助就可以实现和保障生产线的流畅稳定。

二、作业标准化

为了成功实施 JIT，作为前提条件，就要求在规定的时间内，各生产线、各工序必须要足量完成一定量的产品。为了实现这一条件，就要求在各生产线、各工序，将资材、机械和人的作业实现最有效地组合配套，这就是标准作业。

在标准作业表中，必须明确包括以下三个要素：①周期时间；②作业顺序；③标准半成品持有。同时，还需要将标准作业表张贴到现场的墙壁和墙柱等醒目、容易看清楚的地方。

首先，①的“周期时间（Cycle Time，CT）”或节拍时间（Takt Time，TT）是指生产（制造）一台或一个产品需要的标准作业时间。可以通过以下公式计算得来：

$$每日必要生产量 = \frac{一个月的必要生产量}{一个月的运作日数}$$

$$周期时间 = \frac{每日运作时间}{每日必要量}$$

这里每月各工序的必要生产量是在一个月前就已经准确确定，并传达到位。每日的必要生产量也是按零部件不同，在上月下旬就传达到各工序的。精益化管理中，把它称为“日水平”。另外，对于每周期时间生产一个产品需要的人数是由各工序决定的，作业人员应由最小限度的必要人数来进行配置。

其次，②的“作业顺序”表达简捷、清楚些。即在该工序中，每个作业员搬运物品——安装在机械上——机械加工——完工取下的作业顺序。

在这一场合，必须明确作业员两手的使用、两足的站位和工作的掌握方法，保证让每个作业员接受，并必须将这些内容标准化。

最后，③的“标准半成品持有”是指为了工作持续下去，必须要持有工序内一定量的半成品，安装在机械上的半成品也包含在内。这个标准半成品持有会根据机械配置方法，或是作业顺序的不同发生变化。在工序作业进行的过程中，各工序间都必须放一些半成品，否则会影响作业按计划正常完成，所以，这些工序间的半成品存放量都必须提前决定好。

在各工序之间，虽然原则上没必要持有半成品。但是，将多个工序按规则分组，在其中按照工序前进的相反顺序进行作业时，每个工序之间，每周期时间只能最多安排一个（两个工序时安排两个）半成品。

三、生产平准化

“生产平准化”是在多样化品种生产过程中，各品种尽可能小批量进行生产。“生产平准化”不仅与 JIT 和“看板模式”是精益化管理的前提条件，而且“生产平准化”还是 JIT 的前提条件。所以说，“生产平准化”是精益化管理最重要的条件。将它跟福特生产模式相比较，就更可以突显出精益化管理的独特特征。

在精益化管理中，为了实现“必要的产品、在必要的时刻、只生产必要的量”的 JIT 理念，逆向观察生产工序，“在需要的时刻，后工序到前工序，只领取必要量的必需品”。在这种的生产模式下，如果后道工序在时间和数量上不确定地无计划领取产品，前道工序就不得不按照无计划领取产生偏差的高峰值，提前准备好库存量、设备和人员。

后道工序无计划领取造成的偏差量越大，越往前追溯，其偏差的量就越大。为了控制包括外部合作企业在内的所有生产线的偏差，必须努力使最终组装生产线上的偏差为零。

因此，在相当于最后工序的丰田整车组装生产线上，将相同车型的固定不变，尽量缩小不同型号品种的批量，然后放到生产线上，这被称为“生产平准化”。

下面我们举例具体说明这个“平准化”。

例如，假设某条生产线一个月工作 20 天，可以生产 10000 台卡罗拉（CORONA）（见图 1－5）。具体包括跑车 5000 辆、轿车 2500 辆、旅行面包车 2500 辆。如果将 10000 台卡罗拉除以 20 个工作日，就相当于每天制造 250 辆跑车，制造轿车和旅行面包车各 125 辆。如果一天工作 8 小时，就意味着 480 分钟就要完成上面一天的工作量。可以得出：

生产跑车的周期时间 $=\frac{480\text{ 分}}{250\text{ 台}}=1$ 分 56 秒

生产轿车的周期时间 $=\frac{480\text{ 分}}{125\text{ 台}}=3$ 分 50 秒

生产旅行面包车的周期时间 $=\frac{480\text{ 分}}{125\text{ 台}}=3$ 分 50 秒

即，跑车平均 1 分 56 秒 1 台下线，轿车和旅行面包车各自以每 3 分 50 秒的频率组装好就行。为此，生产线上，跑车只间隔 1 台，而轿车和旅行面包车就要间隔 3 台了。

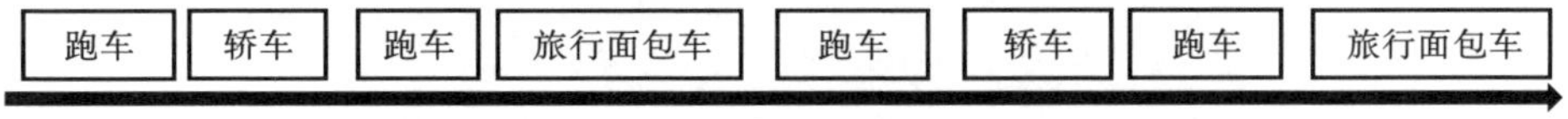

图 1－5　卡罗拉生产线流动示意图

但是，实施平准化生产最大的瓶颈就是“生产准备和切换”。比如，冲床运行时，尽可能批量大些。冲床不停地用一个金属模具尽可能连续冲压可以降低成本，这是以往就有的常识。但是，如上所述，如在最后工序实施平准化生产的话，前道工序的冲压部门为了应对瞬息万变的车型变化，就需要频繁变化冲压的金属模具。也就是说，必须频繁地进行

“生产准备和切换”。

为了压缩生产准备和切换时间，必须做到：①提前准备好必要的模具和安装工具，待机械运转停止后，将拆下来的模具和工具收拾整理好；②组织材料；③生产准备和切换必须集中在机械设备停止期间进行。另外，要反复训练作业员。

如果没有推广实施产品多样化，利用专用设备进行大规模生产也是降低成本的利器。但是，精益化管理中也谋求设备的通用性。比如，即使是丰田的卡罗拉汽车型号样式也是多样化的，型号、车胎、定制功能和外板颜色等不同组合样式，可以设计制造出 80 多万种不同型号种类。现实中，卡罗拉也有 3000—4000 种不同类型。为了应对这些多样化而进行平准化生产，就要求生产设备具有通用性。在此基础上，加上最少限度的设备和夹具，努力构筑“具有通用性特征的专用生产流程”。

利用“平准化”应对“多样化”的另一个好处是顾客的订单量即使发生变化，生产计划本身也没必要发生急剧变化。只需通过慢慢地改变生产量，便可实现生产现场的及时应对。考虑到，基于 JIT 可以压缩准备时间，利用这样平准化的生产，可以更及时地应对顾客的订单变化。

第六节　看板模式

精益化管理有时候被误解为“看板模式”。精益化管理归根结底是一种高效的价值创造模式，“看板模式”也只是运营这个价值创造模式的一个“管理方法”而已。所以，作为价值创造模式，如果不彻底贯彻实施顺畅的生产流水作业（高效的组织）、工作的标准作业化和生产的平准化，仅靠“看板模式”，将无法有效实施 JIT。

“看板模式”可以笼统地分为以下两个种类（见图 1－6 和图 1－7）：①交易量的显示信息（“领取看板”），②生产量的显示信息（“生产指示看板”“半成品看板”）。生产信息通常是放在长方形塑料袋里的一张纸。

图 1－6　某生产线的两种看板①

图1－7　某生产线的两种看板②

利用第二种像纸片这样的看板，可以在企业内部或与关联企业相互沟通，传递信息。它就这样在实施JIT的过程中，发挥着重要的作用。

下面，以实例介绍“看板”的使用规则。

现有装配生产流水线组织制造A、B、C、D 4种产品。制造这些产品必须的零部件是①、②、③、④、⑤，由三个加工流水线制造。它们的相互关联如图1－8所示。

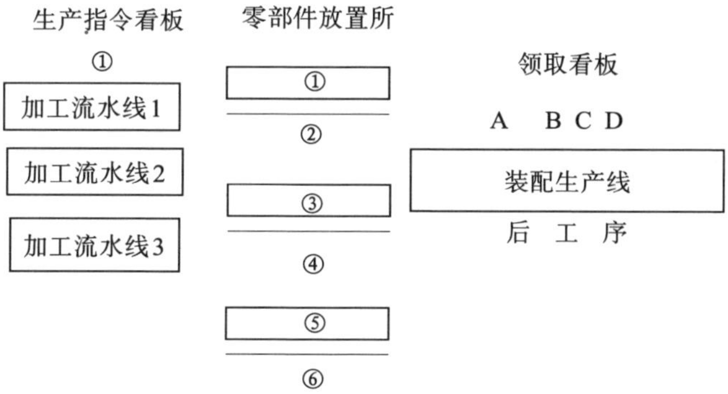

图1－8　看板模式

加工流水线1制造的零部件①和②放到后面的放置所，并添附上这个加工生产线的“生产指令看板”（见图1－9）。在装配生产线要组装产品A，生产线作业人员需要从加工生产线1处领取零部件①，前去领取时必须带着“领取看板”。然后，在零件放置所①，从零部件箱领取必要量的零部件①，并将附有的“生产指令看板”取下，把“领取看板”添附到这个领取了零部件①的容器箱子上，带回装配生产线。

图 1-9 生产指令看板

这时，在加工流水线 1 的放置所①，加工人员将标注有被领取量的“生产指令看板”取下，同时补充“生产指令看板”所标注被领取数量的零部件①，放置到放置所①。在这一场合，在加工流水线 1，其实零部件①和②都被领取了，那么只要按照被取下的“生产指令看板”的顺序生产补充就好了。

另外，在装配生产线，实际上，组装产品 A 的所有零配件都按需要同时从加工流水线 2 和 3 领取了零部件。而后，在这个装配流水线，将这些零配件组装到产品时，也会把“领取看板”取下，保管起来。

进一步，再介绍一下使用看板进行生产的微调整。比如，在引擎制造工序，依据制造指令书，每天要生产 100 台。按照领取看板，后工序每次领取 5 台，每天领取 20 次。这样，每天就被领取了 100 台。

但是，进行生产的微调整，生产规模减少 10%，并已通知到全工序。在这一案例中，就意味着在最终工序，每天只去领取 18 次引擎。于是，在引擎制造工序，每天只制造 90 台，就会有 10 台量的时间，让整个工序停工休息了。相反的，生产规模提高 10%，并已通知到整个工序。在这个例子中，就要求最终工序每天凭看板要去领取 22 次引擎。所以，前工序的引擎制造工序就不得不生产 110 台，超额的这 10 个引擎就不得不利用加班时间安排生产了。精益化管理中，人、机械和材料等所有生产要素都被要求实现彻底消除（排除）浪费。

第七节 评价与改善

一、评价标准

生产体系的评价应根据产品成本进行。一般来说，产品成本以材料费、人工费、制造费用为构成要素。因此，在评价生产体系时更多使用运作效率和降低用工数等指标。因为集中生产而默认发生库存，再加上生产切换能力差，就不得不提高生产量，这成为了大批量生产的理由。

1. 运转率

在精益化管理中生产体系的评价指标之一是运转率。运转率计算公式为“运转率 = 运转时间/作业定时时间”，表示某一时刻生产体系的利用程度。但是，运转率本来是应该根据需求量的变动而变化的指标，即使运转率高，包括切换性能在内的生产设备能力不足的情况也很多。运转率归根结底是表示针对需求的设备准备、负荷调整好坏的指标，不能成为生产体系管理状况的指标。

2. 可动率

在精益化管理中，使用可动率作为表示生产体系管理状况好坏的指标。可动率计算公式为“可动率 = 可运转时间/作业所需时间”。可运转时间计算公式是“可运转时间 = 作业所需时间 -（每次准备时间）×准备次数 + 保全停止时间）。

3. 少人化

为了实现减少一般的作业工数（作业工作人员数量的简称，下同），所采用的方案就是少人化。减少作业工数通过作业改善和作业熟练来实现，但通过集中生产更容易实现。但是，从全局考虑，需要的是降低成本，是实现预定工数，为此实施少人化。根据需要进行生产，各工序就有必要按周期时间进行生产。为了应对该周期时间的变化，总是以最少的作业人员实施生产的方案就是少人化。

二、消除浪费

在精益化管理中，将浪费分为①制造过多的浪费；②等待的浪费；③搬运的浪费；④加工本身的浪费；⑤库存的浪费；⑥动作的浪费；⑦制造不合格品的浪费这 7 种，并且认识和发现这些浪费、分析其产生原因、所采取的对策非常重要（大野，1978）。在设计实施生产体系中，要努力排除所有使成本增大的不合理。但在精益化管理中，最大的特色是将排除导致过剩生产和库存的行为①⑦和结果产生浪费的③⑤作为第一个课题（问题点），并且把作业体系的人（柔性作业和保全）和机械（加工力和高速性）作为整体考虑，进而排除不协调行为的②，解决设计作业体系时的问题⑥。

三、改善的顺序

生产体系改善的顺序，是指从作业改善开始到设备改善的行动顺序。根据经验，通过作业改善能够得到非常大的效果。在作业改善不能充分实施的情况下，如果要进行新的设备改善，则可以直接放大体系原有的问题点，通过设备的高性能化、高价化来解决。

本章小结

本章作为本书的序章——绪论，简要地介绍了精益化管理的基本逻辑思路，以及生产过程中的一些具体作业及管理方法。特别是，对日本特有的生产逻辑方式进行了一定程度的探讨。也是基于这一目的，将精益化管理进行了体系化整理，将这些基本理念或目标，以及其达成理论或目标的具体手段方法进行理论性关联处理，得出精益化管理简要关联关系（见图1－10）。在后续章节还会基于精益化管理的框架结构，对关键理念、问题的认识及其解决方法等精益化管理特有的内容等进行更加具体的介绍。

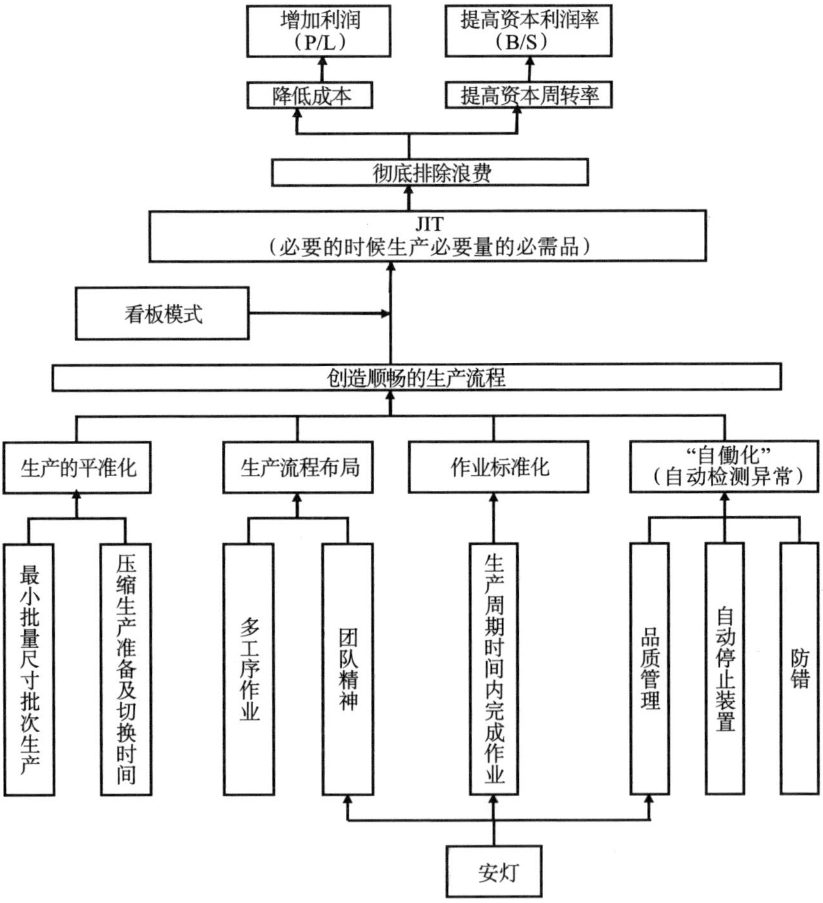

图1－10　精益化管理简要关联关系

第二章　精益化管理视角中的七种浪费

“减少浪费”在企业运营管理过程中是一个非常重要的工作。通过“减少浪费”不仅可以削减成本，还可以重新审视工作内容，实现更高的工作效率。在制造现场也是同样的道理，减少浪费提高作业效率，可以解决近年来人才（劳动力）不足的问题。

众所周知，以提高生产制造效率而闻名的精益化管理为了实现减少浪费，创造出了独特的生产模式。那么精益化管理作为企业取得成功的经营法宝，具体的经营模式究竟是怎样的呢？下文带领大家一一剖析精益化管理的结构脉络。

第一节　精益化管理

精益化管理是源自日本丰田汽车公司的一种旨在减少浪费的经营思想和企业管理方式。

精益化管理是以“一旦发生异常立即识别并停止作业，不制造不良品（自働化）”和“必要的东西、在必要的时候、只制造必要的量（just in time，JIT）”作为两大支柱，是由日本丰田公司创始人丰田佐吉先生和丰田喜一郎先生构思创建的经营管理模式。

之所以用“自働化”而不是“自动化”来表示，是因为该模式是由人的工作和机器相互配合完成的，即“发生异常时向各部门负责人报告并停止生产线，深究原因并解决问题”。生产现场通过这一系列彻底、自働化的流程作业，可以降低风险，提高商品的品质。

同时，为了保证商品或服务的质量，自働化要求现场重新审视作业流程，以期达成彻底简化作业的目的，进而减少作业人员的负担和生产成本，最终实现同样的工作任何人都可以完成的目的。另外，通过遵守“JIT”的规则，可以减少生产过程中产生的浪费。JIT通过这种浪费的减少，不仅可以降低生产成本和管理成本，而且少数量（少量）生产的方式还可以减少品质的偏差，防止出现不良品。

为了有效地实施“JIT”，管理人员要结合生产制造工序，把指令书（说明书）一起交给操作人员，这种模式被称为“看板模式”。看板模式不仅要记录作业内容，还要记录零部件的数量和交货时间等，这样才能有效地避免生产制造过程中发生的浪费。

精益化管理通过有效地实施自働化和JIT，减少时间上的浪费，从而降低成本。此外，自働化和 JIT 的实施使操作人员的风险更小，工作更轻松，也能更快地向客户提供满意的商品或服务，对企业外部的购买者来说也是大有益处的。

总之，精益化管理的生产方式所追求的目标是彻底消除生产制造现场的“浪费、不均衡、勉强”。

第二节 七种浪费

一、七种浪费的定义

（一）浪费的定义

所谓浪费，是指对顾客来说除了创造价值（附加价值）的作业和业务（价值创造）以外的所有东西。从实施作业的管理者角度来看，每天的工作和业务可以分为“对自己来说必要的工作”和“对自己来说没有必要的工作”两种。这种“对自己来说没有必要的工作”明显是一种浪费，从精益化管理的角度来看必须尽快削减。从顾客的角度来看，作业和业务可以分为“作为顾客来说有价值的作业”和“作为顾客来说没有价值的作业”两种。这种“作为顾客来说有价值的作业”就是附加价值作业，必须增加和强化。

这里值得注意的是，基于顾客视角判断的“没有价值的作业”与基于自我视角判断的“明显的浪费”之间存在差距，这个差距被称为“顾客视角的浪费”。所以，我们在明确浪费的时候，不仅要站在自我的视角，还要站在顾客的视角来审视浪费。

一般来讲，精益化管理认为：“浪费 = 明显的浪费 + 顾客视角的浪费”，基于这个视角持续地观察现场的作业和业务非常重要（见图 2 – 1）。

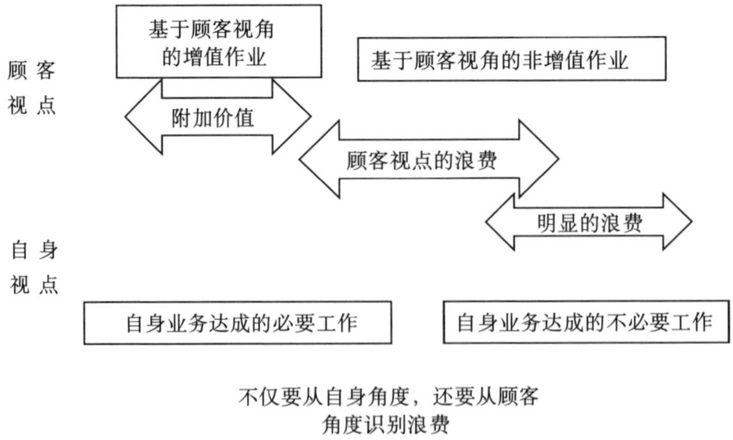

图 2 – 1 浪费的概念

（二）精益化管理的七种浪费

就浪费的种类而言，精益化管理中较为普遍也比较著名的有七种浪费。这七种浪费分别从加工、库存、过度制造、等待、动作、搬运、不良和返工等视角定义了浪费。本章将简要介绍这七种浪费的形态，找出各种浪费的确认方法以及最需要改善的浪费形态。另外，本章将进一步确认“动”和“働”这两个词在词义上的差异。

对于制造业企业来说，为了在满足消费者多样化消费需求的同时提高收益性，提高业务效率是必不可少的举措。为此，现场必须彻底排除不能产生附加价值的浪费。对于这种无法产生附加价值的浪费，精益化管理将其定义为“七种浪费”，如图2－2所示。为了能够通过彻底的排除浪费来降低成本，现场就必须带着发现“隐藏于现场的七种浪费”的眼光，持续地进行成本改善。

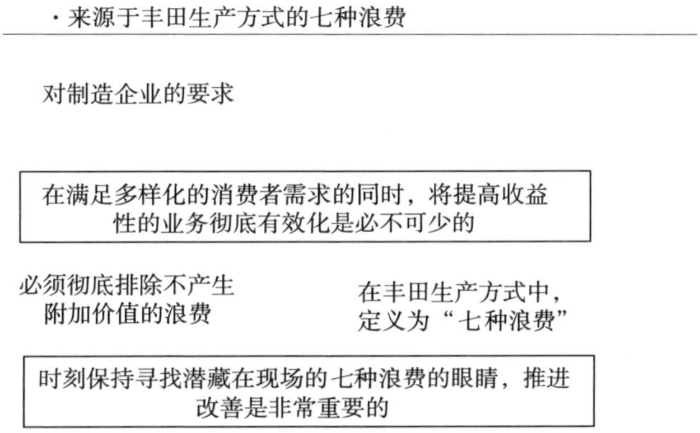

图2－2　精益化管理的七种浪费

（三）细说七种浪费

下面让我们从工序和细节来仔细确认一下这七种浪费的具体形态（见图2－3），即：加工的浪费、库存的浪费、制造过度的浪费、等待的浪费、动作的浪费、搬运的浪费、废品和返修的浪费。

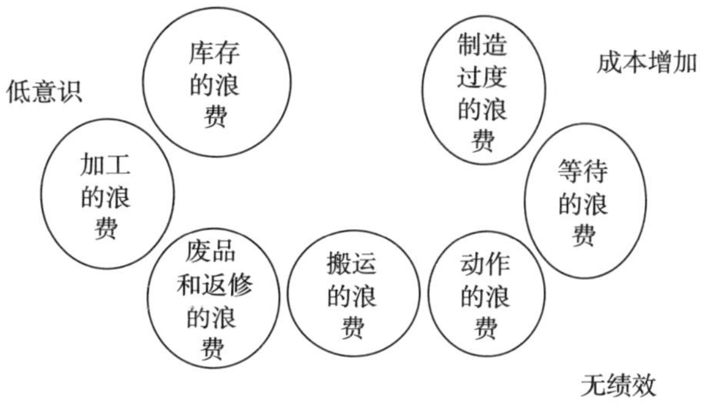

图2－3　七种浪费

1. 加工的浪费

加工是指机械加工、焊接作业、总装收尾作业、检查作业等。所谓加工的浪费，是指由于加工作业标准不确定而产生、超过要求（过度）的总装收尾作业，或本不该的检查等产生的浪费，如图2－4所示。这种浪费的产生是因为加工时以从前的作业方法为根据，但并没有探讨这些原有作业的方法或工序是否真的有必要。因此，那些本来就没有必要的作业和工序就是我们要确认浪费的要点。

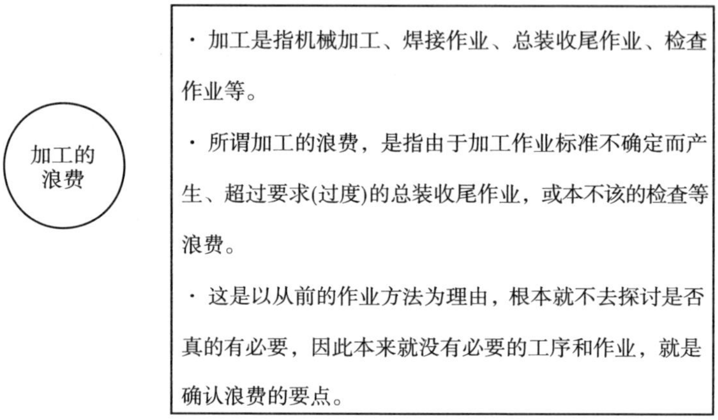

图2－4 加工浪费

那么如何消除加工的浪费呢？为了发现加工的浪费，笔者将梳理审视与加工相关的作业工序的业务流程。例如，在探究作业工序需要花费的时间的问题时，也会讨论是否有方法减少作业工序。通过采用新的方法，在维持质量标准的同时，减少作业的时间。

2. 库存的浪费

库存主要包括材料、零部件、在产品（半成品）、完成品（完工品）等，如图2－5所示。所有的库存都要有其存在的理由（目的），不能说明为什么现在会存放在仓库里的库存都应归为库存的浪费。

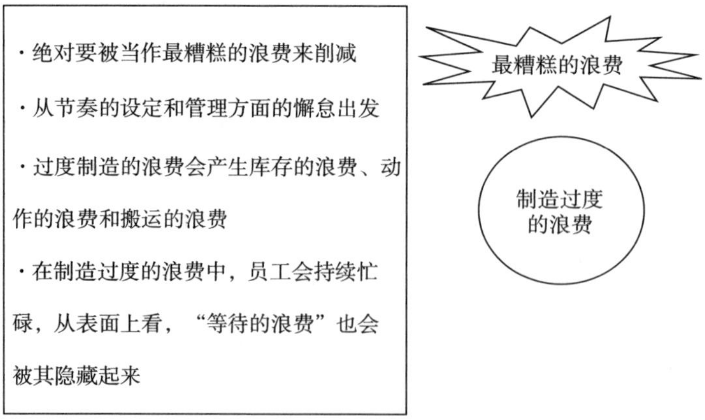

图2－5 制造过度的浪费

精益化管理认可有计划的一定数量的库存，但超过一定数量的库存会产生“搬运的浪费”，库存管理也会花费时间和费用，此外保管库存的仓库会产生维持成本。

另外，在库存的浪费方面必须要特别注意的是，库存会把问题隐藏起来。例如，当机器出现了故障，但库存的存在会造成“机器生产了大量的产品并没有出现问题”的错觉，管理者并不知道大量的库存源于长久的累积而不是机器现时的生产，这样机器故障的问题就被掩盖了，为了防止追责，现场便会想要拥有更多的库存，以此来掩盖机器故障的问题。如此一来，机器的故障就永远不会排除，也无法提高生产效率。更重要的是，即使发生故障也需要能够尽快恢复正常生产状态，并制定能够应对一定概率下发生事故的生产计划。

综上所述，库存的浪费有以下坏处：

（1）产生不必要的搬运、堆积、维护、寻找的浪费；

（2）库存管理基本的“先进先出”作业变得困难；

（3）需要花费人力去管理；

（4）商品的价值下降（特别是更换型号的时候，旧型号就失去了价值）；

（5）必须确保保管空间（造成仓库建设投资的浪费）；

（6）生产效率等问题被隐藏（难以判断是设备能力还是人力过剩的问题等）。

那么应该如何消除库存浪费呢？为了消除库存的浪费，精益化管理推荐使用生产管理系统来管理库存。该方法可以对企业内部的库存相关信息进行一元化管理，所以成为应对多余库存的良策。

为了消除库存的浪费，在小规模订制的制造方法中一般采用先订货后制造的方法。但是有一点必须要注意，如果不能实现如期交货的话，将会造成机会的损失。

3. 制造过度的浪费

制造过度的浪费是指过度制造不需要的产品而造成的浪费，如图 2－5 所示。没有计划的产品或者说没有订单的产品是不能生产的。进一步讲，制造过度的浪费可以归纳为“在不必要的时候制造不必要的东西”。例如，从顾客那里接到 100 个订单，单价为 10000 元。即使生产 150 个，销售额也不会达到 1500000 元。多做的 50 个卖不出去，变成库存，就会产生浪费。同样，做得速度太快也会产生浪费。如果过早完成生产，就会造成库存的浪费和运输的浪费，“先进先出”的工作也会变得非常困难。

制造过度的浪费被认为是七种浪费中最糟糕的一种，这是由生产目标计划的设定不合理和管理方面的疏忽所导致的，在精益化管理中是必须要削减的一项。搬运车和升降机的工作时间增加，仓库和保管空间增加等导致搬运、作业、库存的浪费，都直接影响经营。如果容忍这种制造过度的浪费，不仅作业本身会增加，还会不断产生新的浪费。所以，制造过度造成的浪费被称为最恶劣的浪费。

此外，在过度制造的过程中，员工会持续忙碌，从表面上看，“等待的浪费”也会被其隐藏起来。实际上，只要制造过度就会造成浪费，就不可能形成成本持续下降的体制，企业依然无法盈利。反而，如果停止不必要的制造，员工的手就会空出来，“等待的浪费”就可以显现出来。

4. 等待的浪费

所谓等待的浪费，顾名思义，是指作业人员没有工作，双手处于空闲等待状态。当然，等待是不会产生（创造）附加价值的。

需要注意的是，通过作业人员调整工作速度，可以很容易地把等待的问题掩盖起来。其实，如果认真构筑“一个流程”等标准作业的话，“等待”这一问题的状态便会马上显现出来。

如何消除等待的浪费呢？在制造业的现场，因为所有的流程都是与前一道工序的作业联动的，所以预估整体所需的时间是很重要的。管理者和领导要对整体的作业时间进行调整，避免出现混乱。当其他负责人的工作没有完成的时候，重要的是要以互相帮助的精神来分担工作，而非各自为政。

5. 动作的浪费

所谓动作浪费，是指在生产操作过程中，寻找、蹲下、更换、调查等没有产生附加价值的不合理，没必要的动作。动作的浪费通常会在以下情况发生：

（1）对作业人员的教育培训不足的情况；

（2）没有明确规定标准作业的情况；

（3）标准作业不普遍适用的情况。

通过重新审视工作顺序，更容易找出动作浪费的原因，进而消除动作的浪费。另外，对作业人员来说，追求轻松的动作是本能，平时应该多观察日常工作中自己的动作。从而发现不能产生附加价值的动作。

6. 搬运的浪费

搬运的浪费是指不必要的物品的移动、临时放置、转运、整理等。这里所说的物品是指原材料、零部件、半成品、完工品以及其他的库存物品。搬运是指将原材料、零部件等物品从搬运进入生产现场到成为完工品，再到离开工厂的整个流程。通常，搬运的浪费会在以下情况发生：

（1）物品的流向不确定的情况；

（2）各工序的现场布局不好的情况；

（3）“过度制造造成的浪费”导致需求量以上的物品过多，没有地方可放置而发生不必要的转运等情况。

除此之外，因为工序的平衡被破坏、物品的流动没有决定等原因也会产生搬运的浪费。尤其要注意，由于制造过度也会造成搬运的浪费。

改善搬运的浪费，也与改善待工的浪费相关联。因此，管理者应该重新审视生产现场内设备、作业人员、物品的配置，缩短物品在工序之间的移动距离，使前后各道工序和作业实现同步，减少在产品多余的临时放置等。

搬运的浪费也会因为制造过多而产生，因此需要和其他的浪费一起重新审视体制。另外，针对公司内部物品和人员的配置，探讨一下不妨碍搬运的布局是非常有必要的。如果能减少搬运的次数和距离，就能提高搬运作业的效率。

7. 废品和返修的浪费

废品和返修的浪费是指产生不良品后进行废弃、修改、重新制造产生的浪费。如果出现不良品，不仅材料费、设备费、人工费等全部浪费，而且返修、返工、废弃等行为还会产生新的时间和成本的消耗。

造成废品和返修浪费的原因是多种多样的，为了消除不良和返修造成的浪费，品质管理尤为重要。重视“自工程完结”的思维方式，反思废品、返修产生的原因是什么，查找业务流程中有没有可以改善的地方，可以有效避免再次发生同样的错误。除此之外，作业人员还需要对现场进行彻底的整理整顿，定期对机器进行维护和确认材料。

（四）排除最坏的制造过度

在这里，我们来讨论一下为什么要排除制造过度的浪费。说到底，为什么会生产出比销量多的产品呢？答案很简单，是因为拥有多余的人员和设备。而且，为什么想多造一些产品呢？是因为对设备的故障和不良等不放心，所以在能生产的时候多生产出来以备后患。但是，在当今时代，如果把可能卖不出去的商品制造成库存，马上就会面临现金流的风险。

另外，如果允许过度制造的话，搬运车和升降机的增加，仓库和保管空间的增加等，会不断产生新的浪费。而且，由于库存过多，问题被隐藏了起来，本来应该消灭的东西没有表现（可视化）出来，也有可能导致改善无法进行。

如图 2－6 所示，只要发生制造过度的浪费，就不可能形成持续降低成本的体制，更进一步来说，制造过度的浪费将使企业持续成为不可能赚钱的企业。为了避免不盈利的糟糕情况，现场一定要彻底排除包括制造过度的浪费在内的七种浪费。

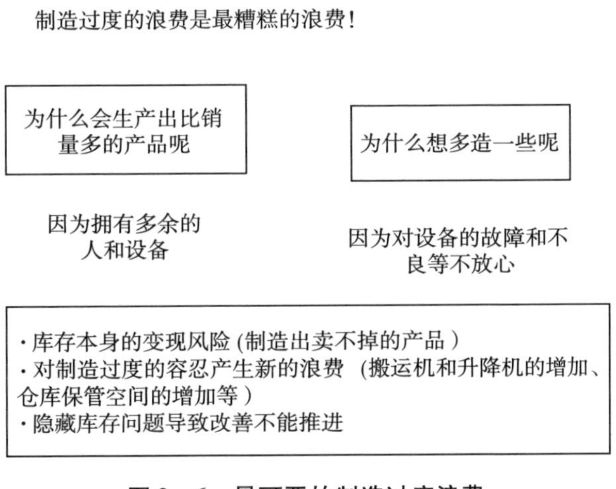

图 2－6　最可恶的制造过度浪费

二、働和动的差异

至此，我们学习了精益化管理中的七种浪费。为了进一步理解“基于顾客视角（下）的浪费”，接下来将对“働”与“动”的区别进行确认。

平时在丰田的企业中，管理者都是在规定的时间内工作的，如图 2－7 所示。

图 2-7　人的工作

一天的时间大致可以分为两种。一种是作业和业务的时间，另一种是不工作、浪费的时间。浪费时间的例子有等待、加工错误或过失、打瞌睡、过度闲聊等。这些浪费的时间，当然要尽可能消除掉（见图 2-8）。

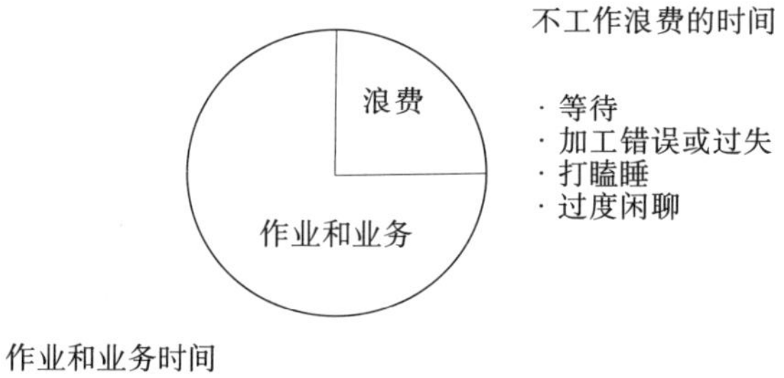

图 2-8　工作时间的分类

此外，即使是作业和业务也可以分为两类。一类是能产生附加价值的作业或业务，即增值作业（见图 2-9）。另一类是不能产生附加价值，但在现有的工作方法下无论如何又必须要去做的作业或业务，即非增值作业。这类非增值作业，在精益化管理中被称为附属作业、附属业务（见图 2-10）。

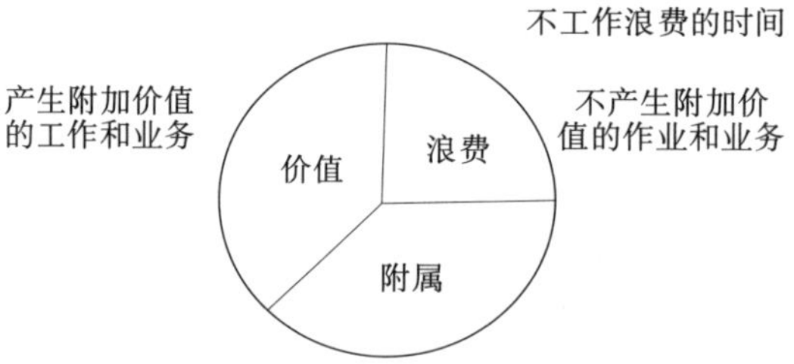

图 2-9　働与动的分类——働

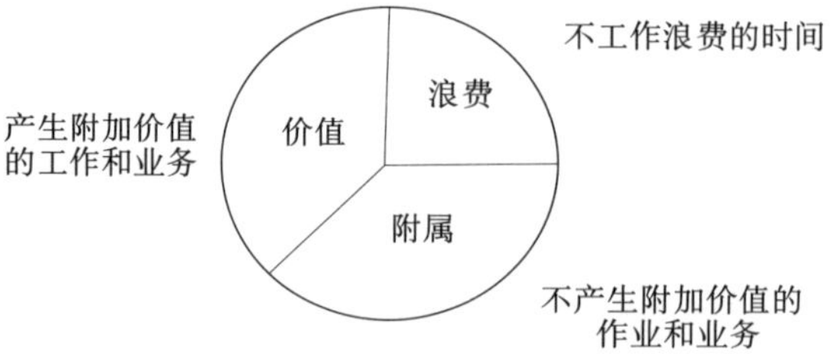

图 2-10　働与动的分类——动

综上所述，“动”和“働”有着很大的区别。“働”可以产生附加价值，“动”却并不能产生附加价值。无论多么拼命地工作，如果不能产生附加价值，就不能称之为“働”。好不容易、刻意努力工作，却被人说“你根本没有工作”，那将会是一件非常令人沮丧的事情。因此，如何将工作中的“动”转变为“働”，是非常重要的事情（见图2－11）。

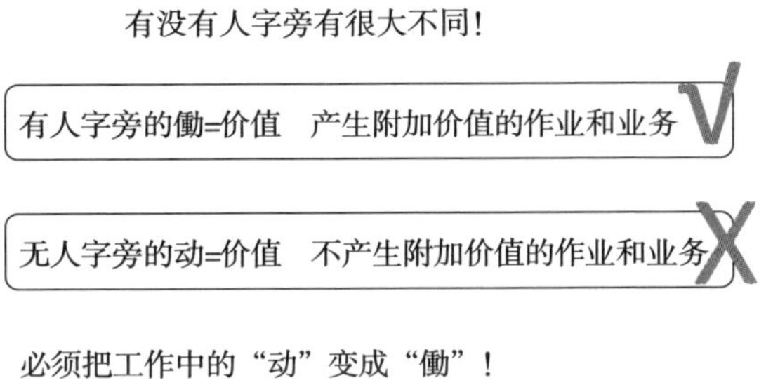

图2－11　“働”和“动”的区别

接下来，通过例题来练习判断“働”与“动”。在下面组装工作的工序中，哪些是“働”，哪些是“动”?

工作的顺序是：（1）取零部件；（2）取小螺钉；（3）拿工具；（4）拧紧螺钉；（5）送往下一道工序。

以上工序中哪一道是“働”呢?

首先，（1）取零部件的动作是“动”。（2）取小螺钉的动作，这也是“动”。（3）拿工具的动作，这也是“动”。（4）拧紧螺钉的动作，是“働”。（5）送往下一道工序的动作，这是“动”。

是的，在上述组装工序中，“働”只有拧紧螺钉这一项。平常工人会在不经意间取零部件、搬运物品，但这些都是“动”，而不是“働”（见图2－12）。

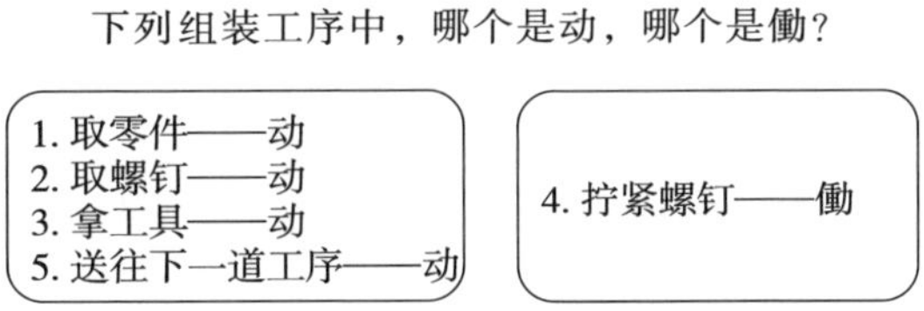

图2－12　“働”与“动”的判定

如果对如何区别“働”与“动”仍感到困惑的话，可以通过这样一个问题来进行判断。

试着判断：“如果这一作业持续一整天的话，是否提高附加价值了?”即使一整天都在取零部件、取小螺钉、取工具，也不会直接产生任何附加价值。另外，如果能一整天只做螺钉拧紧作业的话，则会产生很多附加价值。同样，一整天都在搬运物品，不会直接产生任何附加价值。如果某个作业的动作即使持续进行了一天，但什么东西也没有做出来，从顾客的视角看来也是没有提高价值的，那它充其量也只是一个“动”而已。一定要调查确认一下在平时的作业、业务中有多少是“働”，有多少是“动”（见图2－13）。

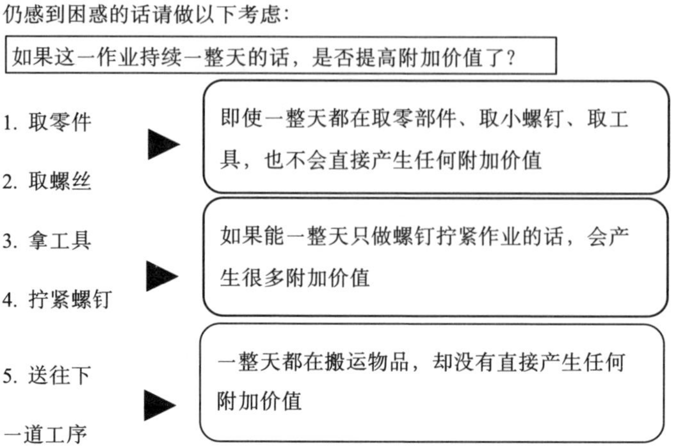

图 2－13 “働”与“动”的判断实例

当然，不仅只限定于生产现场，不管是任何一个现场，消除浪费都是非常重要的。它不仅可以降低成本，还可以提高工作效率。精益化管理总结归纳出消除七种浪费的思维方式，明确浪费部分的目的，就是减少浪费。为“支出太大”“人手不足”“生产效率不高”等而烦恼的人（企业），有必要参考精益化管理，有意识地消除“浪费”。

第三节　消除生产现场的七种浪费

这七种浪费都有各自存在的意义。要消除这七种浪费，首先要设定一个目标，比如缩短 50% 的生产周期，提高 30% 的生产效率。不能仅笼统地通过表面上的改善来削减库存、减少搬运的浪费，必须以提高企业整体的生产效率、缩短生产周期的定量化目标为基础来实施。

因此，在生产效率、生产周期改善的整体优化中，应该重新审视的项目如下：

1. 设定工作的尺度标准；
2. 改善物品管理（零部件、材料、半成品、完工品的放置场所）；
3. 推动工序的流水线化（使流程变得顺畅）；
4. 重点把握和改善瓶颈工序；
5. 小批量生产计划的制定；
6. 设定基准天数；
7. 生产批次的减半化和提高日程计划的精度；
8. 缩短作业切换和准备时间，进行外部作业切换和准备。

所谓生产性，是指每个人每小时的生产额。生产周期是指从材料的准备安排、加工、组装到出货的期间（时间）。为了提高生产性，现场主要通过 IE 进行作业改善、日常管理机制改善、品质改善等。缩短生产周期主要通过改善生产计划、改善生产进度管理机制、改善瓶颈工序等方式进行。

精益化管理将削减七种浪费，作为生产现场非常重要的改善活动，但如果盲目削减库存，可能会因缺货而造成机会损失，或者因日常物料的催款而导致管理费用的增加，因此削减库存时应注意，不要超过承受极限。

而且，彻底削减七种浪费的方法并不完全适用于所有制造业。在中小企业中，可以将丰田精益化生产的思考方式作为生产效率化和改善品质的工具加以利用。但实施时必须注意各种各样的前提条件，其中具有代表性的前提条件如下：

1. 能够实现生产的平准化（量的平准化、种类的平准化）；
2. 能够确定定量库存并进行管理；
3. 能够在一定时间内稳定地制造商品。

所谓平准化，是指将不同种类的各种产品平均生产。能够实现平均化的工作一定是稳定发生的业务，即常规业务。也就是说，业务的对应流程和要做的事情是固定的，是反复发生的。平准化的最终目标是实现组织机制作业的高生产性、高效率。但是，现实中很少有企业能够做到生产的平准化，特别是接受上游交易企业的订单进行生产的中小企业，他们几乎都会为月度或每周的生产变动而烦恼。

如上所述，减少七种浪费的手段，最终都是为了提高生产性，增加企业的利润。盲目地削减库存反而会增加管理费用，所以重要的是要思考为什么需要削减库存，现在是否需要削减库存，然后制订计划。最好能够随机应变，尽量减少浪费。

第四节　不产生浪费的“JIT”与“看板”

精益化管理的过人之处在于，为了彻底消除七种浪费，建立了不产生浪费的机制。这就是以“JIT”和“看板管理”为代表的精益化管理。

一、JIT

如前文所述，“JIT”是指“在必要的时间制作必要的量的东西”。消除生产现场的“勉强、浪费、不均衡”，用最低限度的库存有效地制造产品。

为了把库存降到最低限度，必须根据顾客的需求使生产量和种类平准化。平准化是指将产量、种类、生产周期等进行平准化。在以“JIT”为基础进行平准化之后，在生产现场引入“看板”的方式进行具体实施。

二、“看板”

“看板”是实现“JIT”的具体手段，也被称为后工序收取方式。其原理很简单，用名为“看板”的商品管理卡往返于前工序和后工序，对生产进行管理。

装配线（后工序）根据生产指示制作产品，只到前工序领取当时使用的零部件量。在前一道工序中去领取零部件的时候，把和零部件一起放入的卡片（看板）取出来，归总流转回前一道工序。前一道工序只需要补充生产制造流转回来的卡片（看板）所指定数量的零部件即可。这样就形成了按照使用量生产的体制，不会产生多余的库存。

如果只着眼于发掘精益化管理精髓的话，这样简单的“排除浪费”就是其精华之一。然后为了便于发现浪费，就必须致力于彻底排除七种浪费，构筑起现场改善的机制。要想建立“JIT”这样的生产体制，不是一朝一夕就能完成，必须通过持续消除浪费来改善现场。

第五节　消除浪费的关键

严格控制管理，不容浪费是实现经营管理体制最优化的基本条件。所以可以在现场发现不少改善经营管理的机会，除了在现场贯彻实施“5S”（整理、整顿、清扫、清洁、素养）的过程中发现浪费之外，还可以在工序、生产线、作业现场等地方去找寻浪费。

在现场发现浪费后，为了找出排除浪费的具体对策，可以通过“组合、重组、简化”等改变思路的思维方法，排除浪费。在这种思考方法中，“ECRS 的四原则”具有代表性。所谓“ECRS 的四原则”就是 Eliminate（排除）、Combine（重组）、Rearrange（替换和替代）、Simplify（简化）的首个英文字母的组合。在业务改善中应用 ECRS 的话，改善的效果会非常明显，可以避免过度和过低的改善，并减少不必要的麻烦。

在很多情况下，越是深挖这七种浪费，会发现这七种浪费之间的关联性就越明显。首先要系统地重新审视岗位上的浪费，在由多种多样的要素、基于团队精神合作构成的生产制造现场，调整与其他工序和其他部门的平衡关系也是关键。从日常生活中挖掘出身边的浪费，通过互相交换信息进行调整，改善会议就会变得更有意义。而且，即使是很小的浪费的排除，其积累和相互作用最终也会提高公司整体的利益。当然，最重要的是自己的工作没有产生浪费。

第三章 精益化管理的改善

随着人口老龄化的愈加严重和出生率的不断低下，劳动力不足的问题日渐凸显，且人们工作生活方式等社会环境也在瞬息万变，这促使业务改善成为任何企业都不可或缺的措施。“改善”一词起源于日本的制造业，是支撑精益化管理的一个重要技术手段，现在在日本之外的地方也被称为“Kaizen”，且备受重视。在此，我们初步介绍一下精益化管理下“改善”的具体内容，以及解决经营管理现场问题的对策。

第一节 改善的背景

业务改善是企业经营管理活动中一个极其重要的举措。近年来，由于低出生率等原因导致的劳动力不足以及生活和工作方式改变带来的影响，业务改善变得愈加重要。

首先，业务改善该如何定义呢？业务改善是指“为了达成经营计划的目标，使业务流程达到最佳”，或者是“通过改善特定的业务、作业来提高效率”。大家乍一听到业务改善，大都会以为是业务咨询顾问对业务进行分析，为找出改善点而进行的一项浩大的工程。但业务改善实际上并不一定是一个难度很高的工作。例如，在日常业务中，即使是现场负责人通过能力做的小小改善，只要最终与“经营效率化”联系起来，那就可以被称之为业务改善。

被称为IT制造业大国的日本诞生了丰田、松下等世界级品牌，其秘诀之一就是成功地进行了持续地业务改善。换言之，支撑全球制造业成长的关键之一正是现场的业务改善活动。另外，近年来随着数字化技术和生活工作方式改革的推进，越来越多的企业开始认识到业务改善的重要性。业务改善的意识已经渗透到员工中，实施业务改善的经验也在各个企业内部积累了很多。其中精益化管理的业务改善便是业务改善中最具代表性的活动。

第二节　何为改善

一、改善的概念

改善主要是在生产现场进行的，是为了让业务变得比现在更好而实施的活动。具体来讲，是指为了消除工作和业务中的浪费，创造更高价值，而进行的改变作业和业务的活动。也可以说，为了提高生产效率，必须尽量减少工作中的浪费。改善的最大特征是以从事现场劳动的员工为中心自下而上地进行。现场的人员为了改善问题而集思广益，思考解决方案。其特征是不仅要考虑当下发生问题的解决方案，还要考虑将来可能出现问题的改善方案。它原本仅是指在生产现场进行的活动，但现在不只在生产现场，在非生产部门甚至其他行业也在广泛使用。

那么，为什么是“KAIZEN”而不是“改善”呢？因为汉字中的“改善”一词，有“把不好的部分变好”的意思。但与此不同，精益化管理将“KAIZEN”赋予了“不满足现状，要做得比现在更好”的含义。简言之，“KAIZEN”的重点是自主认领课题，自主思考对策，从而进行改善！

“KAIZEN”不仅在日本国内被广泛应用，作为精益化管理的重要内容，在世界范围内也得到大力推广。因为国家之间存在文化和民族性差异，表示“改善”的英语单词“improvement”也不能充分表达精益化管理中“改善”的含义，所以在向全世界推广精益化管理的过程中，学者们直接把“改善”的日语发音变成了英语“KAIZEN”。

二、“改善”与“KAIZEN”

“改善”与“KAIZEN”这两个词，用日语发音表达的话是一样的，用文字表达有以下两种表达方式：一是改善，二是 KAIZEN。

但实际上，这两个词的意思和使用场所都不一样。如果能分别使用这两种语言进行对话，那么在业内人士面前一定会产生让人刮目相看的结果。那么让我们来确认一下它们各自的意思吧。

1. 改善

所谓改善，是指把坏的状态变成好的状态。用英语表达是“improvement”。

2. KAIZEN

所谓“KAIZEN”，是指不满足于现状，自主发现问题并持续不断改善，从而不断向更好的状态发展变化。改善的要点是：

（1）不满足于现状；

（2）自主发现问题；

(3) 不断向更好的状态发展变化。

根据这三点可以更准确地理解“KAIZEN”的内涵，即“KAIZEN”是指“进行持续的改善”，而非一次性的“改好”。因此，将不好的状态变好就是“改善”这一点没错，但“KAIZEN”则不把现在当作最好，而是不满足现状，以更好的状态为目标，反复持续地进行改善、追求不断地“更好”。

因为在汉语环境下，理解日语“改善”的特别含义并不是特别困难，所以在汉语中用“改善”来代替“KAIZEN”还是被认可的。但在非汉语环境下，因为文化差异，一般只用“KAIZEN”来表示精益化管理中的改善。我们在本书中将继续使用“改善”一词，日语是源自于汉语，汉语的“改善”已包含了上述二者的内涵。

三、改善的目的

“改善”原本是用于制造业的现场工作，现在除了制造业以外，还被广泛应用于其他多种行业。近年来，关于改善的思维和机制已经拓展到物流业、建筑业、服务业、零售业等各个领域。例如，某超市将精益化管理的改善应用于卖场运营，对店铺、仓库和后厨进行了整理整顿，并改变了蔬菜的销售方式等。通过改善后，店铺的经营管理效率得到了大幅提高。

如今“改善”已经成为现场的通用语言。在工作中，无论什么行业、什么业种，都需要带着改善的意识去努力。在日常业务中时刻保持问题意识，一边纠正一边改善作业是非常重要的。

一般来说，工作就是“作业、业务加改善”，动手只是工作的一部分。为了让作业和业务更加轻松，通过重新审视作业、思考更有效率的作业顺序等方法，在原有作业的基础上进行改善，才是真正做好了工作。也就是说，工作并不只是按指示做事情或按固定的模式做事情，而是包含了自主发现问题并反复持续地进行改善的“改善”。只是进行作业并不能说是完成了工作，这一点必须要牢记在心。

综上可知，“改善”并不局限于单纯地只是对某项工作进行由坏到好的转变。而应该敢于否定现状，将工作质量提高到更高水准状态，这才是改善的目标。

第三节 改善的原则

以制造业为中心的各行各业都在实践“改善”。当然，任何企业都可以导入和运用，但首先必须明确基本原则。正确理解“改善”的根本（根基）部分，在此基础上正确地实践才是成功的捷径。

一、了解客户

了解客户是商业经营活动中最重要的视点之一。如果不清楚客户的需求和期望，就无法创造出客户满意度高的服务和产品。孙子兵法中有一句名言："知己知彼，百战不殆。"了解自己固然重要，但如果不首先充分了解对手，就无法展开战斗。改善的思维方式也是如此，首先要充分理解客户的价值观和需求，然后再考虑如何才能让客户获得更高的满意度。

二、明确所有事由

很多时候，即使制定和实施了各种各样的改善方案，但仍然无法有实感和成就感，原因在于改善方案没有将效果可视化。收集改善过程和成果的数据等信息，清楚了解发生的变化历程是很重要的。

如果组织的变化历程基层看不见，只有高层知道，那么很难提升业务效率，毕竟实施作业和业务的是基层一线员工。将所有的内容都清晰地通过数值和数据可视化，就可以将具体的改善活动传达给现场的员工，提高员工的积极性。

三、改善作业效率

在制造业的现场，生产产品的过程中一般要伴随着很多道工序。所有的业务都能顺利进行是最理想的状态，但事实上，随着工程复杂性的增加，效率会逐步降低，甚至发生浪费。如果能排除与作业工序相关的浪费，就可以把之前耗费在此的时间用在其他作业上，预计作业效率会大幅提高。

要消除作业整体中的浪费，局部的对策是不够充分的。企业全体员工需要共同努力即全员参与，这是改善的思维方式。通过全员的认真努力，可以看到一直以来没有表现出来的浪费，并可以通过企业全体成员的参与，构思出更具体的对策。

四、观察现场

无论是自上而下的经营模式还是自下而上的经营模式，观察现场、观察实际业务都是非常重要的。改善的基本原则强调重视现场观察，从现场可以确认改善的原则是否传达到位。

无论高层如何推进贯彻改善都无法传达到现场的例子比比皆是。不仅如此，发生完全被误解的场面也不在少数。为了避免发生这样消极的状况，定期观察现场的作业，纠正与现场的认识偏差是十分必要的。

五、全员都能做到

如果能产生团队的一体感，全体员工就能保持对工作的高度热情，朝着目标前进。为此，尽可能明确地展示企业的目标和方向非常重要。一旦明确了目标和方向，就能看清自己现在应该做什么。这种目标不是抽象的目标，而是数值，且是通过努力确认可以达成的目标数值。

另外，不建议一开始就设定不可能实现的高目标。为了维持员工的工作积极性，应该先设定可实现的目标，再一点点地向大目标靠近。而且，为了达成目标，现场的团队协作是必不可少的。为了让现场的员工始终能够付出最大的努力，企业需要准备完善的工具和系统。

第四节　日常改善活动与5S活动的关系

一、在日常业务中进行的改善活动

在生产现场的日常业务中，改善活动以各种各样的方法（方式）被导入。例如，改善提案就是其中之一。在制造业工作过的人，应该都写过“改善提案书”“改善报告书”“创新提案书”等。

为了通过全员参与来发挥更大的改善效果，很多企业都导入了这种改善提案的机制，以此来营造改善的氛围，增强企业整体的改善意识。

二、5S活动也是一种改善活动

此外，5S活动也是改善活动的一种。所谓5S活动，就是通过整理、整顿、清扫、清洁、素养这5个视点来维持生产现场的干净整洁，进而提高业务效率等。例如，为了让生产现场只剩下真正需要的东西而进行整理，为了避免看错东西而贴上标签等。

在推进5S活动时，首先必须认识到问题的症结在哪里。其次要带着改善的意识，从5S视角去思考问题点，并制定改善方案，正是改善活动的一环（见图3－1）。

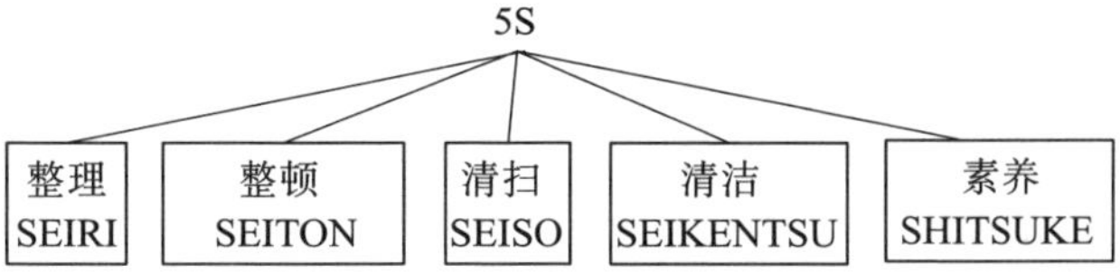

图3－1　5S的概念图

三、安全卫生和质量改善活动也是改善活动之一

除了5S活动以外，安全卫生和品质改善相关的活动等，都是与生产现场相似的视角。总之，各种活动的区别在于选择的重点推进领域不同。但不论哪种活动，基础都是自主发现问题，并用反复改善的思维去进行持续改善。

第五节　六步法的业务改善

所谓业务改善，是指为了提高业务效率，对现在的业务内容和作业顺序等进行重新审视，削减和调整现行作业的手法。制造业通过业务的改善，可以明显地感受到其带来的缓解人手不足和提高生产质量等好处。

但是，在实际实施业务改善时，常遇到以下两个问题：

1. “不知道该从哪里着手（入手）”；

2. “不知道该如何推进业务改善”。

所以，很多人都觉得很难果断下定决心实施改善。

在此，以生产现场为焦点，笔者用案例来解说业务改善六个步骤的实施方法。

一、业务改善前

为了实施业务改善并取得效果，事前准备很重要。下面介绍在着手进行改善业务之前需要确认的事项。

（一）业务改善目的的确认

业务改善的最终目标是满足并提高QCD。QCD是指质量（Quality）、成本（Cost）、交货期（Delivery），是不可或缺的三个要素。

首先是质量（Quality）。在业务改善中，通过导入工程管理体系和管理技术手段共同协作提高工作效率。通过业务改善，实现作业效率化，消除生产工序的停滞。进行没有压力、不易疲劳的生产作业，还可以降低因作业员的失误而导致的不良品发生率。另外，如果导入设备和系统，可以提高工作的自动化程度，人为过失的发生率也会得到降低。

因为质量的提高会直接关系到客户满意度的提高，由此带来好的影响也是实施业务改善的利点之一。

其次是成本（Cost），业务改善的第一步是找出生产流程中的浪费。通过业务改善削减不必要（浪费）的业务和工序，以较少的人进行生产活动。减少作业人员的数量，降低人工费用。另外，通过对未能充分发挥作用的设备和系统进行重新评估，还可以削减维持费和管理费等成本开支。

最后是交货期（Delivery），通过业务改善提高作业的效率化，削减不必要（浪费）的业务和工序，缩短生产周期。为了缩短交货时间确保按时交货，将作业过程中的准备时间和搬运时间的效率化管理等工作，作为业务的改善活动来实施，将会取得很好的效果。

如上所述，确认每一个业务改善活动的目的，努力推进实施，对最终达成目标非常重要。必须注意，业务改善活动本身并不是手段，而是目的。

（二）重视与现场的共享

提出业务改善方案时，要重视与现场的信息沟通和意见征询。最有效的方法便是亲临现场，亲眼看看到底在哪里发生了什么样的问题。另外，为了达成业务的改善，充分调动现场作业人员的积极性。因为如果一线员工的工作积极性低下，业务改善的实施就无法有效推进，甚至可能会停滞不前。

为了鼓舞现场作业人员高昂的士气和工作积极性，要聚焦于真正遇到的困难和必须尽快解决的问题，制定业务改善计划。若要避免成为形式上的业务改善方案或无法实施的方案，就必须重视与现场的共享与沟通，同时积极推进。

（三）业务改善的两种推进方式

业务改善的推进方式可以分为自上而下式和自下而上式两种。自上而下式是指管理层积极参与业务改善，将自己制定的业务改善方案落实到各部门和个人的方法，称为以经营层为主体的方式。自下而上式是指将现场立案的业务改善方案提交给管理层，得到许可后才实施的方法。这是以现场为主体的方式。

每种方法都有优缺点，采用哪种方法取决于哪种方法更适合企业的形态以及业务改善的目的。例如，自上而下方式，通常改善提案需要以经营层为主导，较适用作为业务改善的大型系统的导入和类似数字转换技术（Digital Transformation，DX）[①] 的推进等的情况。相反，自下而上方式则更重视现场的声音（呼声）。在把握现状的基础上，从能够马上改善的地方着手改善。这种从小规模的业务开始进行的改善，往往可以发挥更有效的作用。

实际上，很多企业都将自上而下式和自下而上式的这两种模式，很好地整合在一起运用。没有必要只专注于其中任何一项，重要的是能够随机应变，能够具备一边改变一边努力推进改善实施的意识。

二、业务改善六步法

业务改善的推进方法有其确定的顺序。接下来介绍业务改善的六个步骤。

（一）把握现状

首先，以现场调查为中心把握现状。把握现状是实施业务改善时非常重要的环节，如

---

① DX（数字转换技术）是指企业利用人工智能、物联网、大数据等数字技术，不仅可以改善业务流程、创造新的商业模式，还可以摆脱传统系统，实现企业风土的变革。

果不能正确把握现状，解决问题的方向就会出现偏差，无法取得良好的改善效果。

其次，为了正确把握现状，就必须把实施业务的内容和流程进行可视化处理。

导入目视化工具，将业务内容数据化，制作业务流程图，便于找出存在停滞或问题的地方。

如果忽视了对现状的把握，那么进行业务改善的意义本身就会被质疑。这是最重要的第一步，必须认真对待。

（二）排列优先顺序

通过对现状的正确把握找出问题和课题后，就可以排列优先顺序了。在进行优先排序时，矩阵图是很有效的工具。

矩阵图，是将要讨论的要素排列在行和列，在交点上表示各自的关联程度，以此来推进问题解决的方法。例如，在列中列出需要改善业务的问题和课题，在行中安排优先顺序的判断标准（获得的效果大小、必要的成本、实施的难易度等）。交点处用◎、○、△等符号标记，就可以简单明了地将优先顺序可视化。

（三）讨论业务改善方法

为了改善优先级最高的问题和课题，讨论采取什么样的方法。

在考虑业务改善的方法时，建议从“消除、减少、总结、改变”中选择一个来思考，这样更容易得出方案。

例如：

- 消除——整理工具，减少寻找的时间。
- 减少——构思存放空间，减少产品移动距离。
- 总结——重新划分生产流水线，整合多个工序。
- 改变——制作新的工作指导手册，改变作业顺序。
- 等等。

（四）制定业务改善计划

为了能够顺利有效地实施业务改善，就必须合理地制定业务改善计划。

制定业务改善计划的关键在于必须要明确“由谁做”“做到什么时候”“做到什么程度”。

通过分配任务、事前决定评价的方法，使每个人都带着责任感按计划推进实施业务改善。

（五）实施业务改善计划

业务改善计划制定完成后，一边确认进展状况一边实施。中途如果有什么不顺利的事情，就需要适当地重新检讨做法和计划。

有效地实施业务改善计划的关键点，首先是从简单的事情着手。重视速度，从难度低的业务改善活动着手，马上就能获得效果。获得的效果可以成为成功的体验（经验），有助于提高实施下一个业务改善的积极性。如果能在积极性高的状态下实施业务改善，进而加速实施计划，就会取得比预期更好的效果。

（六）业务改善的评价和落实

业务改善没有终点。实施业务改善后，必须进行回顾评价。为了让业务改善的内容牢固稳固地扎根下来，通过规范化和标准化进行维持和管理就显得尤为重要。在达成业务改善目标后，有时也还会发现新的问题和课题，这时，应该再按照同样的步骤，从把握现状开始再次着手。

三、业务改善的六个方法

业务改善有六个有效的手法。如果企业不使用技术方法进行业务改善，往往会半途而废，得不到预想的改善效果。即便取得一定的改善效果，也会很难持续和固定下来。

业务改善的目的是通过改善现场的问题和课题，获得提高生产效率和改善劳动环境的效果。但是，必须要注意，不要在业务改善本身上面花费过多的精力和时间。

在此介绍的业务改善的六个基本方法都很简单。它的优点是不需要太复杂的想法，任何人都可以马上着手应用实施。

（一）业务改善和经费削减的区别

在很多场合，业务改善和经费削减给人的认识是一样的，但实际上它们的目的不尽相同。业务改善的目的是改善现场的问题和课题，提高生产效率和改善劳动环境。换言之，与企业的经营效率相关的所有业务都是业务改善的对象。

然而经费削减的目的主要是削减成本。例如，为了降低电费而将荧光灯改为 LED，为了降低印刷费用而取消彩色复印等。其特征是通过削减经费达到消减成本的目的，为企业贡献利润。

实际上，经费削减只是业务改善中的一部分措施。在业务改善中，经费削减也会削减成本，但有时也会在系统导入等方面投入大量资金。业务改善是包含经费削减在内的，以更广泛地提高生产性为目标的努力。

（二）业务改善的方法

学会了业务改善的方法，就可以更容易地改善问题和课题。现介绍业务改善的六个方法。

1. 废止

对于业务改善来说，最有效的方法是取消（废除）目的不明确的作业或相对于工作量来说收效低微的业务。废除了这两种作业，便可以削减原本花费在该业务上的全部时间和经费。它的特点是，虽然需要下定决心，但只要废除就完成了，容易实施，见效也快。

为了判断要废除哪些业务，企业需要对业务内容进行可视化和透明化处理，重新审视该业务存在的意义。在生产现场，很多业务都是按过去的习惯遗留下来的，但一些现在已经没有什么存在意义的业务，还意外地存在着。相对于投入资源来说，以效果很小的项目为对象实施业务改善，可以预想到，实施废止会取得很大效果。制造业废除（废止）的具体例子：废除纸质文件的归档，实行电子化→推进无纸化办公以及文件归档时省略开孔等工作；废除传真的报价书和订货单，充分利用电子邮件等→无纸化和提高联络速度。

2. 简化

在各业务的流程中，寻找不必要的、能省则省的内容，将其简化。可以尝试从生产线的工序、会议的进行顺序等业务流程入手。

如果能够进行简化，节省下来的业务所花费的时间就会变多，作业人员可以利用这个空闲时间处理其他业务。

在判断需要简化的业务时，要有意识地发现哪些是不利于创造附加价值的作业。有些作业，即使被简化了，也能够取得与现状相同的效果，那么这部分作业应该要削减掉。

简化的具体例子：简化晨会上的致辞和每个人的报告→缩短晨会时间；从说明书中，只提取各工序所需的部分，张贴在眼前的工作台上，简单明了→提高作业效率，提高质量。

3. 集约化

在各种不同的现场，还有大量相同的业务持续进行着。试着考虑一下，类似的业务能不能集中在一个地方进行。业务集约化具有可以提高作业效率、削减人员的优点。

集约化的具体例子：将标签制作和贴标（张贴）的现场进行集约化→提高作业效率，削减人员。

4. 标准化

如果每个人做业务的方法都不一致，可以通过标准化，将他们的方法进行统一，从而改善这种不一致。将业务进行标准化的好处是提高作业效率，更有效地保证质量稳定。

标准化的有效方法是作业工作顺序的（指导）手册化。制作作业手册，对作业人员进行指导培训，改善业务方法的混乱。这种方法也可以着力消除在日本制造业中被视为问题的“属人性”①。

标准化的具体例子：将操作步骤制作成手册并标准化→提高作业效率和质量，消除属人性。

5. 系统化

试想一下，能否可以导入 IT 等工具将单纯的工作系统化自动完成。通过系统化实现自动作业，在减少人工作业造成失误的同时，工作效率和质量都会得到显著提高。

系统化的推进可以清晰地将交给机器的事情和只能由人来做的事情区分开。如此，企业便可以把精力全部集中在企划、销售等只有人才能做的事情上，提高收益性。

诚然，导入系统需要一定的费用，但从长远的眼光来看，还是有很多好处的。

系统化的具体例子：用 Excel 管理进度表，导入函数等进行系统化→提高作业效率

---

① “属人性”是指“只有特定的某个人才知道的工作方法的状态”。

（减少单纯工作）；通过人工智能的图像处理功能实现验货系统化→消减作业人员，提高品质。

6. 外包

业务改善没有必要只局限在自己企业进行。对于自己企业无法处理的事情和无法分配资源的业务，要积极地外包。即所谓“专业的事情，让专业的人去做”将非核心业务外包给专业人员，可以让企业自己的员工专注于他们真正擅长做的事情。

虽然会产生外包费用，但考虑到自己企业内部的环境构建和人才培训，从结果上也可以认为低成本地解决了问题。通过委托外包，可以看到新的发现和前景，对企业的发展也会产生良好的影响。

外包的具体例子：将一部分产品加工业务外包→解决人员（人才）不足问题；把会计记账业务委托外包出去→消除人员（人才）不足问题，充分利用专业知识执行专业业务。

（三）业务改善手法的选择

通过使用业务改善的方法，能够促使改善工作顺利进行，并取得良好的效果。业务改善的方法主要有上述六种，且每一种都很简单易懂，重要的是针对业务改善内容选择合适的方法。例如，预期效果最好的“废除”手法也伴随着很大的风险。因为如果判断错误而废除了重要的业务，就会增加问题和课题。可见，判断业务改善应该采用什么样的方法是很值得关注且并不容易的事情。

四、实例

为了让大家对上述制造业的业务改善有更加具体的印象，下面介绍几个具体的例子。

（一）在进度管理中导入工程管理系统

在制造业中，进度管理非常重要。因为如果不能很好地进行进度管理，就会发生日程延迟，导致出现交货日期延迟等问题。

制作甘特图是进度管理的代表性方法。制作甘特图可以将工作计划可视化，有助于明晰进度。甘特图虽然可以用纸张或Excel等进行模拟制作，但其缺点是难以管理，难以实时掌握和共享。如果在工程管理系统中制作甘特图，只需简单输入就能掌握并共享正确的进度状况。

（二）让联络事项在平板电脑上共享

每天的联络事项（业务的变更点和故障等）都可以通过平板电脑等进行确认。

利用晨会等口头方式，一方面联络共享很容易忘记，另一方面无法传达给缺勤者。

如果利用平板电脑等，将联络事项设置为可保存、可阅览的状态，就可以重新审视阅览，让联络共享变得更加顺畅。

除了联络事项以外，把工作手册和操作步骤表等也汇总到各个文件夹中，在平板电脑上共享也是不错的选择，当然也要注意数据外泄的问题。

（三）对新员工的指导要使用工作手册和检查表

对新员工的指导培训对企业来说非常重要。很多现场都是口头进行指导，但缺点是很难一次性记住，真到进行作业前确认时，又不便或不能咨询指导老师，结果导致工作效率低下，错误增加，且有可能成为新问题和课题的原因。

对新员工的指导方法的改善，推荐使用工作手册和检查表。即使没有指导者，新员工也能自主地根据工作手册进行判断，通过检查表进行核对，防止出错。因此，为了能够随时确认工作手册和检查表，用系统进行一元化管理将会有效提升工作效率。

五、业务改善的有效工具

在进行业务改善时，推荐有效使用框架。下面介绍在提出业务改善方案或制定计划时，很有用的几种框架。

（一）KPT

KPT 是用于回顾反思的框架。一般情况下，可以使用白板和便利贴，将实施过的事情和新提案分为以下三种。

- K（keep）——好的事情（今后也要继续做的事情）。
- P（problem）——不好的事情（今后不要做）。
- T（try）——今后要挑战的事情。

KPT 是在业务改善实施后，进行评价时发挥作用的工具。KPT 最大的优点在于，不仅能对目前的执行情况进行评价，还能发现今后的课题。

（二）逻辑树

逻辑树是用于逻辑思考的框架。逻辑树的种类很多，其中对业务改善特别有用的是“Why 型树状图”，它的目的是可以深挖问题根源。

“Why 型树状图”是一种将问题和派生的要素以树状图的形式写出来，追求真因的方法。在业务改善中更有助于找出问题和课题。

（三）ECRS

ECRS 是在制造业被广泛应用的，用于重新评估业务流程的框架，即：

- 排除（Eliminate）
- 重组（Combine）
- 替换和替代（Rearrange）
- 简化（Simplify）

按照以上四个步骤提出意见，帮助企业重新审视业务流程的业务改善。ECRS 是一种简单的方法，但其优点是可以按顺序制订业务改善方案。

六、小结

业务改善的方法分为六个步骤，其中事前准备非常重要。把满足并提高业务改善最终目标的 QCD 放在最重要的位置，一边有意识地与现场共享，一边用心进行改善。

在业务改善的顺序中，最重要的是第一步“把握现状”。把握现状是将业务内容和流程可视化，挖掘出问题和课题。

之后对问题和课题进行优先顺序排序，检讨业务改善方法、制定计划、实施。

业务改善实施后要进行评价，为了使其稳固下来，经过日积月累地努力，将其规范化和手册化。

综上所述，可以归纳为以下三点：

1. 在着手改善业务之前，确认目的，并认真与现场进行共享。
2. 按六个步骤，有序进行业务改善，尤其要将重点放在最初的“现状把握”上。
3. 业务改善的具体案例和框架有助于构筑业务改善方案的立案。

第六节　改善活动的实施方法

在推进实施改善的过程中，有一个基本的步骤，即在实施改善方案之前，挖掘出本质的问题和课题。在此对改善的推进方法进行简单说明。

一、挖掘出问题和课题

首先，找出作为改善活动对象的问题和课题。在把握现状的同时，挖掘出具体的问题和课题。在梳理问题和课题的时候，聚焦于平时做起来不顺手的事情、有危险性的作业等，就会更容易发现问题和课题。如果能预想出改善特定的问题和课题后所获得的好处，就能提高改善活动的积极性。

二、提出改善方案

问题和课题明确之后，就要考虑具体的改善方案。

- 重新考虑人员配置和构成；
- 改变作业流程的顺序；
- 将工作手册无纸化。

诸如此类，关键是要考虑能立刻实施的方案。需要花费大量人力和成本的改善想法，在执行和达成目标之前会花费很长时间。改善获得成功的诀窍在于，首先要有意识地去做那些能够马上做出成果的小的改善活动。

另外，改善的关键是“不要只聚焦于不好的部分，还应该考虑怎样做才能让现状变得更好”，这些都要结合在一起考虑。

- 有没有可以省人化的业务；
- 如何缩短工作时间；
- 员工需要努力思考这些问题，并积极提出改善的方案。

三、一边实施一边评价

以改善方案为基础，实际实施改善活动。其中最重要的是，要用具体的数值来评价执行的结果和过程。在评价改善时，推荐使用有助于整理各种数据和分析关联性的代表性方法“QC7 个工具”，以及能直观显示多个项目结果的“雷达图”。不要主观地、模糊地评价结果，要以数值数据的形式体现成果，这对于改善需要运用的 PDCA 循环的运转非常重要。

第七节　案例分析

业务改善，是指为了提高生产现场业务的作业效率，对现在正在进行的业务进行重新评估，对作业步骤进行削减或重新评估。

业务改善的创意或许有很多，但仅仅简单导入或许并不能取得好的效果。还应该做到以下两点：

- 选择适合本企业业务的创意并付诸实践。
- 根据需要使创意适应本企业。

例如，为了说明改善的实施方法，面向在制造业工作的人，简单地介绍代表性的案例。

制造业业务改善的基础是去除 3M（勉强、浪费、混乱）。

（1）勉强——超出工作人员或设备能力的负荷。

（2）浪费——工作的顺序和内容效率低下，潜藏着不必要东西的状态。

（3）勉强和浪费混合并存的状态。如能力、工作量、质量等不稳定。

在此将按类分别介绍改善的创意。

一、聚焦于勉强的改善案例

作业者的作业工序和设备的运转状况存在勉强的地方，表示其有改善的余地。

作业者的勉强会导致身心疲劳，设备的勉强会导致故障和不良品发生率的增加等风险。首先，我们来思考一下，工作人员和设备的勉强到底隐藏在哪里。

1. 聚焦于高重复性或高负荷的工作

改善高重复性、高负荷的工作，这将直接关系到成果的大小。因为如果重复频率高，改善效果也会以加倍的方式发挥更大的作用。试着开始重新审视高重复性和高负荷的工作吧。

2. 寻找是否存在作业停滞和库存积压的工序

停滞不前的作业和存货积压的工序，是依靠作业人员和设备的能力没能处理完结的证据。工作的停滞和存货的积压，也是造成“浪费”的主要原因。

思考导致作业停滞和库存积压的原因在哪里，并尝试进行改善。

二、聚焦于浪费的改善案例

精益化管理将“浪费”分为七种。

1. 加工的浪费；
2. 库存的浪费；
3. 制造过度的浪费；
4. 等待的浪费；
5. 动作的浪费；
6. 搬运的浪费；
7. 废品和返修的浪费。

现场工作的具体作业中往往存在无法产生附加价值的浪费。精益化管理为了消除浪费，对浪费的种类进行了细分。

然后，对每一种浪费像“拧干抹布”一样压榨，尽力消除浪费。通过发现、确认并消减分类后的七种浪费，提高生产效率。

把作业分为增值作业和非增值作业。增值作业是指在该作业工序中产生价值的作业。非增值作业指的是为了进行主体作业而进行的生产准备和后续处理等，即能够产生价值的作业以外的工作。

（1）将工作分为这两部分，考虑是否可以减少或取消非增值作业。

（2）思考能否减少移动和搬运。移动和搬运是非增值作业中最主要的工作。

（3）因为不产生价值，所以有必要重新审视作业顺序，彻底排除浪费。具体来说：

- 设法减少步行距离；
- 重新审视移动的导线（路线）等等。

（4）重新审视生产现场和生产流水线的布局，思考能否减少移动和搬运。

- 设法减少找东西（工具、零部件等）的时间。
- 没有比找东西更浪费（时间）的事了。
- 找东西的时间和向知道放置地点的人问询的时间，累积起来就会是一个巨大的损失。

为了让每个作业人员都能马上知道所需的零部件、材料和工具放在哪里，就必须将如下事项事前确定，并在显著位置显示：

- 固定位置；
- 固定物品（定品）；
- 固定数量（定量）。

为了彻底做到固定位置、固定物品（定品）、固定数量（定量），就必须制定规则并进行管理，才能防止出现找东西的时间。

（5）彻底地进行整理、整顿。

- 所谓整理，是指处理不需要的东西。
- 所谓整顿，是指能够马上取出需要的东西。

彻底进行整理、整顿的话，就不会产生需要花时间去寻找需要的东西这一类工序或作业了，业务的效率也会提高。

（6）把工作顺序编写成流程图。其有以下好处：

- 可以将工作顺序标准化；
- 可以在制定生产计划时使用；
- 可以明确清晰地区分增值作业和非增值作业；
- 为更好审视改善建立平台基础；
- 作业内的哪个步骤可能有浪费等，工序内的改善点也能看得到。找出“勉强”和“浪费”，进行业务改善。

（7）确认是否有重复作业。

在现场，常常存在重复作业。例如：在现场用纸质账表记录作业和进出库状况，回到事务所后，把内容再次重新输入 PC 等。只要把这两个重复作业的工序合并在一起，作业效率就会大幅提高。减少重复作业的手段各种各样，其中之一就是 IT 化。通过导入手持式终端或平板终端等推进 IT 化，可以在削减工序的同时实现高效率的作业。

三、聚焦于混乱的改善案例

混乱是指由于每天的工序和工作量有差异，以及作业者的能力也有差异，从而导致以下状况发生：

- 作业人员和设备不足导致的勉强；
- 作业人员和设备闲置导致的浪费。

为了解决混乱的问题，要在把握勉强和浪费的基础上，思考如何才能保持一定的稳定。

1. 重新评估业务周期

以一周、一个月、一个季度等为单位，重新审视业务周期。在现场，根据不同的业务单位，会发生负荷高的日期和负荷低的日期等混乱的波动。

为了将混乱的负荷稳定，建议考虑在负荷低的日子提前做作业准备或维护设备等工作，以此抵充负荷高的日子的作业准备工作。这样，负荷低的日子和负荷高的日子的负荷可以接近一点点，进而减少负荷的混乱。

2. 确认工作人员是否存在效率差异

不同的作业人员，能率[①]差也会导致作业时间、负荷混乱。因人而异的作业时间混乱

---

① 能率是指作业能力和作业效率的综合指标。

的解决方法如下：

- 重新评估人员配置和人才培养方法；
- 调查是否有可以横向展开的技巧；
- 确认工作效率高的人是怎样的作业顺序等。

为了尽可能地缩小能率差，需要考虑尽力提高各自的能率，从而消除混乱。

为了能从根本上提高能率低的作业人员或标准作业人员的作业能率，通过对能率高的作业人员的作业诀窍和创意进行分析并共享，从而实现所有作业人员能率的提高。

第八节 实施改善的注意点

如果毫无计划地进行业务改善，不但得不到成果，还会产生新的3M（勉强、浪费、混乱），本末倒置。下面介绍一下进行业务改善时的注意点。

一、先决定优先顺序

为了实施改善业务而准备导入多个创意的时候，决定好优先顺序是很重要的。从实施改善所需的费用、时间等成本，以及实施改善获得的效果等观点来看，优先顺序是：

- 改善的难度低，改善的效果大的东西；
- 改善的难度高，改善的效果大的东西；
- 改善的难度低，改善的效果小的东西；
- 改善的难度高，改善的效果小的东西。

这样的分类，推荐从上到下依次着手。而且，如果一次性全部同时导入，可能会引起现场的混乱，所以还是建议一个一个地进行。

二、避免陷入个体优化

如果以个别优化为目标，反而有可能会增加作业的浪费。例如：

- 作为该工序的业务改善，重新审视了处理的顺序，但由于进行了重组处理，却导致后一道工序的操作性变差。
- 为了提高效率而进行分批（集中作业）处理，导致后一道工序的资材供给不稳定。

如果某一道工序的改善导致前后道工序或相关部门的负荷上升，其改善就没有意义了。

在进行业务改善时，一边观察整体一边进行调整，并设想改善后可能产生的负面影响是很重要的。

请注意不要只专注于某一道工序的改善，而不顾全大局。

三、以长远的眼光努力

业务改善的成果并不是一朝一夕就能达成的。如果想要马上拿出成果，那太勉强自己。

最重要的是，要投入适用于现场业务的改善方案，或是根据需要，将创意调整改变，使其能够更好地适用于现场业务的改善方案。而且，为了使现场早日达成长期目标，也需要进行灵活的改善。

有时候，为了追求短期效果而导入的削减浪费的方案，反而会妨碍到长期目的的达成，所以，在导入改善实施方案的过程中，一定要注意短期目标和长期目标的有效结合。

第九节　运用改善业务的方法推进效率化

上面介绍的一些业务改善的创意，每一个都可以直接导入到现场。但要注意，不能完全照搬，而是要因地制宜地选择符合本企业业务和课题的方案。

上面介绍的改善案例的实践经验也告诉我们，业务改善的实施是需要投入资源的长期工作，实施过程中还要注意避免个体最优化，眼光要长远，否则，反而会产生浪费，甚至导致实施改善方案投入的成本也无法回收。

要提高制造业的效率，就要从挖掘 3M（勉强、浪费、混乱）开始。需要注意的是，要在不产生新的 3M 的前提下，再去实施诸如对作业工序重新审视、削减浪费等改善措施。需要注意的是，要在不产生新的 3M 的前提下，再去实施诸如对作业工序重新审视、削减浪费等改善措施。

综上所述，实施业务的改善，一定要注意以下三点：

1. 业务改善的基础是排除 3M（勉强、浪费、混乱）；
2. 选择导入适合于本企业业务的改善创意很重要；
3. 实践时要注意，不要陷入个别最优化而本末倒置。

第四章　看板模式的技术及应用

第一节　看板模式的概念

看板模式是精益管理中一个重要的方法，由此我们从精益管理的基本理念出发来引出看板模式。

一、精益管理模式的基本理念

精益管理模式的基本理念在于通过企业整体的持续改善，消除生产经营过程中的浪费，实现成本有效降低。具体来讲就是，以生产现场为中心，持续不断地在各生产线、工序和作业等环节识别并消除浪费。在改善活动开始前，必须做好如下三件事。

第一件事，只制造能够被销售出去的产品，有两点很重要：一是致力于制造良品（自働化的理念），各道工序对于下一道工序，必须保证提供的产成品质量合格。基于这一保证，各道工序必须倾注全部的精力保证产品质量，建立起一旦发生异常，能够迅速感应并发出信号提示，自动停止生产线，及时处置并预防再次发生的机制。二是通过不断改善工序和作业，可以降低人力成本。但如果我们改善了工序和作业，结果只是创造出人的待工，改善的意义就无从谈起了。因此，应对量的变化，人员数的配置可以满足自由变更的生产线，以及改善生产线上每个人的作业，提高作业效率，从而减少人工成本就显得尤为重要了。

第二件事，绝不制造过剩（JIT）的产成品。任何一个企业，任何一个生产现场，都不愿意制造不能销售的产成品。产品现做现卖被认为是一种理想状态，大多数企业会选择提前制造产成品，但如果工序间和工序内堆积有过多半成品的话，就会出现问题（浪费的根源）。

第三件事，认真研究将浪费可视化的技术。简而言之就是能够在现场一眼看得出浪费（问题点）。以标准作业为例，浪费可视化的管理工具非常重要。

不管是哪个行业，在能销售的时候，只生产制造能完全销售的产品，JIT 就成为管理的终极目标，如图 4－1 所示。

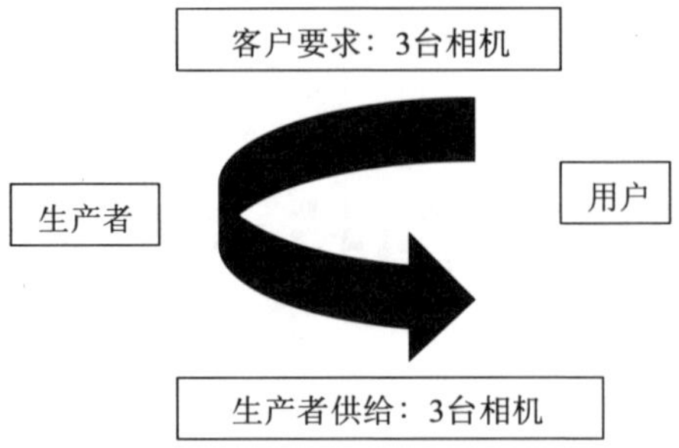

图4-1 JIT生产模式

JIT首先要考虑的是客户的需求，为此，我们回到原点，为了实现生产管理目的，思考应该采取怎样的逻辑方式，以及应该消除哪些制约条件，追求理想状态即适时生产最重要。

我们可以认为自働化和JIT的实践，就是将重要的浪费（问题点）可视化的技术。在JIT实践中，如果工序间或工序内半成品库存过多，问题就会被完全隐藏，无法发现浪费（问题点）的存在。

二、看板模式的概念

如前所述，JIT是制造现场所追求的一种终极理想状态，其实施基础就是采用后工序取货方式（也称为拉动式），此时使用的管理工具便被称为“看板”。“看板模式”就是利用“看板”传递生产信息的管理方式，将物品的制造方法、流动传递方法等体系化到精益管理的模式中，是精益管理中代表性的生产管理手法。

“看板模式”是精益管理模式的核心生产和管理方法，是由大野耐一（原丰田汽车副CEO）基于欧美的超市经营模式研发出的全新管理模式。后来，麻省理工学院的詹姆斯·P. 沃马克等人对丰田的生产系统进行了调查研究，在“看板模式”的基础上将其作为“精益管理模式”推广到欧美，精益管理模式是当时日本汽车制造业超越欧美、给欧美汽车业界带来巨大冲击的一个秘密武器。

首先，我们按照图4-2所示的架构，系统地介绍“看板模式”的内容及其关系。

在精益管理模式的理论中，产品价格并非传统意义上由“成本+利润”之和来决定，而是根据市场供求及动向，基于消费者的视角决定合适的价格。当然，为了提高利润，降低成本是绝对的条件（大野，1978）。为了实现降低成本的目标，消除所有的浪费是非常必要的，特别是库存和作业人员。其中，我们可以认为库存是所有浪费的集合，是具体化的东西。在将库存削减作为最大目标的基础上，企业必须彻底贯彻实施零库存的思想。

于是，为了减少库存，建立起可以完全应对零部件和产品需求变化的体系是十分必要的，这个体系就是我们熟知的“JIT”。JIT即是对于必要的产品，在必要的时候，只生产必要量的体系。在JIT体系中，生产指令直接到达最终装配生产线，为了进行生产，后道工序从前道工序领取必要的零部件，前道工序就只生产被领取的量。如此这般，一直追溯到原材料和物资的话，就不会生产多余的产品和零部件，自然也不会产生浪费。为了顺畅

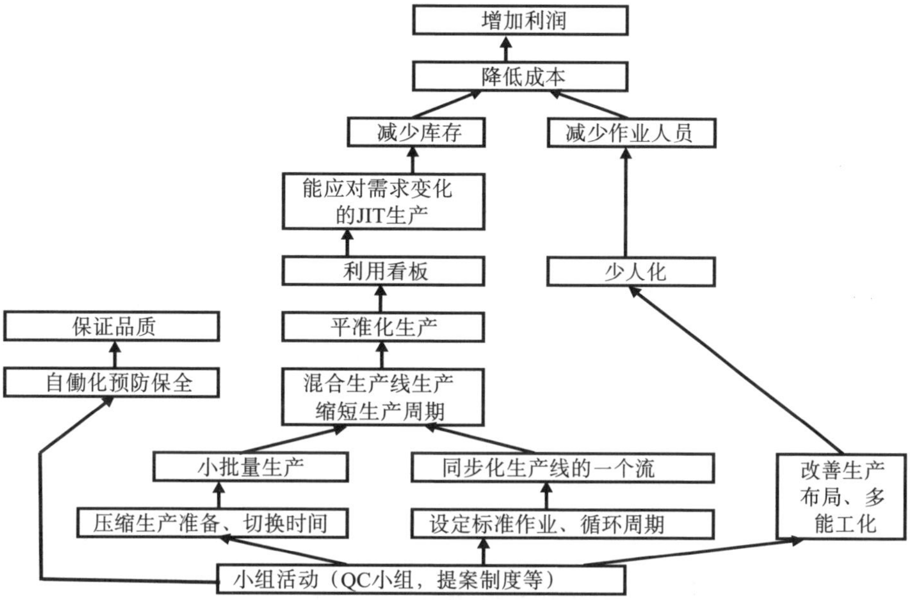

图4－2　看板模式概要图

地运行这一模式，现场所运用的手段就是“看板”。“看板”的意思是放进塑料袋的卡片，上面记载有工序名、品号、数量、使用车种、放置所、货架号、供货单位、交货时间和二维码等（不同种类的看板有些许差别），如图4－3所示。

图4－3　生产现场的看板

“看板管理”主要包括后道工序取货用的“看板”（“搬运看板”）和前一道工序作为生产指令书的“看板”（“生产看板”或“半成品看板”）两种。该“看板”通常和物品一同移动。也就是说，“看板”整合了传统生产制造过程中，一直被利用着的移动单、样品单、领料单和生产指令单等的功能。

根据“看板”实施JIT生产时，如果后道工序的取货量有不确定的波动，前道工序就不能应对了。所以，为了整个工序的平稳运行，现场要求必须实现生产量的稳定。否则，

"看板"就有可能成为压迫前道工序（包括外部供应商）的武器。

混合品种生产线（简称混合生产线亦称混流生产或多品种生产）生产方式是指将生产操作顺序基本相同的多个品种连续地放在一起进行生产的方式。混合生产线不仅可以节省生产空间，还可以减少生产线设备投资。在采用混合生产线生产的前提条件下，生产量的平准化即生产平准化可以压缩生产周期。为此，生产线必须要实行同步化生产①，即最佳生产模式的一个流生产②，或者必须通过压缩生产准备和切换时间，进行小批量生产。需要强调的是，实施同步化生产线的前提基础就是设定标准作业和循环时间。

另外，通过改善机械布局和作业人员的多能化等可以实现减少作业人员的目标。这些现场改善手法基本都是基于自律性自主进行的，但它必须是在 QC 小组和提案制度等小组活动的平台上才能实现。

而且，"看板模式"旨在把库存控制到最低，也必须要保证产品和零部件的品质。由于不良品进入生产线就会导致生产线停止，为此，必须坚决杜绝制造不良品，保证机器能够正常运转，这就必须彻底贯彻实施预防保全（Preventive Maintenance，PM）。另外，在机器上附加感知不良品的机能，即自働化。在不良品混入生产线或发生操作失误等状况下，自働化系统将停止生产线，并采用能发出警报的"安灯"等声光式提示牌，进行应对处理（见图 4－4）。

图 4－4　汽车生产线的安灯

① 同步化生产（Synchronized Production System）是指零件加工和组装生产线配合时机，生产出生产所需的量。

② 一个流生产是指产品单纯地以"单件（或最小批量）流水线"的生产方式。其原则就是没有浪费、整流化的生产线 = 投入量少、生产效率高的生产线。

当前，随着IT等电子信息技术的不断发展和进步，出现了“电子看板”。“电子看板”的优点是可以改善传统看板的传递损耗，可以控制“看板”整体的总量，还可以及时应对生产状况的变化。但另一方面，它的缺点是丧失了传统“看板”所具有的可以在现场观察到的“透明化”的优点。

三、看板模式的重要性

“看板模式”是精益管理模式的重要支柱之一，是实现JIT运营目标的工具。所以，“看板”不仅是库存管理的工具，也是实现JIT的工具，如果不按基本步骤导入就无法产生效果，甚至有时候，会波及危害到前一道工序。

第二节　看板的功能

如上所述，“看板”是实施JIT生产模式的重要工具。但是，从生产系统管理的视角，还可以发现它有如下功能。

一、库存管理功能

生产每一台汽车，所使用的零配件总数有2万–3万件。整个生产流程中包括零部件生产线在内的所有生产线必须完全实现同步化生产，实现一个流生产，工序间就不需要库存了，理论上实现“零库存”。但是实际上，不可能完全实现“零库存”的这一理想生产状态。相较于使用很多超大型设备的生产线实施的批量生产，通过混合生产、压缩生产准备时间和缩小批量等方式则可以减少库存。同理，供应商交货方式也可以推广实施多次数混载交货方式，以实现小批量化。

生产现场将零部件装入小货箱，每个货箱都附带着一张“看板”，“看板”和货物一同移动。每使用一箱零部件，就取下箱上附带的“看板”，前道加工工序就只生产这个“看板”显示数量的零部件，此时所有“看板”的总数量就是最大库存。加工生产线按照“看板”生产，也就不会生产过剩了。

各工序中“看板”的数量由现场的班长（工段长）决定，这个决策通常每个月进行一次。此时，库存如何压缩以及压缩后的情况便可反映出生产现场工序改善的效果，当然，最终的成果取决于班长等的管理能力。

二、生产微调功能

在基于市场需求的生产计划发生变更时，现场可以通过改变“看板”的领货次数来轻松实现。这表示在一定范围内，“看板”是自动进行生产微调的手段和工具，这一功能实现了现场生产的柔性管理。

三、生产统制功能

现场生产时，从货箱上取下的“看板”，立马就可以变成生产指令单（可作为取货单使用，也可作为搬运指令单）。另外，“看板”和货物一同移动，货物管理将变得不难实现。与之相反，若没有“看板”就不进行生产或搬运，在这种机制下便可以防止生产过剩或搬运过剩。

四、信息管理功能

除了工序，生产和搬运也都是按照“看板”操作。也就是说，“看板”成为了媒介，可以实现各工序间链接的功能。在一定程度上，“看板”用极其简便的手段传递信息，实现了信息管理功能。

第三节 “看板模式”的体系

如前文所述，“看板模式”是通过消除浪费，降低成本，提高管理效率，最终实现企业效益的增收。正因如此，“看板模式”也被誉为精益管理模式最重要的工具之一。图4-5描述的是“看板模式”的体系和目的。

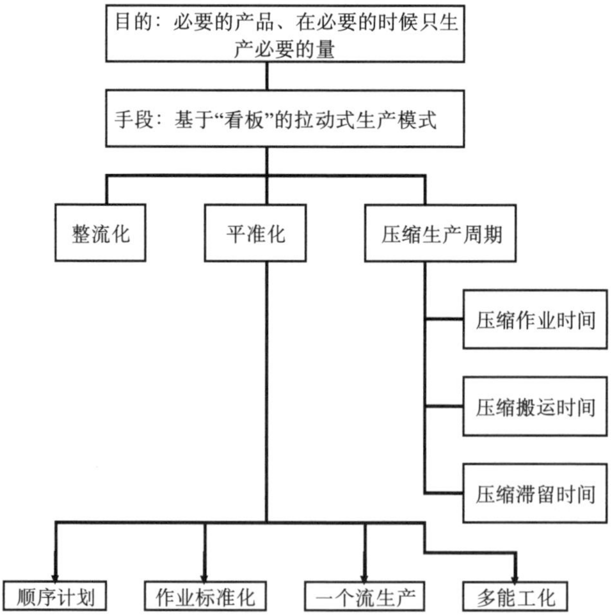

图4-5 “看板模式”体系

一、“看板模式”的起源

“看板模式”的起源是美国超市的商品进货模式。通俗来讲就是只补充已经销售的商品。

在制造业中表现为，销售多少数量就补充生产多少数量的产品。为实现该模式，首先，在最终产品保管处的每一个产品上都贴上“看板”，产品销售出去之后，便把卖出去产品的“看板”取下。其次，根据被取下“看板”数量，将该数量确定为预计生产量进行生产。此时，为了制作产品而使用的零部件也要贴上“看板”，去前道工序只领取之前取下“看板”数量相等的零部件，即按照“看板”确定的生产量，前道工序即刻向后一道工序交付“看板”数量的零部件。最后，前道工序按照回收的“看板”数量进行补充生产。如此这般，从最终产品追溯到零部件，实现了全部与市场需求联系在一起，成功实施 JIT 生产模式。

二、看板模式实施的前提基础体系

（一）拉动式生产方式

1. 推动式生产方式

在推动式生产（推挤式生产）方式中，根据重要的预测信息，制定各工序的周度或月度生产计划，将上游工序的成品自动推入下游工序，如图 4－6 所示。由于推动式生产方式是根据生产计划，将前道工序生产的产成品交付给后道工序的过程，所以推动式生产也被称为推挤式生产方式。

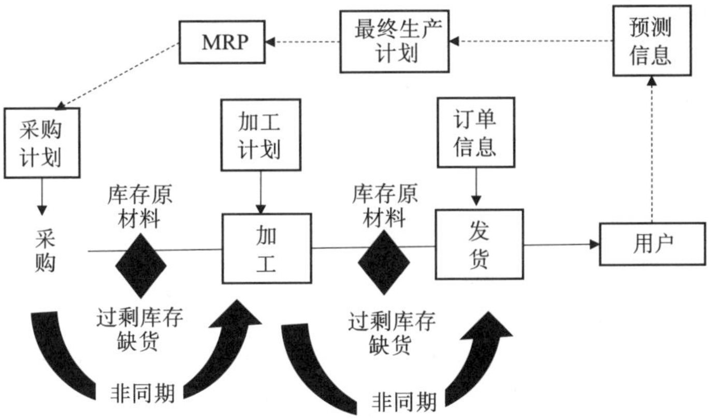

图 4－6 推动式生产的机制结构

推动式生产方式和拉动式生产方式在按照计划进行生产的时候都没有问题，但是若某道工序发生问题，推动式生产方式将不会考虑该道工序的问题而保持现状，继续生产，从而导致产成品和半成品的滞留，库存严重堆积形成浪费。另一种情况是，如果前一道工序生产发生延迟，后道工序就需要待工，产生人工的浪费。此外，也有可能后道工序利用待工时间，进行计划外的生产，这样同样会带来不必要的库存，形成浪费。相较于推动式生产的不确定性，我们可以认为拉动式生产方式更容易应对生产的变动。

另外，各工序都需要制定生产计划，这导致管理工作量的激增，实际上也是一种浪费。

2. 拉动式生产方式

拉动式生产方式，亦称为后道工序取货生产方式，指的是后道工序从前道工序领取所需要的产成品、半成品和零部件，前道工序只补充取货数量的生产方式。在拉动式生产中，生产计划根据需要的最终产品制定。前一道工序根据后一道工序取走的量，只生产被取走的量来补充库存，如图 4 – 7 所示。

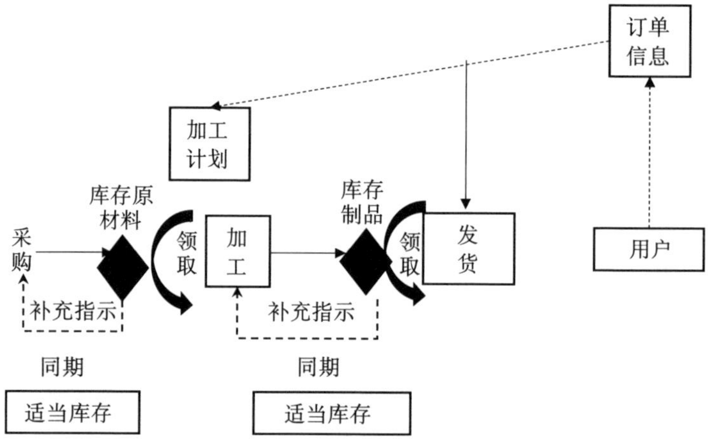

图 4 – 7　拉动式生产的机制结构

拉动式生产方式具有以下优点：

（1）因为各工序只生产后工序取走“看板”的量，所以不会产生多余的库存。

（2）因为与市场（生产）的需求实现了无缝链接，可以及时灵活准确地应对需求的变化，所以不会生产过多的库存。

（二）支撑拉动式的平准化

对于领取零部件的一方来说，如果采用拉动式生产方式，在必要的时候可以随意领取的话，对于前道工序来说又该如何应对呢?

例如，今天领取 10 个，明天领取 100 个，后天又不领。如此这般，如果品种和数量突然大幅变动，而且必须立即交货，那么作为前一道工序，所有品种都必须要保持与最大领取量相应的库存。这样，库存就会堆积如山，庞大的资金就会被占用。假如前道工序是中小供应商，就有可能因资金链的断裂而倒闭，造成更多生产上的问题。由此，精益管理中又引入了“平准化生产”的概念。

1. 平准化概念

“平准化（leveling）”是指在一定期间内使员工和组织的工作量均等。原本在制造业中是用来表示“对不同种类的各种产品进行均等生产”的，但一般来说，现在更多的是指上述的工作量达到均衡状态，如图 4－8 所示。

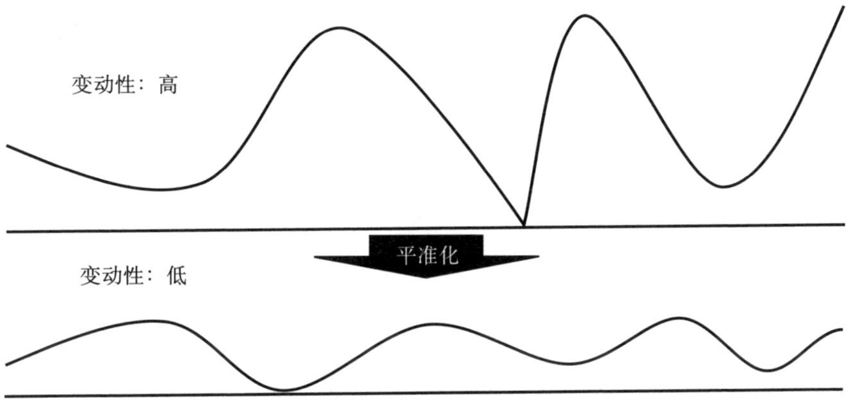

图 4－8 平准化

举例来说，假设一个月有 20 个工作日，每个月的生产量是 2000 个，那么在进行平均化生产的情况下，每天生产 100 个。以此为例，如果月初的第一周每天生产 400 个，由于月生产量计划就只有 2000 个，那么剩下的三周就没有生产任务了，就不能实现平准化。

在制定生产计划的时候，平准化是重要的思维方式之一。但是根据生产方式和运作状态，也不是必须要求完全平均化生产。由于每天能制造的数量是基于生产能力事先就已决策的事项，因此，我们经常使用“山崩”这一思维方式来模拟，把超过生产能力的这部分工作提前安排到生产工作数量较少的日期进行制造。

平准化思维方式的基础是“JIT 生产模式”，即在必要的时间内生产必要数量的必需产品。为了实现这一目标，提供零部件和材料的供应商也必须在必要的时间、供应必要数量的货物。为此，向推进平准化生产供货的供应商，也必须要实施平准化生产。

一般来说，在汽车零部件行业，供应商都不会也不能有多余的库存。但是，对生产周期较长、材料采购批量较大和采购时间较长的零部件供应商们也不得不考虑准备大量库存，随时准备接受订货，随时供货，这也是面对现实的举措。

由于生产的一方也进行平准化生产，采购方也会刻意地进行平准化订货，如此供应商就能以极小的库存来应对，从而消除制造现场的不均衡浪费。

不过，精益管理模式中已经将这一思维方式升华到企业文化层面。因此，实施精益管理模式的企业订货非常稳定，对供应商来说也很容易制订相应的生产计划，一旦双方的合作形成了常态，而其他厂商就不会有“横刀夺爱”的机会了。当然，在少数情况下订单也有剧增或骤减的现象，但原则上，采购方会在 3 个月前将订货数量的信息事先告知。此时，零部件供应商为了防止客户的生产线因缺货而停止生产，会提前准备大量的库存应对。由于供应商也已经实施了平准化，所以供应商的生产波动不会很大，几乎不会有完不成准时交货或库存严重积压的担忧。

那么，平准化究竟是以哪些业务为对象进行的呢？一般来讲，能够实施平准化的都是定期稳定发生的业务，即常规业务，业务的对应流程和作业内容是固定的，是反复发生的业务。

平准化的最终目标是“实现高生产性、高作业效率的组织体系”。企业通过平准化的生产方式，最终实现自身的精益生产。另外，通过平准化，现场实现了高品质、低成本的业务运营模式。

2. 非平准化的状态

对于平准化概念的理解是比较容易的，但具体形象地思考起来还是较为困难的。因此，笔者换个思路，举一个“无法平准化状态”的具体例子，以便加深大家对平准化的理解。请读者们务必确认自己的组织、团队中是否有符合的项目来酌量参考。

（1）负责人不同，工作量也不同。在需要多名成员处理的业务中，工作量会偏向特定的人。例如，成员之间的沟通不足会导致职责分配不均，工作分配机制不完善，导致大量的工作集中到特定的人员身上等。这是没有平准化的最容易理解的例子。

（2）在特定的期间内，根据时机不同，工作量也有差异。即使是稳定的业务，也会因为季节和时期的不同而产生业务量的偏差。生产期间有“1 年”“1 个月”“1 周”等各种各样的单位。例如，录用应届毕业生的相关业务，就会偏向“1 年”的期间；如果是处理会计账单，就会偏向“1 个月”的期间等，根据业务内容的不同，作为基准的期间也不同。另外，工作量不规则变动的也是如此。例如，事故应对和灾害应对等，无法预测何时、发生程度。这些都是没有实现平准化的状态，尤其是后者，在性质上是很难实现平准化。

（3）能做的工作和不能做的工作因人而异。业务的好坏与个人能力有很大的关系，即使是团队工作，如果存在只有特定成员才能处理的业务，或者团队中没有共享处理方法，也是没有实现业务的平准化。

（4）能够定型化的业务没有定型化。这个判断有些困难，因为本来是可以定型化的业务，但是由于团队成员的做法不统一，工作所需的时间和能完成的业务量会有所偏差。如果我们把“能否定型化”的判断标准换成“能否手册化①”。对于反复发生的业务能够手册化，也可以认为作业方法实现了定型化。

3. 平准化的优势

业务实施平准化可以实现以下优势：

（1）可增加团队能处理的业务总量；

（2）能够保证稳定的工作质量；

（3）即使对应的业务量突然增加，质量和交货期也不容易受到影响；

（4）现场的成员可以安心地处理业务；

（5）提高组织和团队的生产性；

（6）此外，通过实施平准化可以应对业务量和资源的变化，以更低的成本、更高的效益、更稳定地开展业务。

4. 业务“平准化”的方法

要实现平准化，首先应该从什么着手呢？关键在于“查明原因”。现场需要正确把握

---

① 该处的“手册化”是“操作指引手册”的简称。

现状，找出业务发生量和对应量不稳定的原因，根据这些原因采取对策实现平准化。

（1）明确操作步骤，把握业务流程。为了了解现状，现场必须明确“业务是如何实施的”。作为将业务可视化的方法，主要有制作流程图和工作顺序书两种方法。深入分析时，推荐一边制作作业顺序书，一边明确业务现状。使用作业顺序书，不仅可以按照步骤确认工作内容，还可以确认工作区域负责人情况。

（2）征询工作成员的意见，找出偏向。明确了工作流程之后，下一步要征询员工意见。如前所述，“业务量的偏差”会从各种角度产生。具体来说，征询者应通过以下提问确认偏差发生在哪里：①以“年”“月”“周”“日”为单位，业务量是否有偏差；②最忙和最不忙时的工作工时；③特定期间内的平均作业工时；④每个操作步骤所花费的工时；⑤感受到的不安、不满和在意的事。

前4个问题是为了定量把握业务偏差及其原因，可以掌握季节性的工作量和每个负责人的工作量。这里最重要的是第5个问题，从①—④可以确定问题所在，但是为了找到本质原因，第5个问题所提到的每个负责人的定性信息是必不可少的。

（3）根据原因实施平准化的方法。原因明确之后就需要采取具体的应对措施。具体的解决方法根据业务内容和组织状况而千差万别，有以下方法可供参考：第一，对业务发生时机的控制，最理想的方法是通过控制发生的业务量来实现平准化，但在现实中很难做到。平时业务量本身可能无法调整，但发生的时机可以改变。从特定的部门接受工作时，可以通过调整作业的交货期，稍微延长所需时间，即使在业务发生之后也可以调整时机。第二，将业务定型化，让任何人都能应对，业务定型化的具体方法是手册化。制定工作手册并使其成为通用手册，促进业务的定型化。第三，通过进度管理将每天的工作量可视化，团队内“谁”“做了什么”“做了多少”，可以实时确认工作进度。通过工作量的可视化，可以进行详细的控制。第四，通过任命管理者来优化业务分担，在负责业务的团队中设立管理者，由他负责分配业务。但在人员不足的情况下，管理者可同时兼任操作者。此外，还有一种方法可以通过灵活运用任务管理工具，通过对业务流程的评估，自动将各成员所承担的业务可视化，减少分工所需的时间。特别是在业务稳定的情况下，因为固有的惰性习惯了现有的方法，所以很难感觉到不协调，很难发现效率低下的问题。如果顺利的话，这是最能见效的方法之一，如图4－9所示。

图4－9　业务流程再评估

（4）“平准化”状态的定期检查。为了保持平准化的状态，需要定期检查业务状况。最理想的情况是经常实施业务进度管理，这样才能够客观地把握业务状况。另外，定期检查还能及时捕捉到平准化状态会被打破的征兆，所以笔者非常推荐。

第四节　“看板模式”的系统化应用基础

一、“看板模式”的原则与“同步化”

“看板模式”的原则是“后道工序在必要的时候、向前道工序领取必要量的物品，前道工序必须要以最少的库存来应对”。

如上所述，在生产活动中，“看板模式”是以实物管理为中心的“同步化”管理模式。而工序的同步化，是将“生产效率”最大化的机制。这里所说的“同步化”是指，根据每次接到的订单数量和规定的交货期，合理安排各道工序的生产节奏，力争做到节拍一致，从而缩短工序之间的等待时间。最终，通过“同步化”，实现生产效率最大化。

（一）在制造业中常见的生产计划问题

在说明“同步化”为何能使“生产效率”最大化之前，首先要说明制造业现行生产计划中极为常见的问题。

不论规模大小，现在很多制造业都在运用以“手番”为基础的生产计划。“手番”原是围棋的专业术语，现借用到生产管理现场，表示能够安排的工期，是指从下达制造指令到开始作业，再到完成指令的期间，与生产周期的概念相同。一般 1 天为 1 手，但根据生产形式的不同，也有半天、两天或一周为 1 手的情况。

如图 4－10 所示，由现行一般的生产计划情景图可以看出，在很多制造业常用的生产模式存在诸多问题。

根据年度、季度、月度等一定期间内的订单生产任务，生产管理部门负责制定生产计划，并向生产现场下达月度和周度的生产计划和生产目标。各作业现场在遵守月度或周度生产计划的基础上，基于现场自主机动权利，实施制造指令。前后各道工序的生产进度要在各自的加工现场予以确认，调整自己工序的制造计划安排。但是，由于前后各道工序进度的可视化并不充分，或者即使看到了，也不能迅速地调整与之同步的计划安排，所以在各生产现场中，前后各道工序相互不同步导致各工序间的半成品发生滞留。最终，工厂、公司就会产生大量的产品库存。

过多的产品库存不仅会导致资金滞留，还会产生运输、装卸、空间等管理费用，以及物品的劣化等诸多浪费，从而提高了成本。而且，正如精益管理模式所指出的那样，产品库存是掩盖工序缺陷、导致改善停滞的元凶。总而言之，产成品库存发生的原因是各个生产现场之间、工序之间没有实施同步化生产。

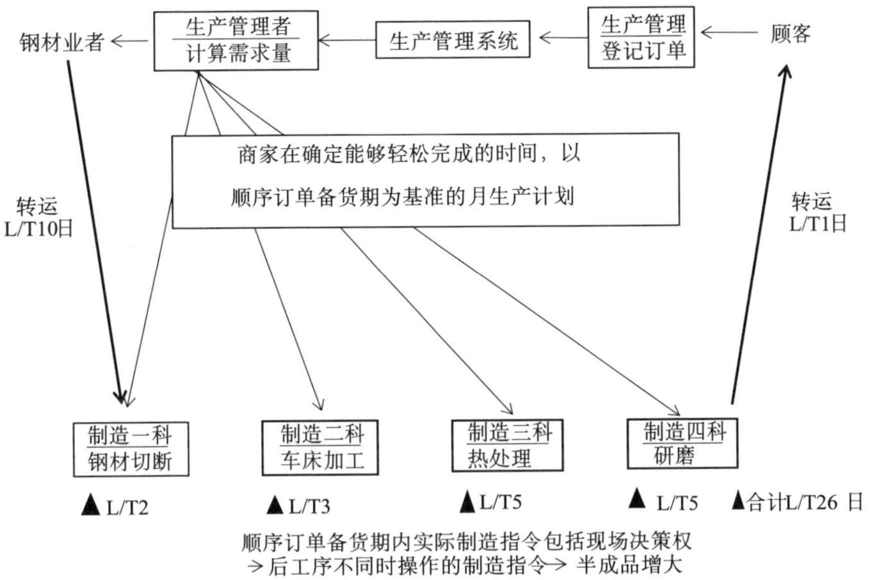

图4－10　现行一般的生产计划情景图

但是，实现各生产现场之间、工序之间的同步化并不是那么简单的事情。现场必须随时应对材料和零部件的采购调配延迟、制造故障、以及顾客的特殊紧急订单等变化的状况。由于弹性较大、柔性较高，许多普通的制造业没有这种生产日程调整的机制，自然无法实现同步化。可以说，工序之间、生产现场之间之所以不能同步化，是因为没有迎合现场状况及时制订生产计划的机制。

（二）生产计划的理想姿态——同步化生产

实现工序间、生产现场间同步化的机制就是“同步化生产”方式。所谓“同步化生产”，使工序之间、生产现场之间实现同步化，从而使产成品库存最小化，使“生产效率”最大化的生产方式。同步化生产调度系统提供以下功能：被订单的交货期所影响而同步化生产的调整；各工序工作量的平准化（平均化）；能够机动灵活、迅速地应对现场的生产变动，启动生产日程的功能以及使生产性、产成品库存等可视化。

应用拥有以上功能的体系，可以将“生产线”最大化，实现“同步化生产”，如图4－11所示。

（三）同步化生产的效果

实现“同步化生产”具有以下功效：

1. 实现同步化生产，将使“生产性”最大化（减少制造的浪费、不均衡、不可能），素材和产成品库存的最小化，制造负荷平准化（平均化），缩短交货周期（订单→交货）以及削减生产工时。

2. “生产性”的可视化，其中包括：面积成本利润率，制造成本以及平均滞留成本。

将各工序的作业“同步化”并取得平衡，是保证生产流畅，实现一个流生产的唯一正

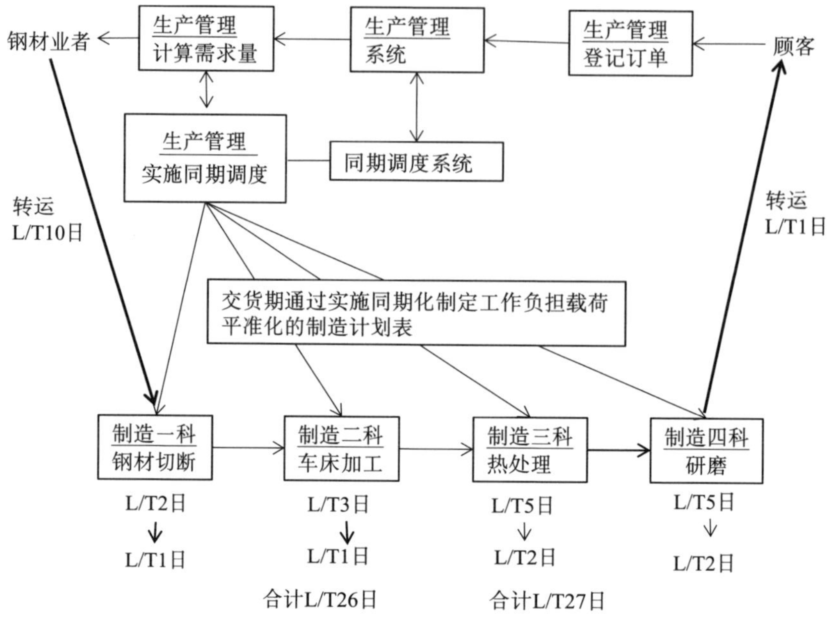

图 4－11　同期化生产的理想姿态

确生产方式。这种同步化并不仅仅局限于制造现场的生产线。生产计划、物资采购、生产作业等单位的同步化，以及开发、生产、销售等全公司规模上的同步化，都能获得价值（利润）创造的巨大效果。

以“看板模式”著称的精益管理模式就是典型的例子。近年来，随着信息设备的发展和基础设施的完善，被称为供应链管理（SCM）的综合生产体制成为可能，已成功导入到国内外许多企业，并获得很好的经济效益。

二、整流化生产

（一）整流化的概念

完成了消除浪费的改善，实现了各个工作场所的标准化之后，接下来就是将各个前后工序合并成一条工序，实现整流化。整流化是指在制造业的生产工序中，使物品和信息处于畅通无阻的状态，如图 4－12 所示。整流化等于工序的流程化，也就是按照流程生产产品。如果物品和信息混乱，停滞或倒退，就会导致生产周期变长，生产效率和质量下降。因此，设计出清晰明确的工序顺序，形成整流化生产，就可实现生产线“整流化、无停滞（库存）、清细而明快地流动”。提高整流化水平，可以切实提高生产效率、提高品质、减少库存、缩短生产周期。

整流化的主要目的是缩短总生产周期，以顺畅的流程制造产品是非常重要的。总生产周期主要包括采购周期、生产周期、物流周期、销售周期、信息周期等。在不能顺畅生产流动的地方，会产生停滞，产生库存，延长销售时间。如此，企业将会产生库存空间的浪

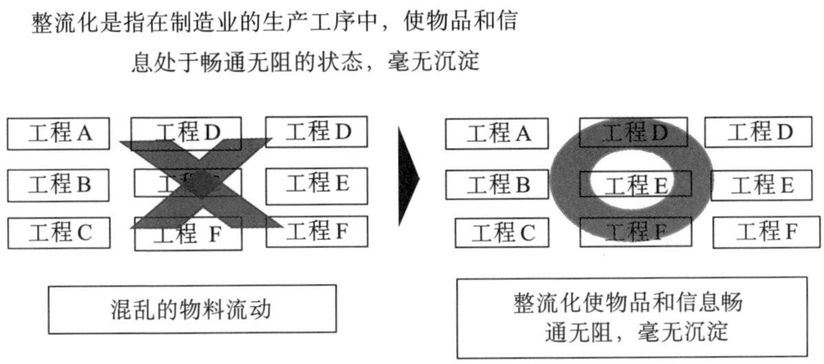

图4-12　整流化概念图

费，转运、换货等搬运的浪费，作业台板、收容箱、升降机等搬运工具的浪费，订单中断时库存风险的浪费，品质劣化、陈腐品、长期滞留品、死藏品等的浪费。电气、空间、仓储费等费用的浪费，账务和现货的库存管理的浪费等。结果将导致库存和资金无法周转，导致现金流量恶化。

因此，为了缩短生产周期，现场需要进行整流化改善。如果企业可以通过整流化来制造物品，就可以带来如下效果：

（1）在能卖出商品的时候适时生产；

（2）迅速应对市场变动；

（3）减少库存、死藏品和丢弃的浪费；

（4）迅速应对设计变更；

（5）对不良品的反馈更快，对不良品的对策也更迅速；

（6）因为可以延迟确定生产计划，所以可以减少信息预测错误等；

（7）改善生产计划和执行能力；

（8）即使发生突发事件、特急订单也能迅速处理；

（9）异常变得容易理解；

（10）强化制作能力。

（二）“整流化”实践

1. “整流化”前

为了将生产线“整流化”，首先应该观察现有生产线的现状，找出改善点，实现生产线的“整流化”。

要想创造“整流化”生产线，首先要观察物品的流动状态。如图4-13所示的案例中，工序从①到③分为三个部分。在工序①中，从作业台板上的收容箱中取下材料，进行加工，装入收容箱。如果收容箱装满了，就更换，放进下一个收容箱，把作业台板上的收容箱全部装满。如果作业台板上装满了，就以作业台板为单位搬运到工序②。工序②也是一样，经过保管、搬运、加工、搬运、保管的过程，搬运到工序③。如此反复进行到工序③，与加工3次相比，保管次数达到6次、搬运次数达到8次，生产周期变长了。这种生产形态一般被称为“工作间型”。

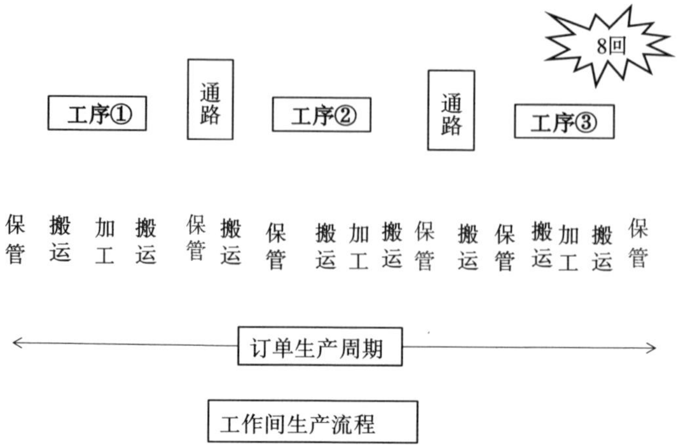

图 4－13　整流化前的生产线

2. “整流化”实践

（1）流水线型生产线，在前面的案例中，由于是按工序统一制作、统一搬运的模式，所以保管、搬运阻碍了流程，所以要通过减少保管、搬运的次数来构建流动生产线。如图 4－14 所示，取消工序间的通道，以收容箱为单位送往下一道工序。这样一来，就减少了保管、搬运的次数，相对于加工 3 次，保管次数为 4 次、搬运次数为 6 次，缩短了生产周期。这种生产形态一般被称为流水线型生产线。

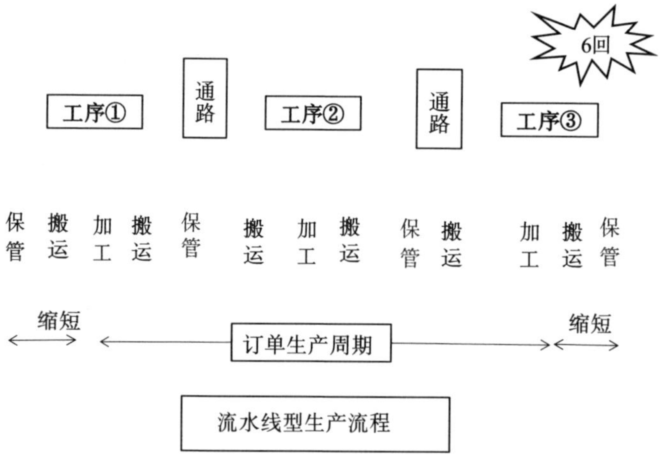

图 4－14　流水线生产线

（2）“一个流”，在上一步的基础上，进一步将物品流动化。在工序中有设备的能力，有能快速完成的工序，也有耗时的工序。如图 4－15 所示，通过库存来弥补这种工序的能力差，形成顺畅的生产线，就是上述提到的流水线型生产线。

库存中有缓冲的部分库存量，还要加上保管和搬运的次数。

在本例中，工序间的库存被消除，“一个流”的方式送到下一道工序。为了实现“一个流”，利用库存消除工序之间的能力差，必须通过“平准化”保持作业平衡。

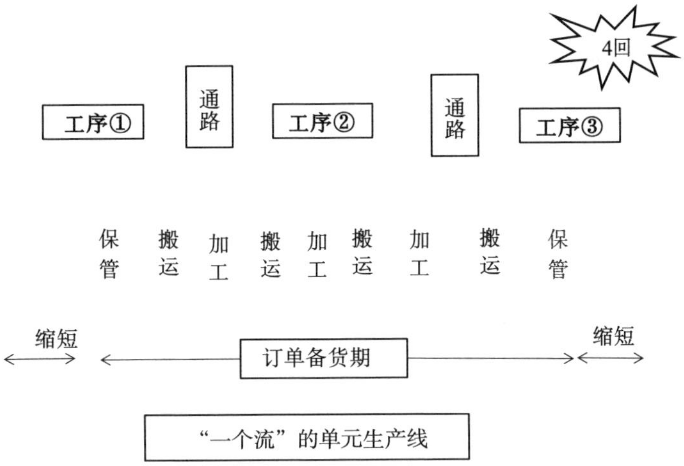

图 4－15　“一个流”的单元生产线

同时，生产线实现了各工序在同一时间内完成作业的“同步化”。如此一来，保管、搬运的次数被极大地削减。加工 3 次，保管次数 2 次、搬运次数 4 次，生产周期就被进一步缩短。这种生产形式一般被称为单元生产线，通常被设计成“U”形生产线。

（3）生产流程的流水化，工作间型是集中制作、集中运输的存量思维，工序之间会产生库存，每次都要发生保管和搬运。流水线型和单元生产线型都属于流动思维，通过消除工序的分歧节点，按照工序顺序排列设备，实现工序的同步化，形成流水化，如图 4－16 所示。

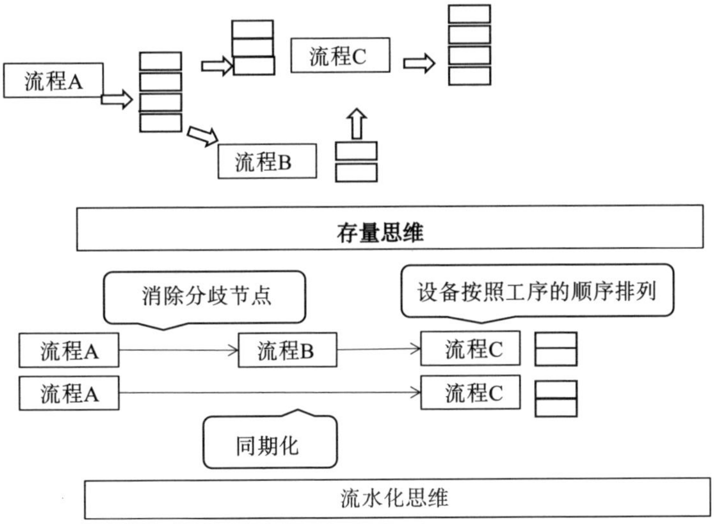

图 4－16　生产流程的流水化

（4）消除人工浪费实现作业流水化，工序实现流水化的同时，作业也应该实现流水化。如图 4－17 所示，组装作业生产线上有 A、B、C 三个工人。A 和 C 的工作量都没有按时完成，可以说是人工的浪费。B 的工作量超出了正常时间，可以说是在勉强（根据精益管理模式的理论，也属于浪费的一种）自己。如果作业不平衡的话，就会造成作业人员之间的（过量生产带来的）库存积压和待工，阻碍作业的流水化。

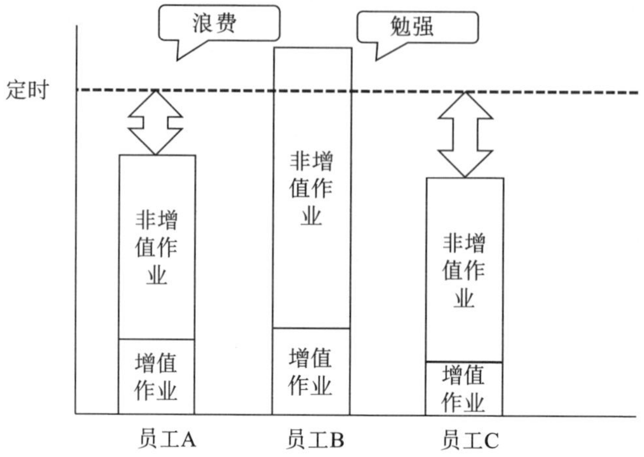

图 4－17　消除人工浪费

（5）非增值作业的可视化，如图 4－18 所示，要构筑作业的流水化，就要分析作业人员的动作，排除非增值作业的浪费。我们先来观察作业人员的动作：从滚筒机上取出基底，从收容箱中取出零部件，放在工作台上；取下工具，组装零件，放回工具；将加工品放回滚筒，送往下一道工序。在组装零部件的前后，有待工、放置、索取、放回等动作。组装零部件是增值作业，与之相对应的，等待、放置、取件、放回等动作则是非增值作业。阻碍工作流水线的就是这些非增值作业。通过减少非增值作业，就能设计出流水线的作业。

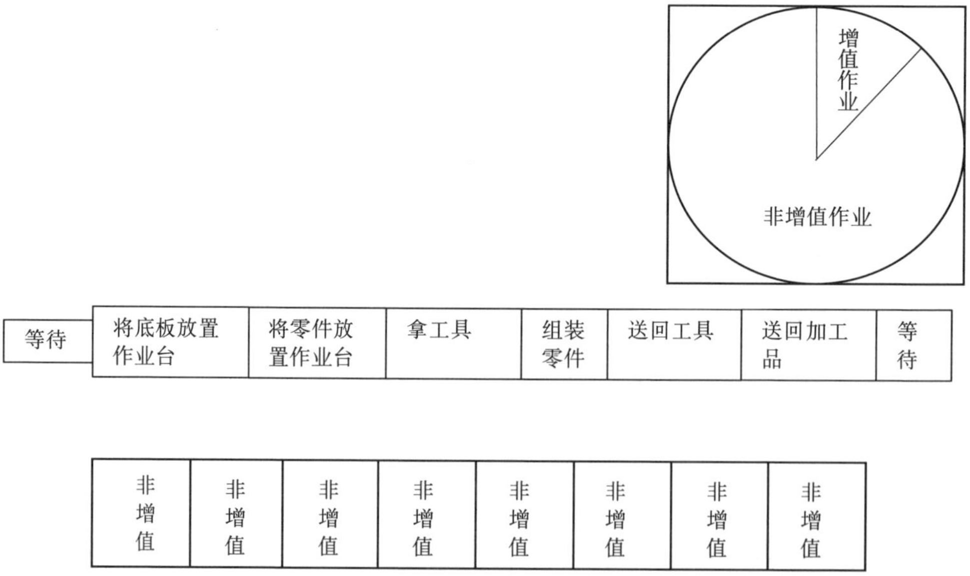

图 4－18　非增值作业的可视化

（6）以非增值为焦点进行改善，现场要改善的对象一定是非增值作业。在上述的事例中，组装零部件的增值作业比例为一成，而等待、放置、取件、放回等非增值作业比例接近九成。换算成一天 420 分钟的话，增值作业 42 分钟，非增值作业 378 分钟。削减工序间的偏差时，改善的对象就是这种非增值作业。如果把焦点放在增值作业上，同样是改善10%，也只能赚到 4 分钟，还可能对品质方面造成负面影响。如果把改善的焦点放在非增值作业上，同样是改善 10%，却能赚到近 40 分钟，不仅效果明显，还可能消除对品质方面的影响，如图 4－19 所示。

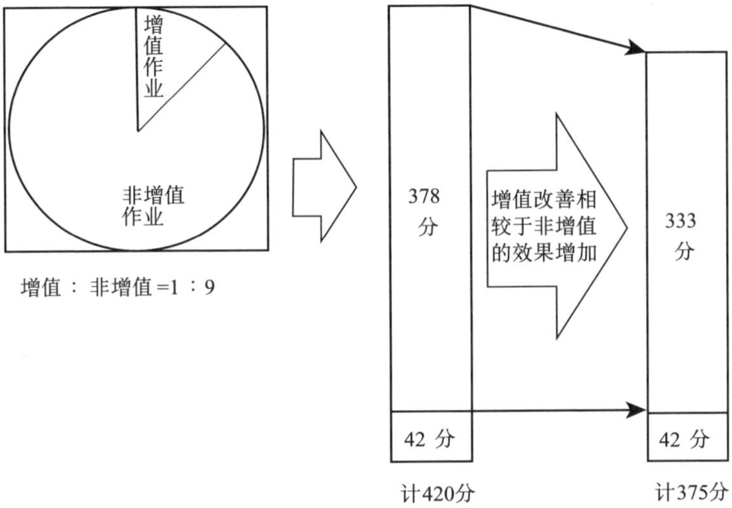

图 4－19 将改善的焦点放到非增值作业

（7）基于“平准化”的作业流水化，如图 4－20 所示，通过导入“平准化”将作业流水化。从三人作业的偏差中消除非增值作业的浪费，每个人的工时就会减少。因此，原本需要 3 个人完成的工作，现在只需两个人就可以完成。这被称为“有目的的省人化”，通过作业改善和设备改善，就可以节省人力。将 C 的工作分配给 A、B 时，要保持平衡，使“山”的高度一致，实现“平准化”。

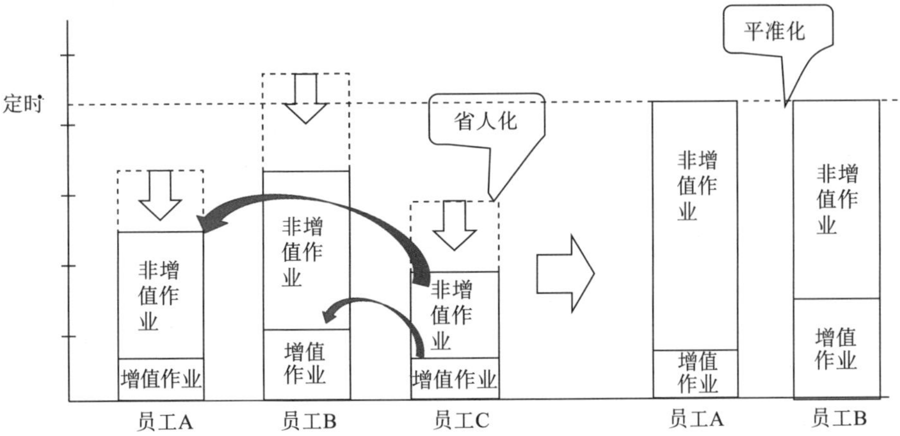

图 4－20 基于平准化实现省人化

3. 生产周期

工序间的库存可以视为“停滞”，在生产过程中就视为“等待时间”。

（1）总生产周期，总生产周期是指采购周期时间加生产周期时间再加物流销售周期时间的总和。其中，生产周期是指原材料从进入生产现场加工到完工交货出厂的总时间。

（2）生产的生产周期，从接受订单到发货的生产周期，由加工时间和停滞时间构成的。加工时间就是所谓的作业时间，可以分为能产生附加价值的增值作业时间和不能产生附加价值的非增值作业时间（作业准备时间）。停滞时间是指等待加工的等待时间（工作的待工时间），包括批量生产形成的加工等待时间、搬运等待时间、待工等待时间等。

生产的生产周期时间 = 加工时间（增值作业时间 + 非增值作业时间）+停滞时间（信息的停滞时间 + 检查时间 + 搬运时间 + 待工等待时间 + ……）

（3）缩短加工时间不如缩短停滞时间，为了说明缩短停滞时间远比缩短加工时间更有效，先举一个例子。假设在某冲压工序中，制造一件冲压产品所需的生产周期时间为：加工时间（每件10秒）+信息停滞时间（1天）+检查时间（1分钟）+搬运时间（1小时）+人工等待时间（20分钟）。

据此用比例来表示的话，加工时间:停滞时间

=10秒:(86400秒+60秒+3600秒+1200秒)

=10:91260=1:9126

加工时间与停滞时间的比率是1:9126。这意味着，与其瞄准加工时间的1秒，不如瞄准停滞时间的9126秒（152分钟）。1:9126，可能有人会觉得这个比例非常大，但也有很多公司的比例是一比几万。停滞时间就等于库存。以上的验证证明，改善的目标首先应该是停滞时间，如果能形成整流化，就会产生更大的效果。

（4）缩短生产周期，还可以提高品质，如果生产周期变长，就可能到处都是半成品和产成品。而库存增加的话，在搬运和保管的时候就会发生破损和劣化。反之如果缩短了生产周期，便可以减少运输和库存的浪费，提高产品质量。

4. “一个流”生产方式

（1）一个流的概念。“一个流”生产方式是精益管理模式的一个重要方法。在丰田的汽车制造现场，因为产品的局限性不能一口气制造出5辆、10辆汽车，所以只能把每辆汽车送到生产线的输送带。因为组装中的汽车一般是一辆一辆地在生产线上流动着的，所以像这样被称为“一个流”生产方式。因此，“一个流”的真正含义是，即使生产规格样式不同的汽车，也就是总工时不同的汽车，也要用相同的作业时间完成生产。在丰田的装配线上，因为要根据销售情况来生产，所以每台不同的车型、颜色和规格的汽车都在同一个生产线上组装。这被称为“平准化生产”，意味着用相同的周期时间生产各种车型的汽车。小型车只需60秒左右就能完成一道工序。

如此这般，采用“一个流”流水线生产，生产效率将得到极大提高。“一个流”流水线是单纯地将产品以“单件（或最小批量）放在一个流水线生产”的方式。因此，需要在生产线上流畅地生产，从而形成“流水化生产”。这种“一个流”的生产方式，首先要

放弃一人完成型的作业，而将工序分解成多个要素。然后，从这些要素作业（不能再分割的工作）开始，仔细地消除多余的作业，在节拍（Takt）中累计起来。

到目前为止，在一道工序中，每个节拍可能只能完成10个要素作业。但通过减少浪费之后，每个节拍也许可以完成12个要素的作业，也有可能是15个，也可能更多，总之是提升了效率。

这样一来，明确了一道工序后，这条生产线所需的人数也就明确了。而且为了实现工序与人工的关系，生产线的布局也会设计为最优化。生产线是由工序决定布局的设计，所以生产线的关键是工序。各工序的要素作业决定了产品的生产制造流程和布局，然后产品以单个（或最小数量）进行流动。如此一来，就能彻底消除浪费、提高工序的生产性，被整流化的生产线就构建成功了。

（2）“一个流”与“整流化”，在规模经济中，如果实现了大批量生产，每个产品的生产成本就会降低。因此，企业、生产现场往往都认为大批量生产的价值更高、成本更低。但是，这种思考方式忽略了影响成本的“时间”概念。生产企业大量采购、大量生产、大批量的生产线生产，就意味着每道工序都会出现待工和库存等情况。当然，这个待工和库存肯定不会为产品产生任何附加价值，只是单纯的停滞而已。一般来说，库存将需要花费产品价值的15%－25%的成本。这样看来，大批量生产意味着库存不仅不会产生附加价值，而且还要持续的花费资金维护。当然，如果一个产品直接销售，或者以最少的批量销售，就能将这种等待时间降到最低。综上所述，没有浪费、整流化的生产线等于投入量少、生产性高的生产现场和企业。提高生产性，就意味着排除了过度生产、搬运、等待、库存、加工等浪费。此时不需要考虑复杂的问题，只要考虑最基本的“消除浪费”这一问题，也就是所追求的“精益（Lean）”生产方式。

（3）“一个流”与“可视化”，一般大家会认为生产线停止令人担忧，但是，在精益管理模式中，不停止才是“恶”。生产线停止了，物品不流动了，就意味着那里发生了“问题”。在精益管理模式中，问题就是“金蛋”。因此，发现问题、意识“问题”是改善的第一步。为了不断改善，必须积极发现存在的问题，而问题就是精益管理模式中的“改善点”。

因此，必须是能够马上看到问题的状态，即“问题可视化”的状态很重要。发现问题→生产线停止运转→解决问题→生产线变得更好，如此反复。这不仅仅是保证生产正常运行的步骤，对于质量管理也是如此。

在这条“一个流”的流水线上，对在产品①进行最小控制，即使发生了不良品，也能以最小的损失阻止继续恶化。试想现在，工序间半成品堆积如山，但却不知道什么地方的不良品流向了客户，企业将陷入最糟糕的状态。不仅负有必须向客人解释的责任，还必须检查所有的生产线。而此时，堆积如山的半成品耸立在眼前，全部都是必须要检查的对象。而且，恐怕多半是需要返工和修补的不良品。这就意味着“一个流”生产方式能够有效抑制浪费和不良品。残次品的发生是普遍存在的状况，就连日本丰田的工厂也会发生残次品的现象。只是，能否将这些残次品控制在最小单位，在自己的工序内如何阻止发生，

---

① 在产品是指正在生产中的产品。

这就是精益管理模式的品质管理。为了实现这一目标，“一个流”生产方式就成为精益管理模式品质管理的基本。

如上所述，提高生产性需要使用“一个流”生产方式。在生产和信息加工的过程中，从进到出需要花费一定的时间，也就意味着需要花费相应的金钱，也就是“花费时间 = 成本”。一般来说，“一个流”生产比批量生产要快，而且还可以消除“浪费”。“一个流”既可以减少库存，又很容易检测出不良品，但起初的工作可能会很辛苦。所以，首先，要在力所能及的范围内，试着打造流动生产线。其次，前期的辛苦在后期会带来提高生产性的结果。最后，“一个流”的生产方式对于提高生产性已经被多方证明是有效的。

5. 缩短周期时间的方法

缩短周期时间的方法有多种，这里首先介绍以“细而快”的生产线为目标的方法，即通过整流化的改善方法实现缩短生产周期的目的。缩短生产周期的方法有以下几个：

（1）整流化：减少前后工序间的分歧，简化流水线，形成一气呵成的流程；

（2）同步化：协调前后工序的生产数量、启动时间、生产顺序等；

（3）流水线化：把设备按工序排列；

（4）一个流：产品以单件（或最小批量）放在一个流水线生产（从大批量生产转变到小批量生产）。

压缩生产周期、消除前后工序中的分歧和工序整合时，必须是从“ECRS”（①取消，②放在一起，③变更顺序，④简单化）这四个角度进行探讨。因为是按照改善效果从高到低的顺序排列的，所以通常是从上到下的顺序来考虑。

①Eliminate（放弃、舍弃、除外），例如，产品需要经过 A→B→C 这三个工序才能完成，那么是否可以去掉 B 工序而直接采用 A→C 工序的制作方法呢？

②Combine（统合、结合），例如，在切割→涂装→接合这三个流程的情况下，在切割之后，是否可以同时进行涂装和接合，同时切割→涂装和接合这两个过程？

③Rearrange（重新排列）或 Replace（替换），例如，在切割→涂装→接合这三个过程的情况下，是否可以按照涂装→切割→接合这样的顺序重新排列来进行流程呢？

④Simplify（简单化、单纯化），例如，在接合工艺中进行焊接的情况下，能否使用简单的螺钉来应对呢？

6. 整流化改善

精益管理模式的整流化改善在于将生产周期缩短到极限。如前所述，缩短生产周期不仅可以减少库存，还可以提高质量，提高对生产数量变动的应对能力，从而实现减少浪费的支出、降低成本的目的。整流化改善是通过单一流水线化、U 形流水线化以缩短生产周期为目标的改善。

为了实现这样的改善，就有必要整流化，从改善生产线布局、改善作业和作业（切换）准备等入手。只有这样才能适应小批量生产和一个流生产。为此，必须培育这一改善活动的领导者。

通过缩短生产周期，提高产品质量，提高应对生产量变动的能力，消除生产过程中的浪费，实现降低成本的目标。

第五节 “看板”的种类和应用

一、“看板模式”的操作方法

“看板”是传达、通知产品制作、流动等生产信息的载体工具。但是需要注意的是，工具根据其使用方法的不同，可能有益也可能有害。因此，看板模式应该是在生产现场经过各种各样的改善，且生产管理达到一定水平之后，才有可能成功实施。因为将“看板”导入到没有实施生产平准化（种类和生产量的平均化）的企业，只会导致企业员工手忙脚乱，不知所措。

装配工序只组装能销售给顾客的量，加工工序就只加工装配工序所需量的零部件。如此这般，依次向前一道工序展开。如果采用这种模式，在产品需求产生后，信息会无时间差的流动，因此就可以灵活应对生产计划的变更，而不会产生浪费。

“看板”的目的是提高质量，改善作业和减少库存。通过观察“看板”，可以使问题透明化利于追踪，进而实现可视化管理。

然而，“看板”越多，就意味着下达的生产指令越多，越有可能导致库存增加。因此，努力减少“看板”可以降低库存，抑制生产过剩造成的浪费。

精益管理模式又可以被称为“看板模式”，这是因为“看板模式”是为了以更便宜、更快捷地将优质产品送到客户手中，致力于彻底消除一切浪费为目标的方法。具体的操作方法是使用写着何时、何地、使用了什么、使用了多少数量等内容的卡片即“看板”。

每个零部件箱上都附带一个“看板”，领取或使用一箱零部件后就把“看板”取下来。装配生产线定期回收被取下来的这些“看板”送到零部件加工生产线。

零部件加工生产线的作业人员按照“看板”上写的数量加工生产零部件。这样一来，零部件加工生产线就不会出现加工生产过剩造成的浪费，装配生产线也不会出现闲置不用的零部件，造成置物空间的浪费。

基于“看板模式”，前道工序以“看板”为订货单，对产品进行流水线制造加工。加工后，将完工品和“看板”一并交给后续工序。这时，“看板”就起到了取货单的作用。后道工序使用收到的完工品后，就把那个“看板”归还到前道工序。接到归还回来“看板”的前一道工序，再次进行下一批次的制造加工。通过这一系列的操作流程，可以将工序间的半成品库存最小化。因为“看板”可以作为“生产指令书”使用，所以这一生产模式就可以称为“看板生产模式”，如图 4 – 21 所示。可以将前道工序的“看板”称为“半成品看板”，后道工序的“看板”称为“取货看板”。

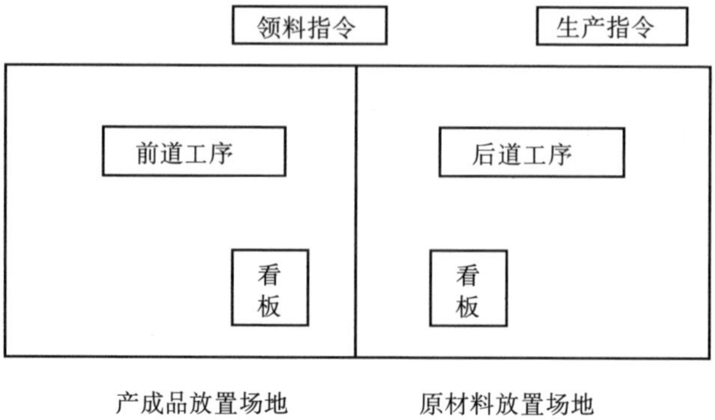

图 4－21　看板生产模式

二、“看板”的种类

“看板”从功能上可以分为“生产指令看板”和“取货看板”，如图 4－22 所示。

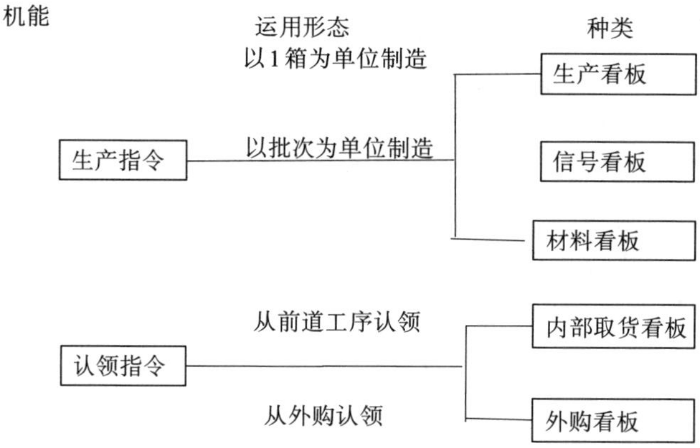

图 4－22　看板的种类

“生产指令看板”从运用形态上可以进一步分为“生产看板”“信号看板”和材料看板。“生产看板”用于对制造工序下达以箱为单位的生产指令（用于机械加工、组装生产线等）。“信号看板”用于以批量为单位对制造工序下达生产指令（用于冲压、成型工序等）。

“取货看板”可分为“内部取货看板”和“外购看板”。“内部取货看板”用于指示从本公司内的前一道工序领取材料。“外购看板”用于下达从供应商领取材料的指令。

三、“看板”的应用

（一）“生产看板”的登记内容

“生产看板”的登记内容如图 4－23 所示。

图 4－23　生产看板

1. 工序名称

生产看板上记载生产制造产品的工序名。工序可以是一个单独的设备，也可以是一个工位或一条组装线。

在例子上图中是加工工位“No. 1”。

2. 保管场地 No. ×

表示本工序完成品放置场地的位置编号。通常设置在工序旁边，但也有设置在产品仓库的情况。因为是放置在后道工序搬运产成品的场所，基于这个意思保管场地所以被称为“商店（Store）”。

3. 号码

顾客的商品编号位数较长，为了便于称呼和显示，在本公司内添加位数较短的编号。

4. 盛装物（货姿）

表示容纳成品的容器，即盛装物的种类、来往箱、推车等。“货姿”，如图 4－24 所示，原意是表示货物运输时对外观描述的用语，主要用于物流行业。货物在运输的时候，大部分情况下都是打包的，所以也可以认为是表示打包状态的词语。纸板箱、铁桶、纸袋等货物有各种各样的盛装种类，选择适合货物盛装方式很重要。这样既能提高司机的运输效率，又能减少货物破损的风险。

图 4－24　盛装物（货姿）

5. 容纳数量

一个容器内的容纳数量＝一块看板的生产指令生产数。

（二）“看板”的应用

1. “生产看板”的应用

按照看板进行生产的工序，如图 4－25 所示，由生产工序本身、保管场地、看板信箱、日程板等构成。

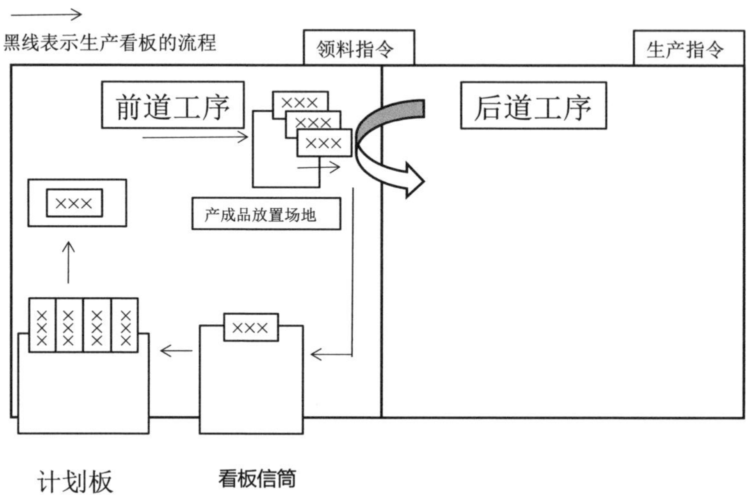

图 4－25 “生产看板”的应用

“生产看板”的具体应用操作程序如下：

（1）后道工序来领取前道工序的产成品（零部件）时，从产成品箱中取下生产看板，放入看板信箱。

（2）看板信箱的生产看板定期回收，按照加工制造工序的时间表补充生产制造时使用。最近，越来越多的企业把日程表划分为一个个详细时间单位作为一个（枚）看板，而后再以一个看板为单位发出生产指令进行生产（被称为“一小口”）。

（3）按照日程板的顺序、看板所定的产成品数量，依次进行生产。看板是添附在第一个产成品或其容器上，进入生产工序。

（4）生产完成的零部件装入零件箱，在零件箱上添附生产看板，放至保管场地。

如此按照上述从（1）到（4）的步骤反反复复来进行生产。一看日程表，就可以知道后面还剩下多少工作。

2. 信号看板的应用

像冲压工序和成型工序那样，生产产品的变动，需要更换模具。由于更换模具非常耗费时间，从而导致切换生产产品的准备时间会很长。因此，为了提高生产速度，某些工序，不是一箱一箱的生产，而是集中批量生产。“信号看板”就是表示在何时制造这样的零部件的信号。如图 4－26 所示，“信号看板”上记载的主要内容如下：

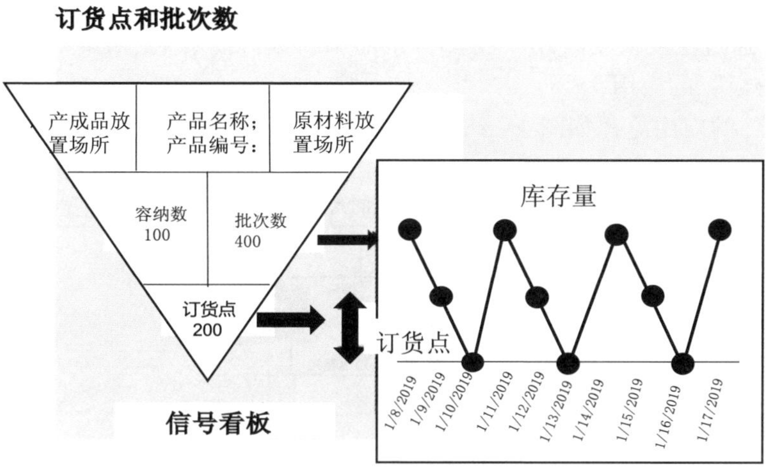

图 4－26　信号看板

（1）订货点：当后道工序的零部件库存减少到订货点时，对批量生产的前道工序下达补充生产的指令。在上图的例子中，订货点是 200 个。但是，如前所述，有时也会用箱数来表示订货点（订货点有时也被称为“基准数”）。

（2）批量：表示向进行批量生产的工序下达指令时的订货数量。在上图的例子中是 400 个，同样，有时也会使用箱数来表示。

基础概念介绍后，笔者再给大家介绍“信号看板”的具体应用方法，如图 4－27 所示。

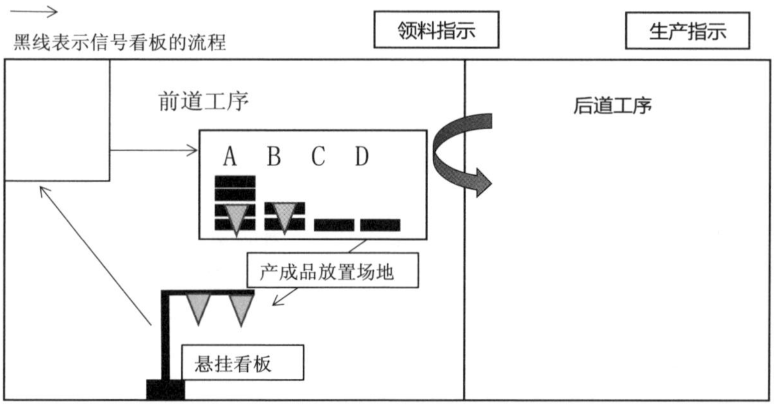

图 4－27　信号看板的应用流程

（1）由于后道工序的领取（取货），零部件的库存会减少，在回收挂有信号看板的零部件箱（达到订货点）时，信号看板被取下，集中回收挂在看板上。

（2）按照挂在看板上的顺序，按照信号看板上记载的零部件，只生产指定批量数的零部件（图 4－26 的例中 400 个＝4 箱）。

（3）按照看板指令的批量生产完成后，在订货点的位置挂上信号看板，如图 4－27 的例子为 200 个 =2 个箱子，搬运到保管场地。

如上所述，通过反复重复（1）～（3）的步骤，进行批量生产工序的生产。

3. “材料看板”的应用

“材料看板”的应用流程如图 4－28 所示。

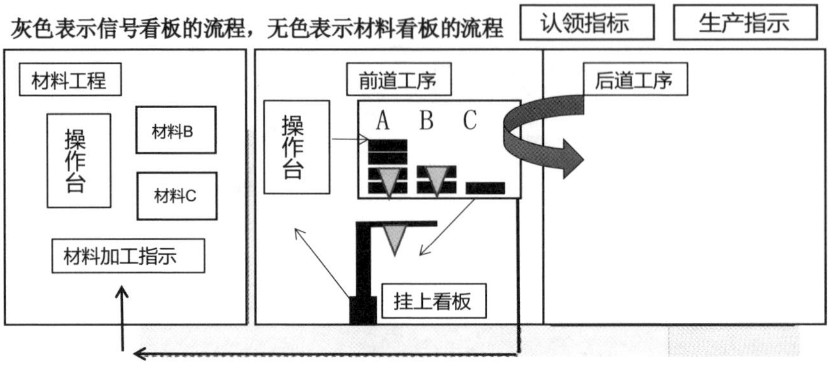

图 4－28　材料看板的应用流程

在冲压等批量生产工序中，一旦信号看板被取下，便相当于发出了生产指令。但是，在开始生产之前必须备齐原材料。必须在其他工序提前准备原材料时便需要使用材料看板，在信号看板取下之前，向材料工序下达生产指令。材料看板也和信号看板一样，记载着订购点和批量数。

从产成品保管场地取走零部件，取下材料看板后，材料工序加工好材料后，搬运到冲压生产工序的材料保管场地。

4. 内部取货看板的应用

在企业内部的工序之间使用的“内部取货看板”上，记载着零部件是从哪里领取，及其前后相关工序的信息，以及领取零部件的信息。

（1）前道工序、后道工序：在图 4－29 的例子中，表示零件从前道工序的锻造工序领取了零部件到后道工序的机械加工工序；

（2）保管场地、货架号：前道工序完成品的保管场地货架号；

（3）背面编号：替代正式产品号，在企业内使用的简化识别号码；

（4）发行编号：在看板丢失、破损的情况下重新发行或用于识别看板的管理编号。

内部取货看板是为了补充后道工序使用的零件，而从前道工序领取零部件时使用的看板。其具体应用方法如图 4－30 所示。

（1）在后道工序中，使用了零部件箱的第一个零件时，就从零件箱取下看板，放入“看板信箱”；

（2）看板信箱的内部取货看板，由负责搬运的人员定期回收，与空箱一起拿到前道工序领取零部件；

（3）搬运负责人按照内部取货看板指令的总数量，从完成品保管场地领取相应数量的零部件，并从零部件箱中取下生产看板，放入生产看板信箱。此时，把空箱子还给前一道工序；

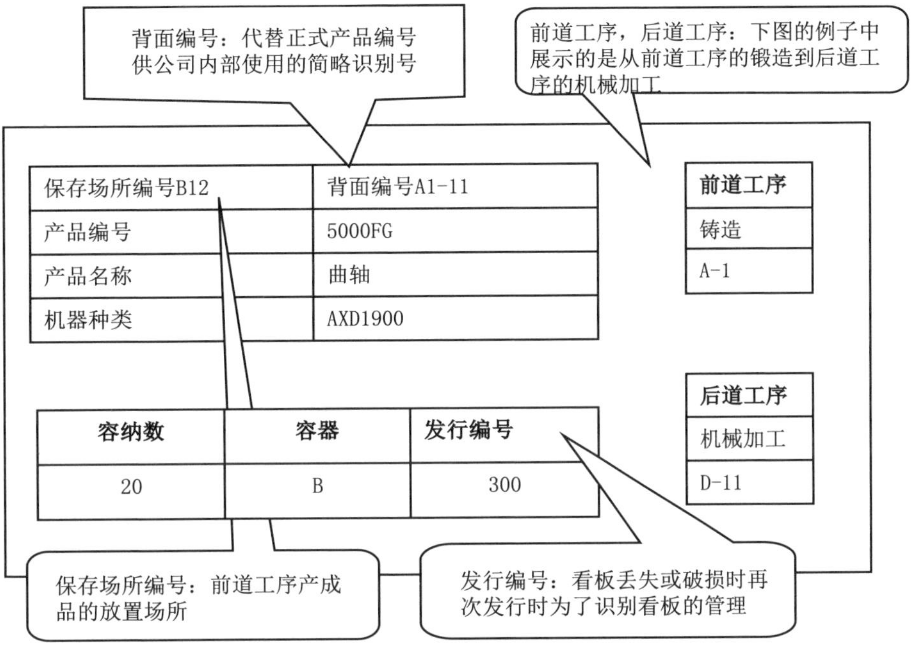

图 4－29　内部取货看板的记载内容

（4）搬运负责人用带来的内部取货看板替换生产看板、粘贴添附在零部件箱上，放在后道工序的零部件保管场地处。

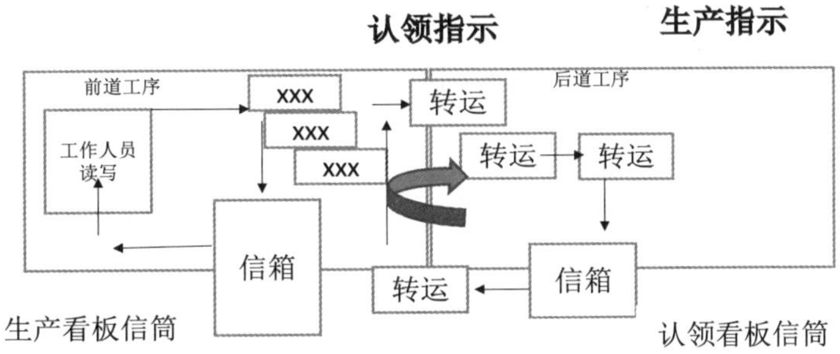

图 4－30　内部取货看板的应用流程

5. 外购取货看板的应用

“外购取货看板”是对外采购企业为了从供应商那里提货而使用的。外购看板上记载着关于供应商、零部件和关于订货企业的接收地的信息。

（1）供货时间：订货企业和外包企业约定的供货时间；

（2）供货周期：订货企业和外包企业约定的供货周期；

如图 4－31 的交货周期栏 1－6－8 表示交货频率是每天 6 次。在图 4－31 所示的图例中，外包企业在 8 点向订货企业供货时带回的看板，必须在 2 次货物班次后的 15 点交货。

<table>
<tr><td rowspan="6">交付时间×</td><td>8：00</td><td colspan="3" rowspan="6">交付仓库
A2-R5-S1</td><td rowspan="6">接收工厂名称
×汽车
×工厂</td></tr>
<tr><td>11：00</td></tr>
<tr><td>15：00</td></tr>
<tr><td>21：00</td></tr>
<tr><td>24：00</td></tr>
<tr><td>4：00</td></tr>
<tr><td>供应商名称</td><td>马达供应</td><td>产品编号</td><td>产品名称</td><td>管理编号</td><td rowspan="3">接收地点
组装20</td></tr>
<tr><td>供应商库存</td><td>7</td><td>背面编号</td><td>车种</td><td>容器</td></tr>
<tr><td colspan="2">交付周期 1-6-8</td><td colspan="2"></td><td>容纳数</td></tr>
</table>

图 4－31　外购取货看板的记载内容

（3）管理 No. ×：用于订货企业指定、追溯看板等的管理识别号码；

（4）收货企业保管场所的货架：表示供应商零部件最终搬运的场所；

（5）接收场所：表示供应商应该在哪里卸货。

订货企业为了采购零部件，使用如图 4－32 所示的外购看板。

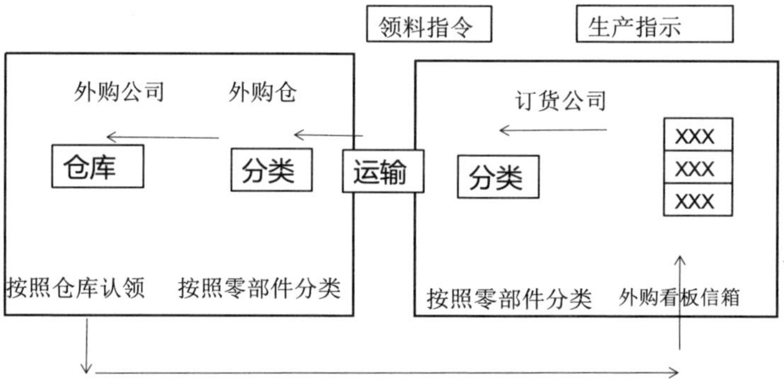

图 4－32　外购看板的应用流程

被订购企业取下的外购看板将被放入看板信箱。被放入的外购看板定期从信箱回收后，按照外包企业不同进行分类，放入外购书架。这时，交货单和收据也要一起放进去（本来，交货单等文件材料应该由外包供货企业制作，但为了实现业务的系统化，很多时候都往往由订货企业发行）。

外包企业在交付零部件时，从订货架上带回外购看板，这时，交货单和收据等也一并打包带走。根据带回的外购看板，按零部件、货运班次分类，放入分类柜。为了赶上供货班次，外包企业拿着外购看板，从零部件保管场所归集零部件。在归集完成的零部件箱上添附上外购看板。外包企业为了赶上交货时间而搬运零部件，这时交货单也一起搬运。外包企业在收货场将货物卸下，搬运到生产线旁。拿到盖上收货章的收据，再和下一批看板一起带回去。

6. 生产进度管理夹板

"生产进度管理夹板"是用看板形式揭示工序生产进度的物品。

因为每小时的目标和实际业绩值被显示，某个工序、生产线的进度就可以一目了然。

如图 4－33 所示的生产进度管理夹板，如果有白板的话，就可以即时实现，在工作现场也很容易进行调整。

年　月　日　　　　工序管理板

岗位：第三块区　　　　1 号机

生产进度管理

时间	计划	实际业绩	差异	备注
8:00～ 9:00				
9:00～10:00				
10:00～11:00				
11:00～12:00				
13:00～14:00				
14:00～15:00				
15:00～16:00				
16:00～17:00				

工程质量

机种名/不良内容	件数	生产台数	不良率	备注

故障停工

机种名/故障停工内容	件数	生产台数	故障停工率	备注

图 4－33　生产进度管理夹板（工序管理夹板）

第五章 “五次为什么”分析法

第一节 “五次为什么”分析法

一、“为什么分析”的概念

“为什么分析”是精益管理模式日常业务和改善活动中不可缺少的解决问题方法。“为什么分析”能够培养自主思考的能力，提高在日常业务中解决问题的能力。在此，对“为什么分析”的思考方式和推进方法进行介绍。

“为什么”分析法指的是“不只是对问题进行处理，而是反复追问‘为什么’，深入挖掘问题，针对根本原因采取对策，防止同样的问题再次发生的思考方式”。用英语来说就是“Root Cause Analysis：RCA”。“为什么”分析法起源于日本丰田汽车公司解决问题的思维方式，现已被推广到全世界，成为在世界范围内被广泛应用的分析方法。它被称为“5Why 分析”，也有以汉语表示的“何故何故分析”“5 问为什么的法则”等，其实同样都是作为解决问题的思考方式而被广泛使用。如图 5－1 所示。

“为什么”分析法是什么？

不只是对问题进行处理，而是反复追问为什么； **深入挖掘问题；** **针对根本原因采取对策；** **防止同样的问题再次发生的思考方式**

图 5－1 “为什么”分析法示意图

二、追寻“为什么”的重要性

首先让我们来讨论一下追根刨底地追寻“为什么”的重要性。追寻“为什么”很重要吗？

（一）发生过的问题，再次发生就会有损利益

在日常的业务中，会发生各种各样的问题，比如作业反复出现遗漏、发生相同的不良、发生相同的故障、保全零件缺货等。当问题发生时，如果只是一味地重复处理，结果会怎样呢？结果同样的问题再次发生，因为同样的事情产生了损失。如果只是应付了事，总有一天同样的问题会再次发生，会再次损害利益。如果因为过去发生过同样的问题而失去了人、物、钱等宝贵的经营资源，那就非常地可惜了。发生过一次的问题不能让它再一次损害利益，必须以这样的工作态度来解决每天日常发生的问题。

（二）在不能实施“为什么分析”的现场

“为什么分析”是解决问题非常有效的手段，但实际上，在很多现场都无法正确地实施，如图5－2所示。例如，对于成为问题的现象、事物，仅凭经验、直觉来做出应对。此外，在得出结论后才进行“为什么分析”也是毫无意义的，或者完全没有追寻出导致问题因果关系的情况，或者本来现象就太大，而无法明确问题本身，不知道要分析什么的情况也随处可见。在这样的现场，“虽然采取了对策，但不良现象还是没有减少”“故障不减”等，出现这样的状况也在情理之中。也就是说，如果不能正确地实施分析，当然肯定也不会产生效果。因此，我们必须停止像文字游戏一样的分析，而必须实施能切实可行取得成效的“为什么分析”。

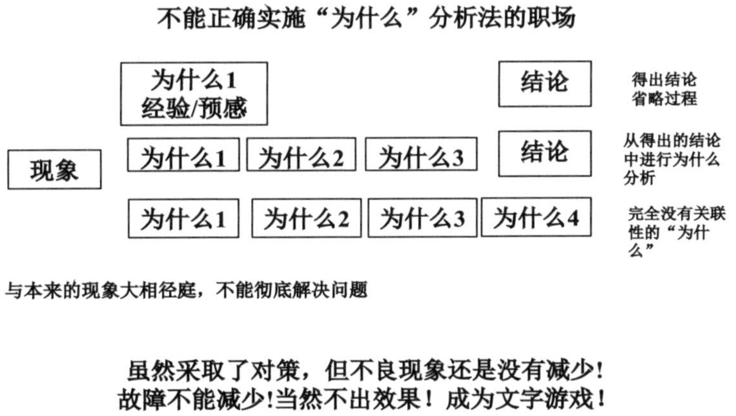

图5－2 不能正确实施“为什么”分析法的情况

（三）持续到真因出现为止

那么，首先让我们来认识一下分析的基本思路。为了找出真因，制定防止同样问题再次发生的对策，需要像下面这样重复5次“为什么”。

对于成为问题的现象，第一次“为什么”→第二次“为什么”→第三次“为什么”→第四次“为什么”→第五次“为什么”，如此反复进行。

在反复“为什么”的过程中，对列举的各原因进行现地现物的确认和判定，确认没有问题的情况下，即可停止“为什么”。最终，剩下最后的这个原因被称为“真因”，针对

这个真因，要制定实施防止同样问题再次发生的对策。真因不一定只有一个。

这种思考方式是“为什么分析”的基础。不要只止步在为什么1、为什么2的层面，要有意识地不断追问“为什么”，直到找出能够防止复发的真正原因（真因）为止。如图5－3所示。

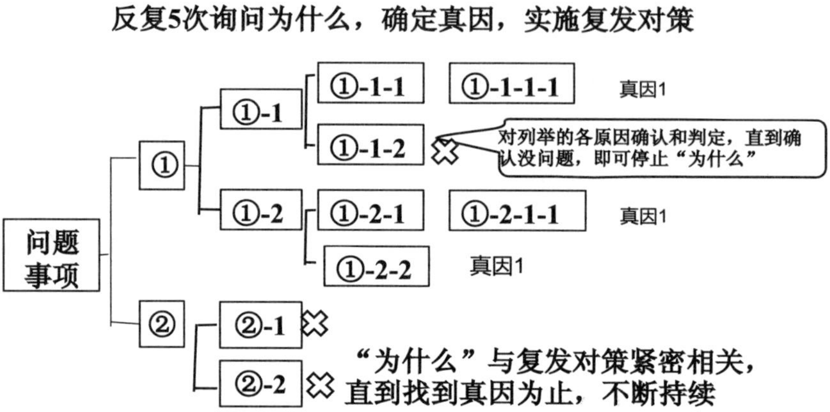

图5－3　“5次为什么”分析示意图

（四）“为什么”必须要反复5次

在此，我们一起来思考一下，很多读者的疑问：“为什么一定要重复5次”。

其实也没有必要一定要问够5次“为什么”。如果勉强重复5次，就会导致有些分析变得毫无关联或毫无意义，这些都是必须要避免的。但是，为了引导出防止复发的真因，一般来说，问5次是一个大概的标准。

“为什么分析”的思想应用在精益管理模式中，对新人的培养就要求：“一定要重复5次！”

如果你觉得自己的“为什么分析”能力还不够强大，建议你先尝试重复5次，提高自己的分析能力。

（五）对策是真因的背面

基本上，对策都是存在于真因的背面（也有的时候理解为反面，含义基本相同）。只要能找到真因，就可以认为问题的九成已经解决了。例如，对于“在工厂内摔倒”的事例，如果只分析“脚滑了”“不小心”，那么只能得出“提醒”“唤起注意”的对策。显然，这样的分析就会导致迟早同样的问题还会再次发生。

但面对问题的对策不应该是这样，而应该是“脚下打滑”→“地板湿了”→“A设备漏水”→“接头部分老化”→“在定期检查中漏了”，这样确定真因的话，就得出：“每月一次对A设备进行定期检查”这样的对策了。

如同这个案例说明的那样，在这种情况下，在第5次问为什么的时候，问题就基本已经可以解决了，如图5－4所示。

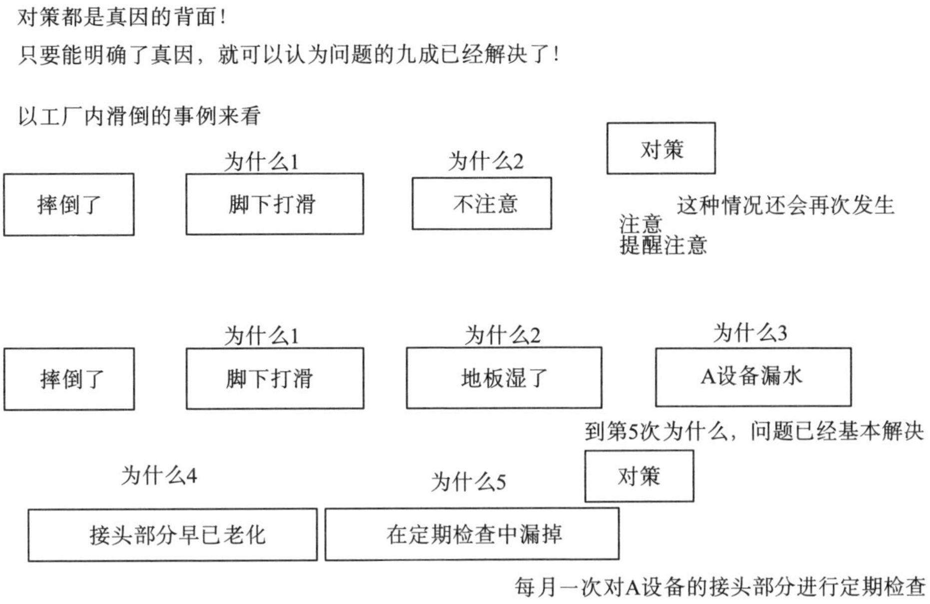

图 5－4　“5 次为什么”案例分析示意图

（六）分析手法的比较

作为参考，我们来确认故障分析中各种方法的特征。

PM 分析是指“基于物理（Physical）视角分析现象（Phenomena）发生机制（Mechanism）中设备（Machin）、人（Man）、材料（Materal）和方法（Method）的关联性分析”。取各要素英文的首字母，命名为 PM 分析。这是由 JIPM（日本成套设备维护协会）首先提出的要因分析方法。PM 分析是以慢性不良问题为对象的分析方法，要求要有故障的发生机制、原理的分析技术。

FMEA 是“Failure Mode and Effects Analysis”的缩写，翻译成中文就是“故障模式影响分析”。FMEA 是指在设计阶段就对产品和制造过程所存在的风险进行评估并消除的方法。如果能事先明确问题点，采取相应的对策，就能防患于未然。即，FMEA 是以潜在缺陷为对象的分析方法，需要有产品和制造工程设计原理的分析技术。

FTA 是“Fault Tree Analysis”的缩写，也被称为木头树分析、故障树分析，是 1960 年由美国的科研团队设计提出，在可靠性的分析中被广泛普及应用。FTA 是对所设定的峰顶现象发生的原因和潜在的可能发生的原因进行梳理，对峰顶现象发生的条件和要因进行识别和解析的方法。FTA 的顶点现象一般是性能低下、系统功能损失、安全性不稳定，其他重要运用上的特性劣化等。FTA 也是预测发生概率的分析方法。需要有对现象的理论化展开能力。

FMEA 是自下而上的分析方法，FTA 是自上而下的分析方法。而“为什么分析”是针对发生故障的分析方法。需要具备与目标前景进行比较的能力。如图 5－5 所示。

手法	手法	必要的技术水平
PM分析	慢性故障	机械故障发生的机制，原理
FMEA	潜在故障	产品、制造工序的设计原理
FTA	发生概率预测	现象的理论化展开能力
为什么分析	发生故障	所有情况对比讨论能力

·不需要深奥的理论，轻松就能着手
·通过全员参与讨论，可以期待提升成员水平
·完成的资料要成为公司的技术资产

图 5-5　分析手法比较图

“为什么分析”有以下特征：

- 不需要深奥的理论，轻松就能着手；
- 通过全员参与的讨论，可以期待提升成员水平；
- 完成的资料要成为公司的技术资产。

三、“为什么分析”的目的

（一）在直觉、勇气和想法中，问题总有一天会复发

接下来，让我们看看“为什么分析”的目的是什么。很多事情都是这样，反反复复。在解决问题时也是一样，即使根据以往的经验，凭直觉、勇气或想法可以顺利进行，但问题还是总有一天会复发。而“为什么分析”就是防止此类事情（问题）复发的一种非常有效的方法。

“为什么分析”的目的可以总结为以下三点：

首先，解决问题的根本原因，防止同样的问题再次发生。通过防止同样的问题再次发生，公司利润将得到提高。同样的损失不会重演，所以你不会因为同样的问题而失去利润。此外，防止此同类问题再次发生也有助于提高工作场所的安全性。因为同样的问题不会再发生，将有助于创造一个安全的环境，使人们能够安心地工作。

其次，学习事物的逻辑，获得新的认识。在“为什么分析”中，我们有能力在五现原则（现场、现物、现实、原理和原则）中准确捕捉事物。它是促使我们打破自己固有概念和认识的机会。

最后，通过分析培养工作现场的一体感。通过每个人都参与思考“为什么”的过程，我们意识到必须要我们团结一致共同努力。并且，大家共同思考“为什么”的结果，仍然可以作为教育内容保存下来。

（二）不要变成这样的状态

为了避免这种情况，要通过“为什么分析”找出事物发生的原因，以全员都能接受的

方式解决问题。然后，将其作为公司的智慧积累起来。我们应该以这样的“为什么分析”为目标。

第二节 实施“五次为什么”分析法的前提

一、实施“为什么分析”的大前提

在进行“为什么分析”时，请先理解以下前提事项。

从行动和姿态的视角来看，需要注意以下三点：

1. 基于五现主义的行动；
2. 不忘三直三现；
3. 对原因和要因，不妄下结论。

从层次的视角来看，需要把握以下四点：

1. 基于 MECE，无遗漏无重复；
2. 基于雷达图确定优先级；
3. 掌握 4M 的视角；
4. 用 5W1H/5W2H 表示。

从语言的视角来看，需要把握的要点为：理解语言内涵的重要性。

下面我们来详细介绍一下各个视角的概要。

二、从行动和姿态的视角

（一）三现主义

在五现主义之前，先是三现主义，是重视三个“现”的思维方式。三个“现”是指现场、现物、现实。它要求一定要去现场，一定要拿到实物，亲眼确认现实。在工作和解决问题时，这种思考方式非常重要。基于这一思维方式，不能只是纸上谈兵。一定要用三现主义来客观解决问题。

（二）五现主义

在分析“为什么”时，需要在“三现主义”的基础上再加上两个“原”①，即应该基于“五现主义”原则行动。

所谓五现主义，是在现场、现物、现实的三现主义基础上，加上原理、原则的思考方

---

① 在日语中，“现”和“原”的发音一样，为了表现方便，所以统称五现。

式。所谓原理，是指使事物成立的法则和产生原理的机制等。所谓原则，是指适用于大多数情况下事物的规定和规则。

用五现主义来准确把握事物，分析事物，就能更有效地进行“为什么分析”。如图5－6所示。

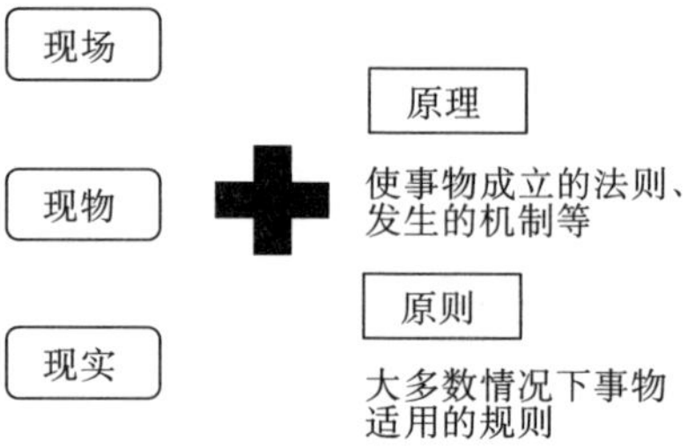

图5－6 “三现主义＋两原”

（三）不忘三直三现

来源于汉语的日语，“直”不仅有“直接”的含义，更多的是“立即，马上”的含义。慢条斯理的进行“为什么分析”，有可能会导致对问题的应对迟缓。仔细思考分析固然重要，但也必须注意不要忘记“三直三现”。

所谓“三直三现”，是指一旦出现问题，“立即前往现场”“立即调查实物”“立即采取措施”。为了将生产损失降到最低，要立即采取对策措施。同时，应该注意不要因为实施“为什么分析”而导致损失扩大。

（四）对原因和要因，不妄下结论

需要注意的是，不能擅自决定原因和要因。特别是有丰富实践经验和知识积累的老员工，有时会不看实物（不了解实际状况），就下达指示。因为当遇到过去没有先例的问题时，如果不看实物就进行分析的话，就会找出与本质实际情况不同的真因和对策，结果很有可能得不到效果。

因此，在发生问题时，不能仅以过去的经验来断定原因，而应该要以“现地，现物”为原则，实际来到现场，充分调查实物为大前提，对问题进行“为什么分析”。

三、从层次的视角

（一）基于MECE，无遗漏无重复

从层次的视角第一个内容就是MECE，MECE是指“Mutually Exclusive，Collectively Exhaustive”的头字母缩写，可译为“无遗漏、无重复”。它是逻辑思维的基础，是合乎逻辑地解决问题的必要手法，因此在商业活动中备受重视。

首字母为MECE的每个单词，分别包含有以下意思：

- 彼此（Mutually）

- 不重复（Exclusive）
- 全体（Collectively）
- 没有遗漏（Exhaustive）

在思考问题的时候，为了推导出正确的答案，需要网罗必要的要素，同时也需要避免这些要素被作为解决问题的方法重复地思考。因此，应用它进行思考问题，解决问题的时候，MECE 有意识地从综合性的视角对必要的事实进行分类，从而推导出正确解决问题的思路和方法。即 MECE 是指“无遗漏、无重复”地整体网罗要素思考问题、解决问题的方法。所以说，为了确定真因，MECE 是不可或缺的方法。

（二）基于雷达图确定优先级

在日常工作中，通常会发生各种各样的问题。因此，有必要从实施后效果显著的项目开始，按照优先顺序实施。于是，被有效应用的就是雷达图。雷达图是“明确在整体中占重大影响的是什么，锁定重要问题的方法”。雷达图的主要使用目的如图 5－7 所示。

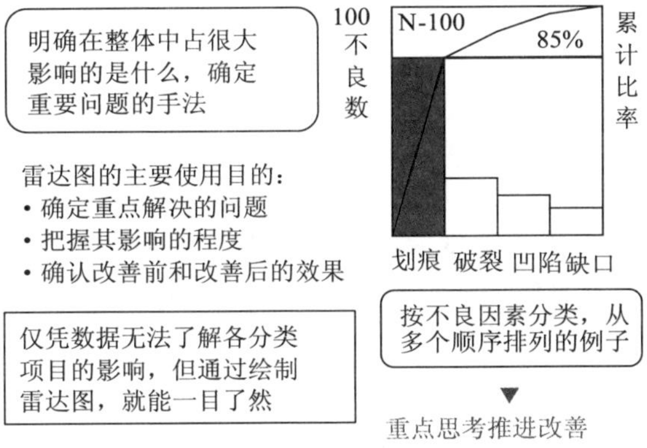

图 5－7 根据雷达图决定先后顺序

如图 5－7 所示，它简要地表明了将不良要因按类别从多到少进行了排列，就可以看出哪个要因在不良整体中，占据了最大的影响位置。在这种情况下，进行“为什么分析”的时候，可以通过重点思考，从不良影响多的部分开始按顺序进行分析，从而可以有效地实施改善。

但是，有时仅凭数据无法了解各分类项目的影响，但通过绘制雷达图，就能一目了然了。所以，可以说雷达图是将影响要因及效果进行可视化的有效手段。

（三）掌握 4M 的视角

在调查现场发生故障的要因、寻找导致发生不良品的要因时，4M 的视角很方便。4M 视角指的是人（Man）、设备（Machine）、材料（Material）、方法（Method）。在这 4M 的基础上，再加上信息（Information）和环境（Environment）这两个视角，大多数情况下都能筛选出想要筛选出的问题。在“为什么分析”中，通过从 4M＋I，E 的视角进行原因分析，来探讨没有遗漏和重复的对策，如图 5－8 所示。

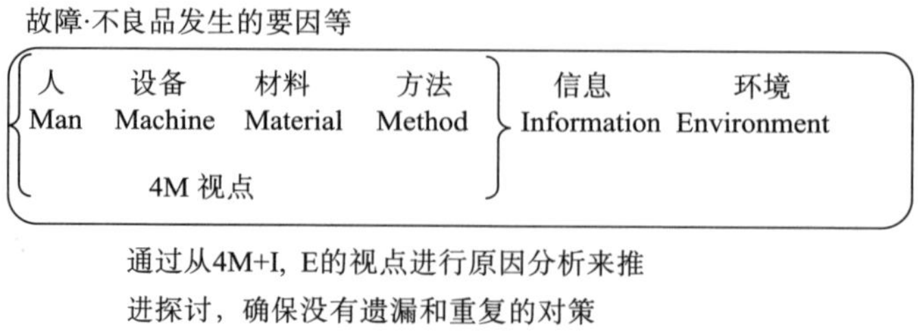

图 5－8 4M＋I，E 示意图

（四）用 5W1H/5W2H 表示

在调查发生问题的现象和分析原因的时候，通过 5W1H/5W2H 的视角来表现，就能正确地表现出发生的问题和要因。5W1H 指的是以下 6 个切入点的首字母。

- When（何时）
- Where（在哪里）
- Who（谁）
- What（做什么）
- Why（为什么）
- How（怎么做）

在采用 5W2H 的情况下，需要追加以下切入点：How Much/How Many（多少钱、多少）。

以 5W1H/5W2H 的方式传达信息，可以将必要事项毫无遗漏地传达给对方，因此在下达业务指示或制作报告书时可以使用。5W1H/5W2H 是进行业务指示、汇报、沟通时必须要具备的切入点和框架。另外，在市场营销活动中，非常重要的是在制定战略、讨论执行内容时，也应该要用这种思维方式来思考。

如图 5－9 所示，5W1H/5W2H 代表以下三个方面：

1. When、Where、Who 的“何时、何地、谁”——表示场景设定；
2. What、How 的“做什么、怎么做”——表示事件或行动；
3. Why 的“为什么”，How Much / How Many 的“多少钱、多少”——表示理由和背景。

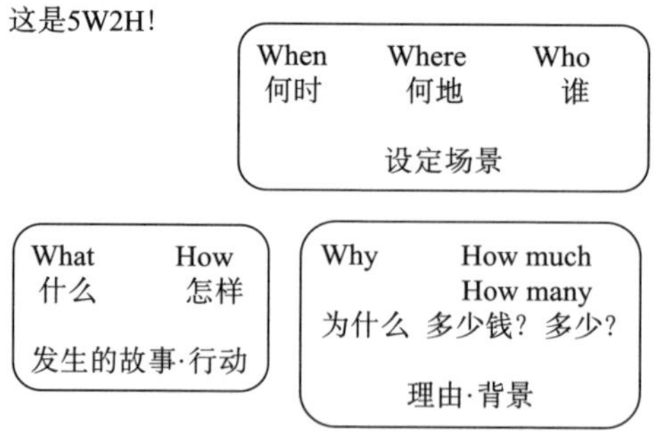

图 5－9 5W2H 示意图

综合起来就是：“在什么样的场合会发生什么样的事情和行为，其必要的理由和背景是什么？”如果能把这些清楚地传达给对方，沟通就能顺利进行。因此，在进行“为什么分析”时，必须要有意识地用5W2H进行现场调查，并试着用文字表达出来。

四、从语言的视角

语言发挥着比想象中更重要的作用，所以不能小看表达方式。例如，对于“炉内温度低”现象，如果表现为“温度太低了”，就表示“设定值太低了”的意思；如果用“温度变低了”来表达，就会有“劣化了”的意思；如果表达“温度有时很低”，就会有“因波动而忽低忽高”的意思。

像这样，即使是“太低了”“变低了”“有时会低”这样稍有差异的语言，传达方式、传达的意思也会完全不同。

综上所述，词义内涵不同，原因和对策也不同。所以要注意不要让词语的内涵变得“模棱两可”。而且，如果不仔细、不充分调查现象，就进行“为什么分析”的话，就会很容易产生模棱两可的表达效果，使听者无所适从。因此，必须对现象进行仔细、充分地调查，要有意识地准确表达词语的含义，而不是含糊不清。如图5－10所示。

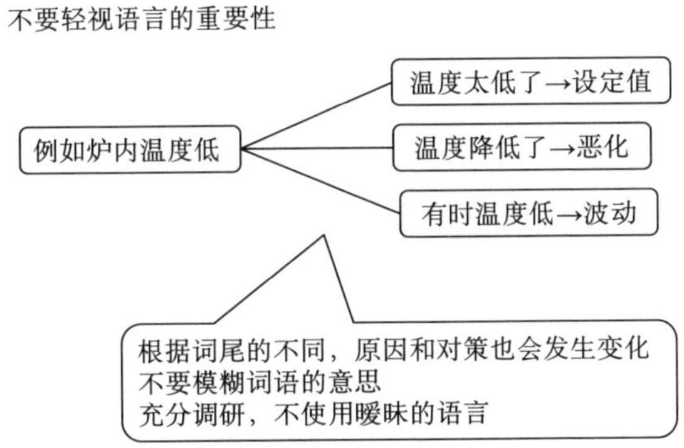

图5－10 语言区别图

第三节 解决问题和“为什么分析”的关系

接下来我们将介绍在解决问题的步骤中，如何有效应用“为什么分析”。

一、解决问题的步骤和“为什么分析”

（一）切实推进改善的“解决问题”

首先我们来了解一下解决问题的步骤和“为什么分析”。

为了切实推进改善，按照“解决问题的步骤”进行思考是很重要的。

步骤1：选定主题（明确问题所在）；

步骤2：把握现状并设定目标（调查进展如何）；
步骤3：制定活动计划（计划在什么时候解决问题）；
步骤4：要因解析（深入挖掘原因）；
步骤5：讨论对策并实施（思考该怎么做）；
步骤6：确认效果（确认是否变好了）；
步骤7：确定落实标准化和管理（阻止其回到原点）。

这就是解决问题的步骤。而在这些步骤中，“为什么分析”是在哪个步骤中运用呢？对，没错，主要用于步骤4的原因分析。如图5-11所示。

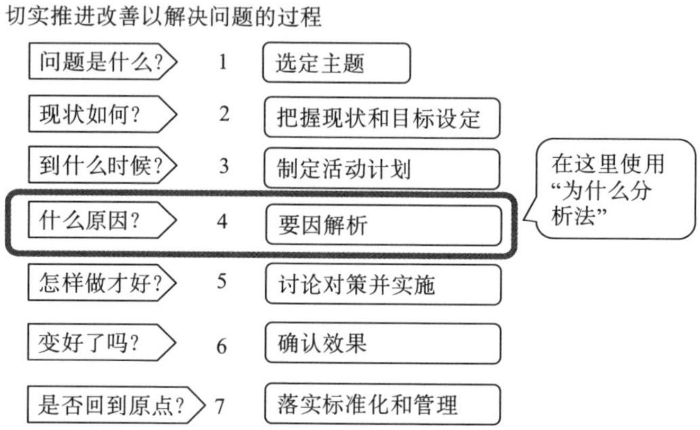

图5-11 解决问题步骤

（二）特性要因图（鱼骨图）

另外，与“为什么分析”工具相似的就是“QC的7种工具”中的特性要因图（鱼骨图）。特性要因图是针对问题的结果（特性），将可能影响结果的要因一个不漏地梳理出来的方法，也叫鱼骨图。

如图5-12所示，针对某个特性或问题，从4M的视角，即“人”“机器”“材料”“方法”和“环境”视角，梳理出可能产生影响的要因。通过使用特性要因图来梳理要因，可以减少有要因被遗漏。

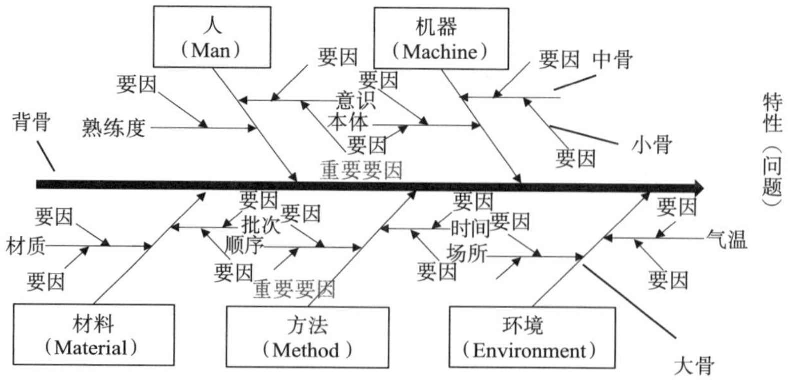

图5-12 特性要因

（三）“为什么分析”与特性要因图的区别

那么，我们该如何区分特性要因图和“为什么分析法”呢？掌握以下特征就很好区别了。

首先，在解决问题的时候，在筛选出有可能成为原因的要因时，使用特性要因图（鱼骨）。

其次，从梳理出的要因中，对可能成为原因的要因，应用“为什么分析”进行深入挖掘分析。

就是像这样，首先通过特性要因图找到对象，再通过“为什么分析”这一工具找到真因。如图5－13所示。

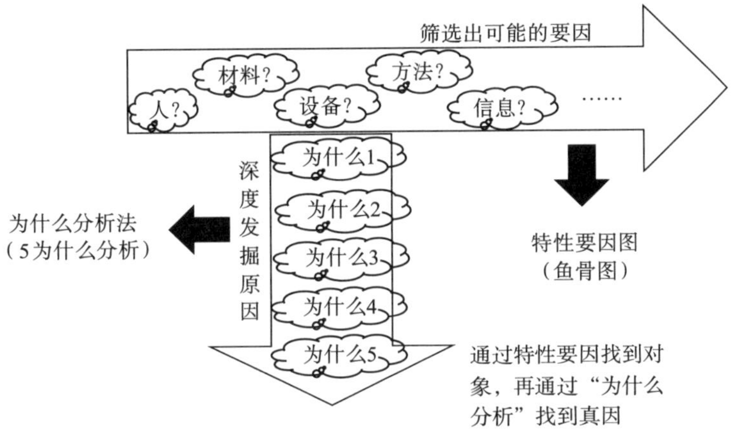

图5－13 特性要因图使用方法

二、“为什么分析”的两种方法

“为什么分析”有两种方法。一个是从理想状态入手，另一个是从原理原则入手。

从理想状态入手的方法，是将理想状态（目标前景）与问题的症结进行比较，找出真因的方法，适用于现象比较容易理解，真因几乎只有一个的情况。

从原理原则入手的方法，是将焦点放在发生问题的部分，从发生问题的原理原则入手寻找真因的方法。适用于现象的发生机制比较难理解，可能有多个真因的情况。

重要的是要根据分析对象的不同，一边判断应该采用哪种方法，一边进行分析。

三、从理想状态入手的方法

（一）理想状态是怎样的状态

首先，理想状态是什么样的状态呢？理想状态指的是“本来应有的、正确的状态”，“必须这样做的状态”。

“为什么分析”中从理想状态入手的方法，对于实际发生的“现状”，与根据经验法则得出“应该是这样”“必须是这样”的“理想状态”之间的差距。通过比较这个差距来追寻出问题的方法，之后通过不断重复“为什么”追寻出原因。如图5－14所示。

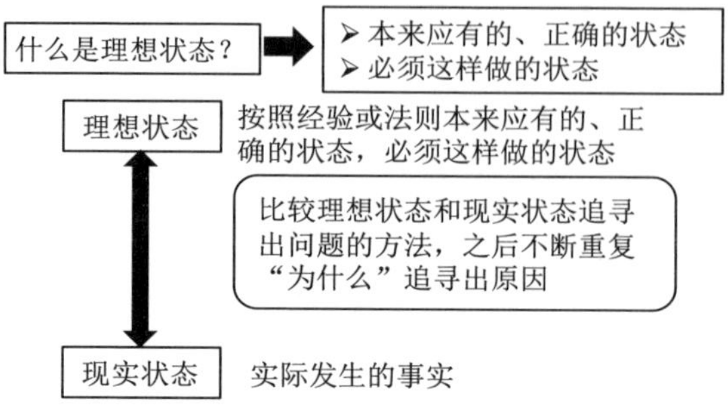

图5－14　理想状态

（二）从理想状态入手的方法推进“为什么分析”

针对“螺栓拧不动”的现象，确认“从理想状态入手”的分析方法。如图5－15所示。

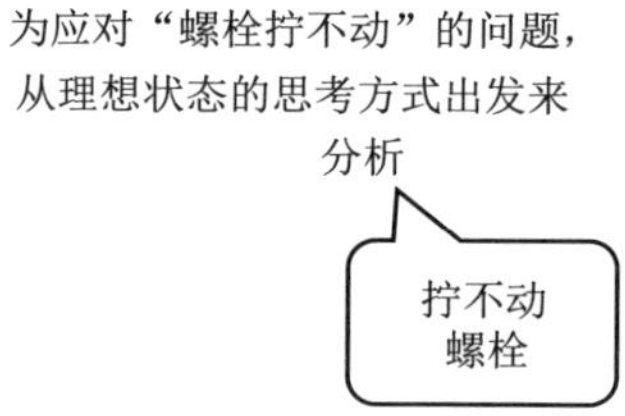

图5－15　拧螺栓

（三）从理想状态入手的方法实例

在本案例中，现象是“螺栓拧不动”。首先，按如下步骤调查，如图5－16所示。

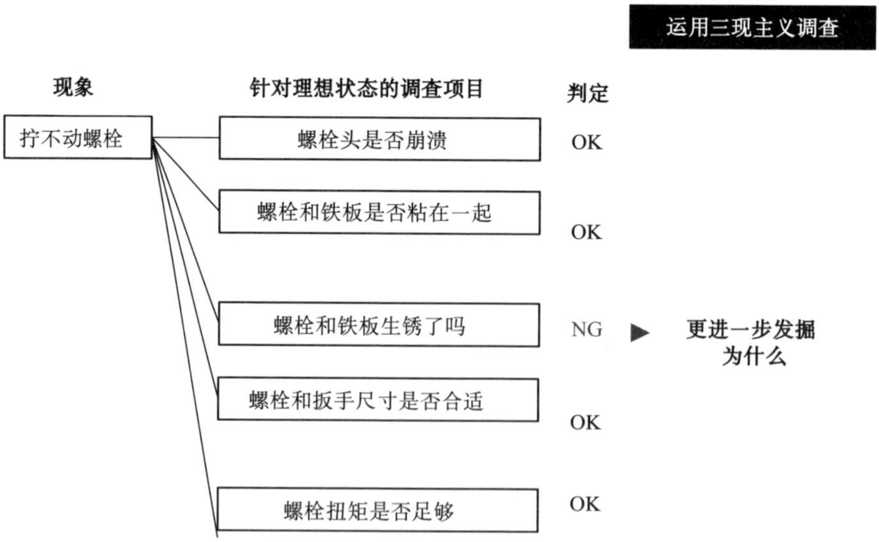

图5－16　拧螺栓问题解决分析步骤

1. 螺栓的头部崩坏了没有？
2. 螺栓和铁板有没有粘在一起了？
3. 螺栓和铁板是否生锈？
4. 扳手和螺栓的尺寸是否合适？
5. 扳手的扭矩足够吗？

对以上项目的调查，必须用三现主义进行调查，进行判定。如果判定的结果是“NG”，也就是与理想状态有偏差的话，那就要进一步深入挖掘为什么了。

（四）对 NG 的项目重复“为什么”

在本案例的这种情况下，对于这一问题的原因 1：“螺栓和铁板生锈”，就应该继续深挖这一问题的原因 2：“两者都是钢（铁）制的”和“工作中会被水溅到”。如图 5－17 所示。

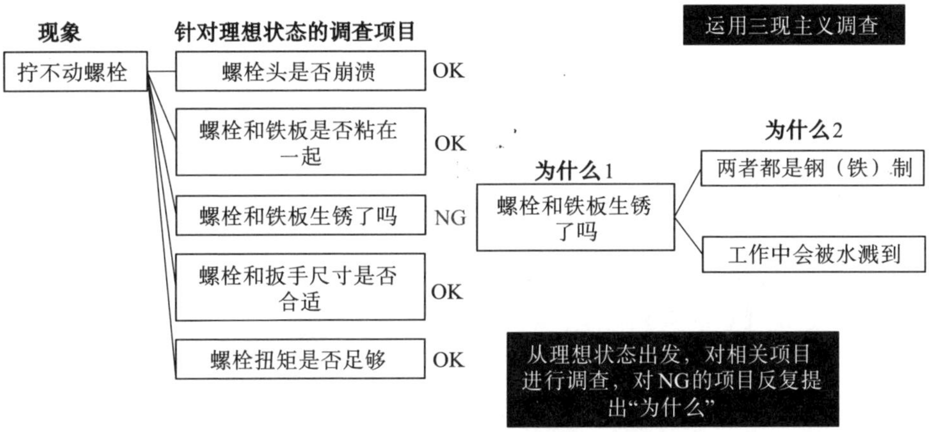

图 5－17 拧螺栓理想状态“为什么”分析示意图

如上所述，从理想状态出发，对相关项目进行调查，对 NG 的项目反复提出“为什么”，这就是从理想状态入手的“为什么分析”方法。

四、从原理原则入手的方法

（一）了解发生机制和条件的基础上找出原因的方法

原理指的是使事物成立的法则，以及原理产生的机制等。所谓原则，指的是大多数情况下适用于事物的规定和规则。为了准确掌握故障现象，了解现象发生的原因、机制，分析发生的条件，找出发生的原因。这就是从原理原则入手的方法。如图 5－18 所示。

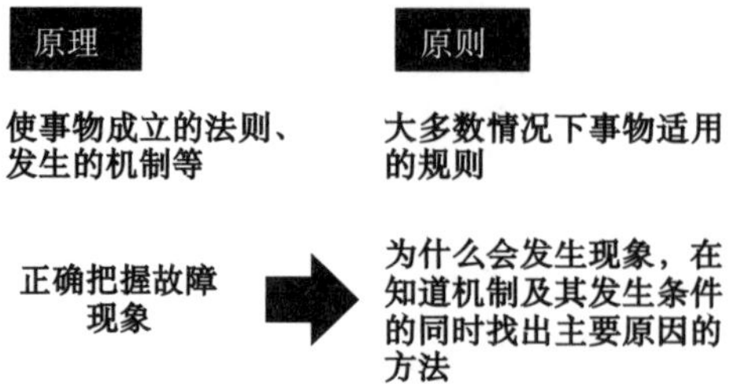

图 5 – 18　原理原则示意图

（二）从原理原则入手的案例

针对“机器停止运转”的现象，思考机器为什么会停止运转。这样，就会找出“因为超载保险丝断了”这样的理由。针对这个问题，思考“为什么会超负荷”。于是，就会找出“轴承部润滑不充分”的理由。针对这个问题，思考“为什么轴承部分的润滑不充分”。同样的道理，为什么“润滑油泵没有充分泵入润滑油”，为什么“润滑油泵的轴承磨损严重”，为什么“轴承磨损的粉末混进润滑油”，终于追寻到“因为没有安装过滤器”这一真因。找到了真因，就有可能采取设置过滤器这样有效的对策。如图 5 – 19 所示。

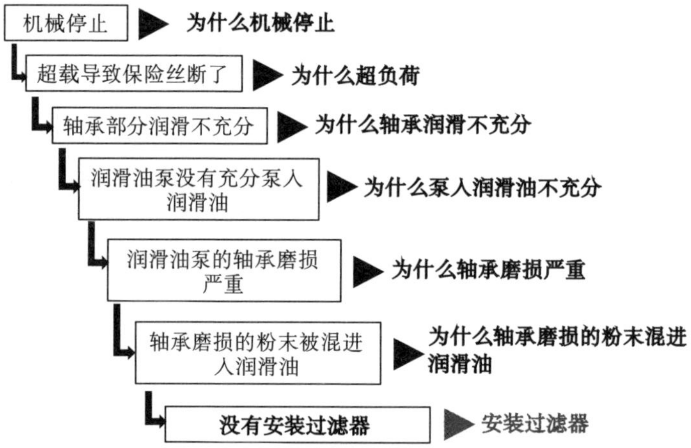

图 5 – 19　轴承问题解决步骤

如果不能很好地从原理原则出发提出“为什么”，往往就会出现“保险丝断了，更换保险丝就可以了”这样简单容易的对策。简单容易的对策不能防止复发，一定会再次发生同样的问题，导致发生损失。为了避免这种情况的发生，就需要我们具备基于原理原则，充分进行“为什么分析”的能力。

（三）基于原理原则入手方法的“为什么分析”法

针对“螺栓拧不动”的现象，以此为例介绍通过“从原理原则入手”的分析方法。

对于“螺栓拧不动”这一现象，我们可以用原理原则的方法，反复进行“为什么分析”，其过程和结果如下：

导致“螺栓拧不动”这一现象的为什么1“螺栓和铁板之间的阻力太大”的要因，和为什么2的要因是“拧螺栓的扳手扭矩太小了”和“螺栓和铁板粘连固定在一起”。对于“拧螺栓的扳手扭矩过小”，可以考虑“螺栓与扳手的接触面积小”和“对扳手的用力过小”等因素。

对于“螺栓与扳手的接触面积小”，就会有“扳手的尺寸比螺栓的头部大”和“螺栓的头部已经崩溃，变圆了”等深层次原因被这样深挖出来。“投入扳手的力量小”的主要原因可能是“腕力不足”。

另外，针对“螺栓和铁板粘连固定在一起”，可以找出“被涂料覆盖”和“螺栓和铁板锈在一起了”等原因。

如此这样，从原理原则出发，挖掘出为什么会出现这种状态的“为什么”，就是基于原理原则的“为什么分析”。如图5－20所示。

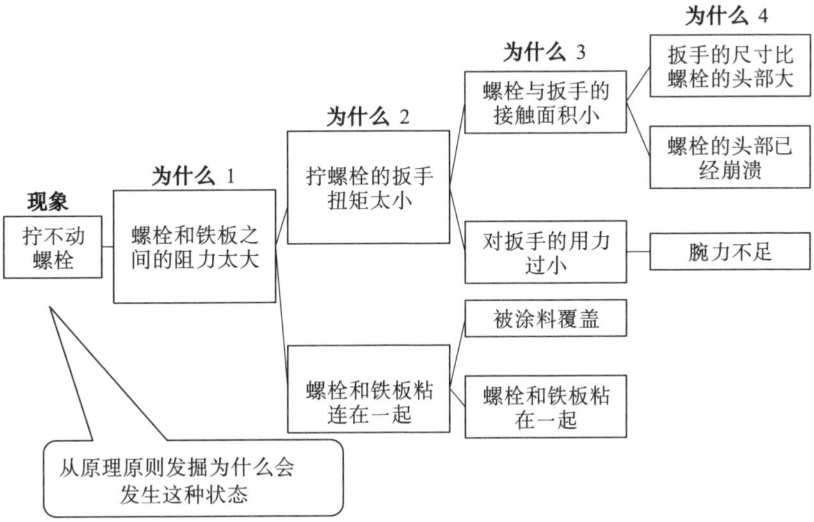

图5－20 拧螺栓原理原则步骤分析

第四节 “为什么分析”中的7个技巧

“为什么”分析中的7个技巧如下所示。一边确认这些视点是否满足，一边推进“为什么分析”，就能以更高的精度进行分析。

1. 简洁地写文章；
2. 不让现象混在一起；
3. 反过来读，确认意思是否表达正确；
4. 反复问“为什么”，直到找寻到防止复发对策；
5. 不要做偏离本质的分析；

6. 不追究人类心理方面的原因；
7. 不要使用“不好”这个词。

本章小结

“为什么分析”指的是“不只是处置问题，而是针对根本原因采取对策，防止问题再次发生的思维方法”，是解决问题不可或缺的分析方法。

“为什么”一定要重复5次，这并不是强制性行为。但是，如果不反复5次思考为什么，就无法找到真因。

在掌握“为什么分析”能力之前，有意识地反复重复5次“为什么”很重要。

“为什么分析”的三个目的：

第一点：采取措施，解决问题的根本原因，防止再次发生；

第二点：学习事物的道理，获得新的认知；

第三点：通过分析，创造员工与企业的一体感。

通过全员参与，反复思考为什么，作为企业的财富，积累认知非常重要；

所谓五现主义，就是在现场、现物、现实的三现主义基础上，加上原理、原则的思考方式；

MECE是指不遗漏、不重复、网罗整体的分层方法；

4M视角指的是人（Man）、设备（Machine）、材料（Material）、方法（Method）这4个M的视角；

如果把词语表达得很模糊，会改变句子的内涵意思，传达给他人的信息也会完全改变。为了正确表达问题和要因，用心注意语言的表达方法很重要；

梳理对象时使用特性要因图，从中深入挖掘问题的真因是“为什么分析法”；

“为什么分析”的两种方法：从理想状态入手的方法和从原理原则入手的方法；

了解现象发生的原因、机制和发生条件的同时，找出原因的方法就是从原理原则入手的方法。

“为什么分析”的分析技巧有以下7种：

1. 简洁地写文章；
2. 不让现象混在一起；
3. 反过来读，确认意思是否表达正确；
4. 反复问“为什么”，直到找寻到防止复发对策；
5. 不要做偏离本质的分析；
6. 不追究人类心理方面的原因；
7. 不要使用“不好”这个词。

第六章　精益化管理的“八步骤解决问题”和“A3 报告书”

第一节　绪论

目前，大多数人在向上级汇报、与同事沟通、向下级布置任务时大概都或多或少遭遇过关于工作资料制作的烦恼，为了解决工作资料制作问题，帮助为此烦恼的人，本章将介绍精益化管理“解决问题[①]的八个步骤”和“A3 报告书制作术”。

无论是什么样的报告（汇报）资料，基本上都应该按照本文中所介绍的解决问题方法，使用相同的 PDCA（后面会进行说明）流程来撰写。

也许大家都这样认为吧？写简单的报告时，一般只要求撰写结果或结论。但是，那是建立在你和被报告方在计划和目的等报告要素都是共享的前提下，以免烦琐，没有必要特意去写前因，或者由于省事或其他缘故故意不写。

其实报告书的撰写并不难，只要记住几个基本的结构框架和关键要点，就能明确应该留下哪些必要的地方，也清楚应该减少哪些不必要的部分。这样，无论制作什么样的资料都能轻松完成。

从精益化管理的视角来看，掌握基本的解决问题流程并付诸实践是最简单又有效的学习方法。考虑到这一点，本章将尽可能简洁地进行叙述。虽然有时会使用定量、定性评价、视野、视角、推断等很多比较难理解的专业词汇来解释说明，但只要了解了流程，而后自觉地去实践应用，就能成为最好的学习方法。

---

① 因其日文原文是“问题解决”，所以，有时候中文仍然沿用“问题解决”。本章为了便于大家理解应用，特使用“解决问题”，专业意义及使用方法等均无区别。

第二节　“解决问题”的概念

一、何为“问题”

要想了解什么是“解决问题”，那么在理解之前，就有必要首先知道“问题”是什么。乍一听到“问题”，立刻浮现在脑海中的可能是：

- 因为学问而寻求解答的提问；
- 人或国家之间发生的争执、争论或课题；
- 令人困扰的事情等。

这些答案都是正确的，但是属于广义上的“问题”。在工作中，“问题”是指现状和理想状态之间的障碍和差距。“理想状态”是指终点、目的和目标。“障碍和差距”可以理解为顾客的不满和不安。另外，这里所说的顾客并不一定是最终消费者，而是接受你所创造的产品或服务的人。

例如：

如果产品的不合格率是10%（现状）

应有的理想状态：无不良品

现状：不良品率10%

⬇

问题是10%的不良品率

又如：如果有一家店能在15分钟内送达比萨

理想状态：15分钟送达

现状：需18分钟才能送达

⬇

问题是配送晚了3分钟

如上所述，这些都是“问题”。

通过上述例子，我们可以知道，“问题”虽然不一定必须是数字，但是市场营销、产品企划、产品管理等任何工作，在分析问题的过程中都需要用数字（数据）来体现。

二、何为“解决问题”

“问题”=“现状和理想状态之间的障碍和差距”，因此，“解决问题”可以定义为“消除导致障碍和差距的原因或因素=消除客户的不满和不安”。简而言之，明确问题，查明原因，最终制定出能够消除问题的对策，这才是在工作中的“解决问题”。

第三节　“解决问题”的八个步骤

精益化管理中，解决问题有八个步骤。精益化管理在日本丰田创立的八个步骤的基础上，导入了 PDCA 的理念和方法，以 PDCA 循环为基础，按照八个步骤进行逻辑思考和分析，思考“为什么这会成为问题”“通过什么分析方法确定了问题的根本原因”“具体应该采取怎样的应对措施”。首先明确思考流程，防止仅凭直觉和经验来解决问题，而是探索系统地解决问题的方法。另外，八个步骤还拥有将解决问题的过程“可视化”的好处（见图 6－1）。应该注意的是，为了表示运营方针制定、过程评价和问题解决的顺序，及其相互关联关系，在运营方针的项目中同时记录了解决问题的步骤。

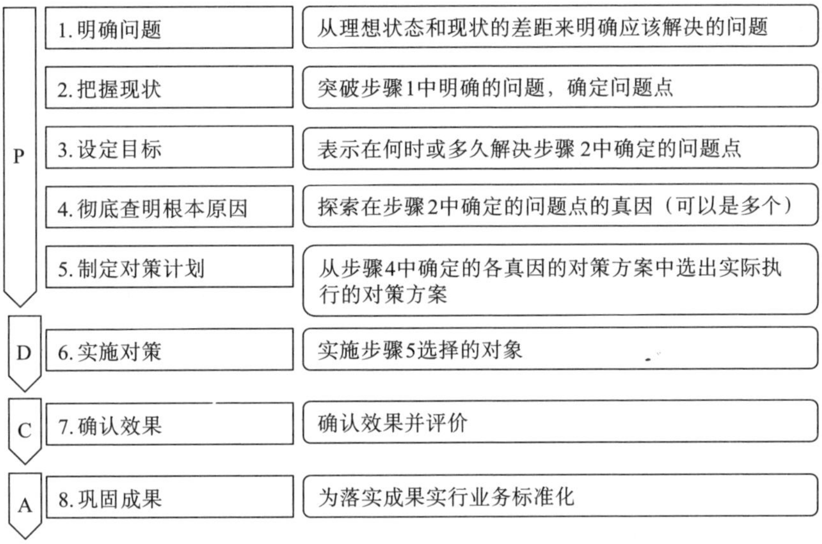

图 6－1　解决问题的八个步骤与 PDCA

我们可能都听说过“PDCA 循环”吧？PDCA 循环包括 Plan（计划）、Do（执行）、Check（评价）、Action（改善），取各个的首字母，PDCA 循环是指通过计划—执行—评价—改善的循环，是一种持续改善管理业务的方法。该理论由被称为品质管理之父的 W. 爱德华兹·戴明于 20 世纪 50 年代提出。

将 PDCA 的循环理论导入日本丰田的“解决问题”，在 PDCA 循环的 Plan（计划）部分灵活运用其理论进行逻辑思考，将其分为更加详细的步骤，这就是精益化管理的“解决问题”。

精益化管理解决问题的方法是，在 Plan（计划）阶段就明确应该解决的问题。在逻辑理论思考和解决问题的畅销书《从 ISSUE 开始》中，也有这样的表述：“处理问题（ISSUE）的质量提高了，解决问题的质量也会随之提高。”因此，可以说精益化管理解决问题的方法是非常科学、合理的。

一、明确问题

第一步是“明确问题”（见图 6－2）。前面已经介绍过，“问题在于现状和理想状态之间的差距”。问题决定了应该解决的对象。从问题的重要性、问题是否有扩大的倾向、问题影响的大小等各种观点来判断应该解决什么问题。经营管理者可以发挥重要的作用。例如：

现状：本公司产品的市场占有份额位居第二；

理想状态：市场占有份额第一。

如果是这样的话，问题就在于：

问题：市场占有份额不是第一。

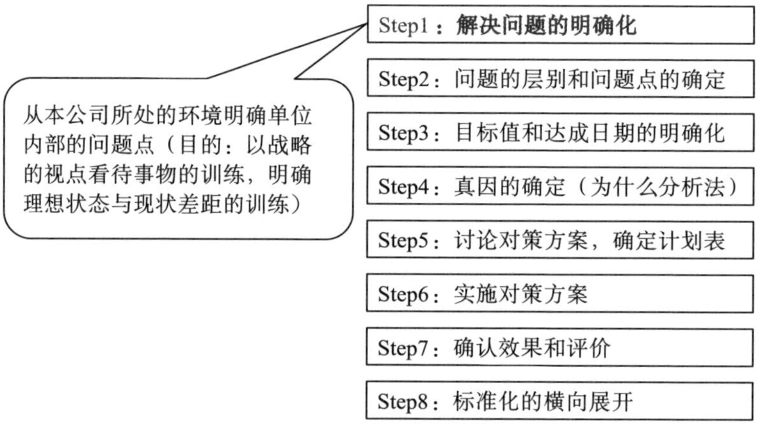

图 6－2 “解决问题”的步骤 1

经常能看到有人提出意见或咨询指导，要求更详细地描述现状和理想状态。不能说是因为“有 10 件不良品”，而是说“因为有 10 件不良品，所以赶不上发售日的交货期”。所以，只要抓住了问题本质，简单的表达就足够了。

根据职位和职责的不同，理想状态和需要解决的问题也会有所不同，这是理所当然的。但需要注意的是，不要一味过于详细描述问题，从而期待把理想状态和问题缩小，而应该把理想状态和问题放大来认识和处理。

二、把握现状

“把握现状”也叫“问题分解（分层）”（见图 6－3）。把握现状包括找出问题发生在哪里、发生在什么时候、是什么原因引起问题等的步骤。要求客观、定量地认识现状，以事实、数据为基础进行传达，能否收集到有意义的数据是把握现状的关键。注意必须要从“有意义的数据＝事实”中了解现状。

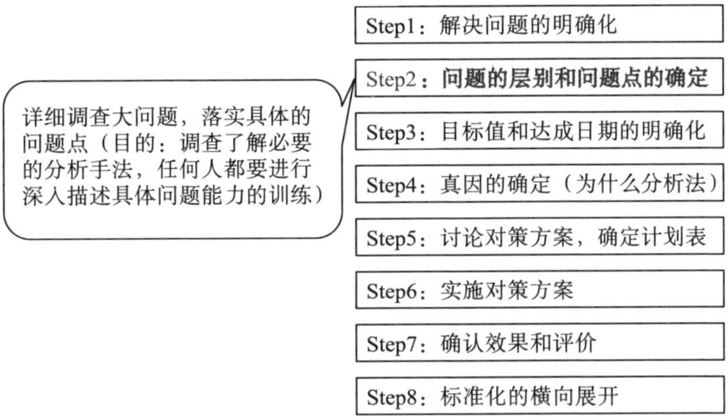

图6－3　“解决问题”的步骤2

这与第四个步骤的“原因分析”容易混淆（二者的区别在第四步详述），二者有很高的相似度，但把握现状这个步骤的诀窍是4W，即按照What（什么）、Where（哪里）、When（什么时候）、Who（谁）进行分层分解，深入挖掘、认识问题。

例如，在调查制造领域的不良品时，按照Where（哪里）进行分层，明确是哪个工序的不良品较多；另外，如果想提高商品的市场占有份额，可以先通过Who（谁）进行分层，明确哪个年龄段的市场占有率低。

不同年龄段商品A的市场份额：

- 10—20岁：18%
- 20—30岁：11%
- 30—40岁：31%
- 40岁以上：33%

⇒20多岁人群的市场占有份额最低。

上面这一步骤就是调查问题发生的地方，采取有针对性的对策才能取得更好的效果。

熟悉了解决问题的方法之后，还可以灵活运用框架，对问题进行分解和原因分析。但是，绝不要忘记“处理问题（issue）的质量提高了，解决问题的质量也会提高”。

在步骤1和2中能否准确地发现问题，是解决问题最重要的一个要点。

三、设定目标

第三个步骤是“设定目标”，即具体决定做什么、什么时间、如何去做。设定目标可以细化为设置里程碑，将努力的过程可视化（见图6－4）。

设定目标的诀窍有以下三点：

1. 设定数值目标；
2. 确定交货期限；
3. 设定具有挑战性的目标。

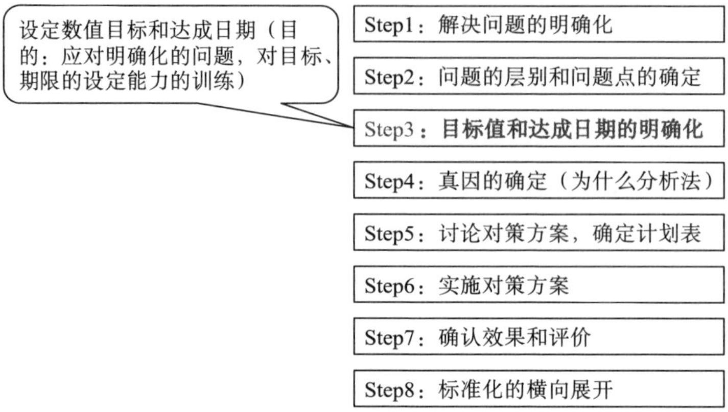

图 6－4　“解决问题”的步骤 3

最终对是否解决了问题进行评价是十分重要的。为此，我们要制定好数值目标，确定好交货期。如果在这里不能设定明确的目标，那么在第七步的确认效果进行评价的步骤中，就无法做出正确的评价。

同样地，设定具有挑战性的目标也很重要。人，只有树立远大的目标，才能获得远大的结果。例如，到 2022 年 3 月，商品 A 在 20 多岁人群中的市场份额达到 35% 以上。

四、要因分析

“要因分析”就是通过反复问为什么，寻找本质的原因（见图 6－5）。通过反复问为什么，找出真因（根本原因），就能得出具体的实施事项，从而期待逻辑合理的解决方案。以通过问题分解确定“应该解决的问题”为起点进行原因分析，认真探寻原因，针对出现的原因反复问为什么，反复寻找出真因是必要的，这是由于如果原因分析不够充分，对策的效果就会相应地减弱。

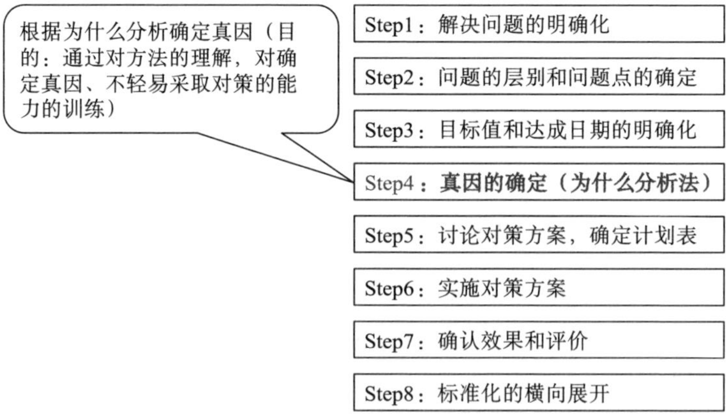

图 6－5　“解决问题”的步骤 4

在精益化管理中，对于这种“要因分析”还可以适用或结合“5 次为什么”分析法。

如果我们要想确认自己是否认真分析了要因，有一个诀窍就是“So what？/所以呢?”。它通过确认与前一个要因的关系是否有关联，文脉逻辑是否奇怪，来明确要因是否被正确地分析认识。例如，如果产品制造工序中出现了不良，就可以证明检查中出现了疏漏。

五、制定对策

第五步骤是“制定对策”。这是通过“要因分析”找出真正原因后，决定、制定对策的步骤。主要包括整理对策内容和制定实施计划（见图6－6）。明确5W1H，从最有效的对策方案开始着手。

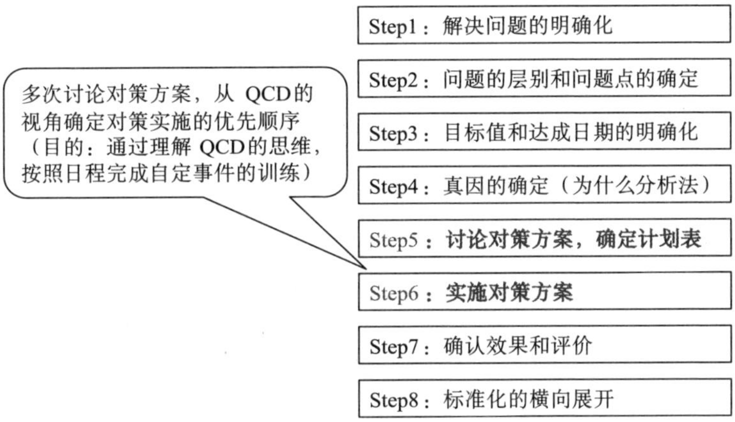

图6－6 “解决问题”的步骤5和步骤6

制定对策的诀窍有如下五个：

1. 制定可执行的对策；
2. 确定负责人；
3. 确定交货期限；
4. 估算效果；
5. 确定优先度。

首先，需要制定可实现的对策。其次，对负责人、交货期、效果进行预估，并落实到日程表上。针对一个真因可以采取多种对策的情况下，由于对策方案很多，所以也要决定优先考虑什么。

制定对策之后，PDCA循环中的Plan（计划）阶段就结束了。任何工作的计划都是最重要的，如果一开始就没有制定可行的计划，结果自然会受影响。

六、实施

制定对策结束之后，接下来便是实施对策。对策的实施过程中，最重要的是尽可能按照计划去做。在这个步骤中，要充分把握对策实施的结果和效果。我们可以通过步骤来对结果和效果进行评价。在制作资料的时候，将结果用图表来表现会更容易阅读。

在这个实施阶段，要注意用心向上司和相关人员报告进展，联络商量。无论什么样的计划，都有可能因为状况的变化或意外事态而导致进度延迟。为了取得期待的成果，针对变化点和疑问，要和相关人员紧密协作，及时应对。

七、评价

第七步就是对对策实施的效果和成果进行评价（见图6－7）。主要从以下四个内容进行认真评价：

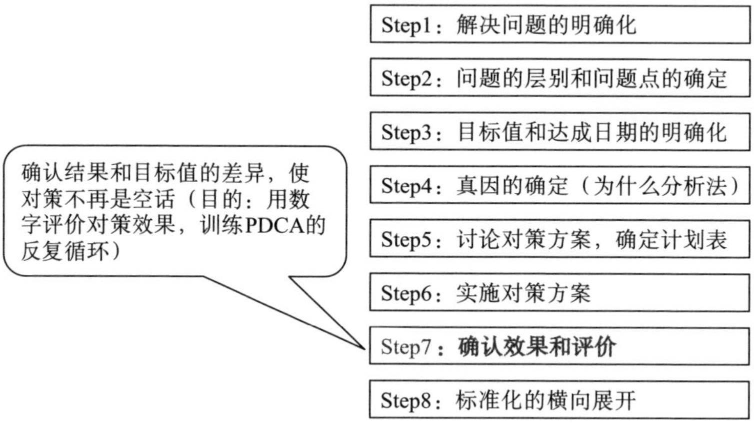

图6－7　“解决问题”的步骤7

1. 目标达成了吗？
2. 对实施计划的延迟该如何应对？
3. 各个对策的效果如何？
4. 有意想不到的优点或缺点吗？

对于效果不明显或者不能完全显现效果的项目，要追问“怎么做才能顺利实施呢？”；对于已经被认为成功的项目，还要追寻“到底哪里好？是不是还可以做得更好？”等这样的视角来评价。

八、标准化

最后一步是“标准化”。在精益化管理中也称为“横展”，意思是横向将业务和项目展开（见图6－8）。在本步骤中，要注意以下四点：

1. 将成功的对策推广到其他事例中；
2. 将反省点推广到后续工作中灵活运用；
3. 巩固效果；
4. 从这次的成功经验中，把能做得更好的方法进行推广应用。

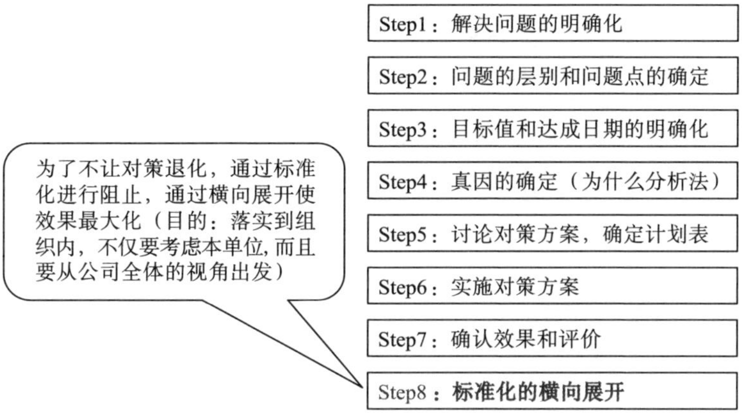

图6－8　"解决问题"的步骤8

重要的是，一定要将能取得很好效果的对策和内容进行标准化，推广到其他业务、其他部门，并反映在之后的措施中。这样做好对策，可以防止同样的问题再次发生。

和制定对策一样，其实确定好"交货期"，并将其标准化也很重要。

例如回顾反省点：

- 适合20多岁年轻人的SNS选择过于宽松；
- 增加投放广告的SNS，根据购买者问卷分析各SNS的效果。

第四节　八步骤解决问题的有效实施

一、八步骤解决问题的要点

八步骤解决问题的要点是，在实践中取得成果的同时进行人才培养。在取得成果的同时，通过掌握如图6－9所示列举的要素，实现人才培养的目标。

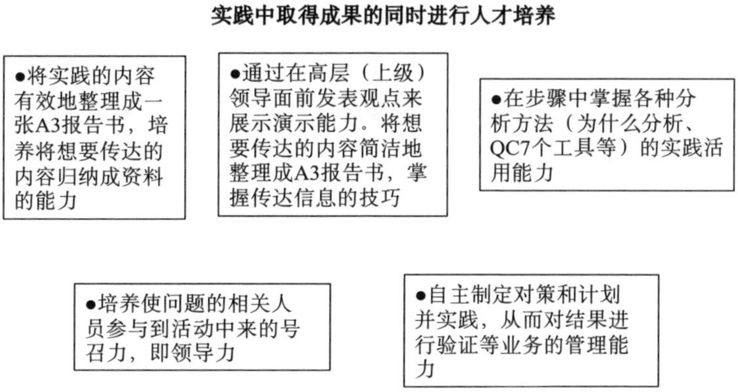

图6－9　人才培养的要素

(一) 将想传达的内容归纳为资料的能力

将实践的内容有效地整理成一张 A3 报告书，将想要传达的内容归纳为资料的能力。在解决问题的过程中员工会进行各种各样的分析和考察，通过将这些整理成一张 A3 大小的资料，锻炼让第三方也能看懂的能力。

(二) 演示力

通过在高层（上级）领导面前发表来展示演示能力。将想要传达的内容简洁地整理成 A3 报告书，掌握传达信息的技巧。

(三) 各种分析方法的实践活用能力

在步骤中，掌握各种分析方法（为什么分析、QC7 个工具等）的实践活用能力。仅仅记住方法是没有意义的，而更应该好好培养在实践中灵活运用的能力。

(四) 将相关人员卷入其中的领导能力

使问题的相关人员参与到活动中来的号召力，即领导力。要解决问题的课题越大，就越需要相关人员参与其中。管理者要培养和激发相关人员解决问题并积极参与的能力。

(五) 业务管理能力

自主制定对策和计划并实践，最后对结果、效果进行评价验证的业务管理能力。为了做出成果，要培养切实执行 PDCA 循环管理的业务能力。

二、八步骤解决问题的应用目的

第一，按照八步推进，即使是复杂的问题也能按程序稳步解决。如果是简单的问题可以直接决定，但如果是困难的问题就必须多加斟酌。通过掌握解决问题的八个步骤，可以培养看清问题本质的能力。

第二，与推进问题解决团队成员共享对问题的认识和预期目标。每个成员在脑海中描绘的印象往往各不相同。按照解决问题的八个步骤进行，就能描绘出同样的印象。

第三，将解决问题的所有内容以某种形式留存下来，作为知识和智慧成为公司的财富。通过具体记录解决问题的八个步骤并落实到标准化，几年后再次进行同样的改善。以档案形式留存下来，不仅可以消除浪费，也是对知识和智慧的积累过程。

除此之外，还需要明确问题对象范围和目标，防止讨论跑题、抓不到重点或岔开主题；到什么时候让其变化到什么水平；全员统一认识；将真因、对策的有效性和效果等，用文字和数字进行可视化处理；最后成果成效进行“标准化”和“横向拓展”，从而最大限度地发挥改善的效果，这些就是运用八个步骤解决问题的目的。

第五节 A3 报告书的制作

一、A3 报告书制作的准备

在做经营管理工作的过程中，免不了会被要求写报告书和提案书。在写这些之前，需要准备一些东西，那就是“谁会读我写的东西?”和“你期待他们做什么?”，必须明确这两点，并把它铭记在心上。

例如，即使是同样内容的报告书，也要根据报告对象的不同，写作方法有所区别。根据给自己的上司、部下或者出资人等不同的人看的内容，其写法和表达方式就肯定不一样。

基于他们自身状况不同，对你提案的兴趣点一定不同。另外，你对他们的期待肯定也不同。

所以必须要将“我写的东西给谁看?”和“你期待那个人做什么?”这两点牢记在心。说起来好像是理所当然的事情，但是实践做一下，一定会有新的发现。

二、A3 报告书制作的效果

（一）A3 报告书在国外的用途

在国外，这个 A3 报告书有如下用途：

第一，是传递过程和结果的报告书；

第二，是获得上司认可的提案书；

第三，我们也可以把我们所面临的问题整理后，制定出解决问题方案和手段的报告书。

（二）A3 报告书培育人才

一说到报告书，一般就会联想到要有好几页、写起来读起来都会很费劲的文件。精益化管理从以前开始就要求从新员工到高级管理干部都必须用一张 A3 纸写报告书。这就是这个名字的由来，也因此培养出了很多优秀人才。因为只有一张 A3 纸，在有限纸面要想充分表达，确实也是需要实力的。

不能写多余的事，只能用精炼的语句来描述重要的事。要想做到这一点，就必须深入思考并充分理解自己想表达的内容。另外，由于字数较少，如果不能很好地展开话题，就无法将内容传达给对方。所以必须掌握很强的表现力，这就是精益化管理的目标。以 A3 报告书来培养多种能力的员工。

（三）在精益化管理中的作用

其实，对读者来说，A3 报告书也有很多好处，因为不用花太多时间就能理解整个事件和事情原委。在丰田的精益管理中，每月的新车进展会议上，每次都要提交 50 张 A3 的报告。参加者能够以惊人的速度理解各个事件，并针对重要事项进行确认、讨论、决定。丰田这样的会议方式不仅没有浪费时间，也提升了效率，而且还培养了员工。

（四）逻辑（故事）的流程容易理解

PPT 等资料的特点是，在页面变化的过程中，即使理论逻辑的展开变得奇怪也很难察觉。这无论是用 PPT 制作资料，还是听演讲，都会存在这一问题。如果用一张 A3 纸进行总结归纳的话，作者可以一边写一边认真确认逻辑有无破绽，上司和相关人员也可以一边听，一边认真确认理论逻辑有无破绽。

（五）缩短说明时间

想必很多人可能都因为自己的上司太忙，很难抽出时间和自己沟通而烦恼吧。A3 报告书的另一个优点就是能让听众在很短时间内，可以一目了然地理解和掌握发表者所要说的内容。

作为发表者的你，如果是只有一张 A3 纸的话，可以先说明想要传达的内容，然后根据听众的提问进行补充说明。

如果已经习惯于使用 A3 资料进行短时间的说明，那么说话者也会自然而然地养成从结论开始讲起的习惯，这也是使用 A3 报告书的好处。

这种方法也叫 PREP 法。这个 PREP 法就是便于向对方传达信息和意图的说明方法。即按照 Point（结论）→Reason（理由）→Example（例子）→Point（结论）的顺序进行说明的方法。因为，人类不擅长长时间听别人说话，所以从结论开始说，对方的理解程度就会大幅提高。

（六）只传达必要的信息

用 PPT 制作报告书的话，一般都会添加过多的数据。你是否记得为了页面的分隔而添加多余的图和文字，为了一页的美观而想着要添加什么？

要想总结归纳成一张 A3 报告书，需要超乎想象地减少信息。但是，这样可以减少优先级低的数据和强调自己努力的内容，自然而然就能制作出包含最少限度信息的高效资料。

三、A3 报告书制作和使用

以下将介绍制作这个 A3 报告书的 Excel 模板（见图 6－10），同时，旁边还将说明循序渐进的使用方法，适合零基础的人尝试。

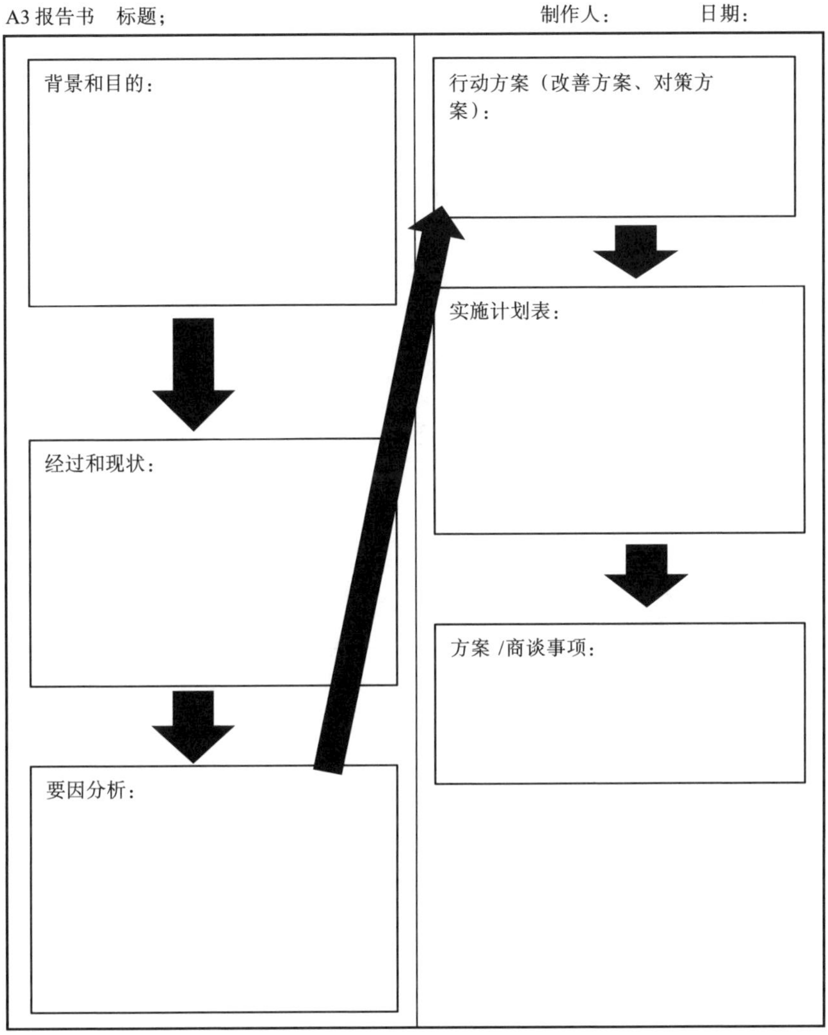

图 6－10　A3 报告书样板

A3 报告书通常是 A3 规格大小，但是内容少的时候也可以做成 A4 规格大小，两者都是相同的制作原理。

（一）给谁看，以及期待那个人采取什么样的行动

比如，我们制作一个改善项目报告书，你对对方读了这个报告书有什么期待？当然，为了让他理解整个过程，在操作系统设计等方面，出现了需要他裁决和决断的事项，所以我们需要提出多个选项，让他作出决定。

（二）填满各个项目

首先输入这份报告书的标题。写出这个报告书总体是针对什么。如果想不出好的标题，临时的名字也可以，之后是可以更改的。

接下来写“背景和目的”。写出我们正在实施项目的启动动因。如果已经制作好了该项目的项目书，从那里直接复制粘贴也没关系。

因为这个使用的是 Excel 的图表功能，所以画面上和印刷结果有不同的时候。请在印刷前预览确认是否有问题。

接下来是“经过和现状”。客观公正的简要记录事实真相和发现的问题，而不是推论和假设。这里还列出了不同阶段完成的标准。因为版面有限，所以文章尽可能简练。

如果看到文字过多、太挤而不知道按什么顺序阅读 A3 报告书。像图 6－10 的模板那样，使用箭头简单明了地明示阅读的顺序。

（三）项目替换使用

接下来的项目，根据写作的目的不同而不同。报告用既定的模板之外，其他常用的项目例子如图 6－11 所示。

顺序

（1）考虑给谁看以及使用者期待怎样的行动

（2）下面的模版是报告用的，其他也可以作为企划提案和问题解决工具使用

（3）在替换以下项目使用的时候打开文本框

方案/商谈事项：
假设：
预算：
未解决事项：
实际结果：
评价结果：
标准作业更新事项：

图 6－11　A3 报告书常用项目

可以根据实际需要替换不同模板使用（见图 6－12）。本章案例中没有既定的“目标”，所以不需要替换不同模板。在接下来的“原因分析”中，写下面临的问题及其分析。

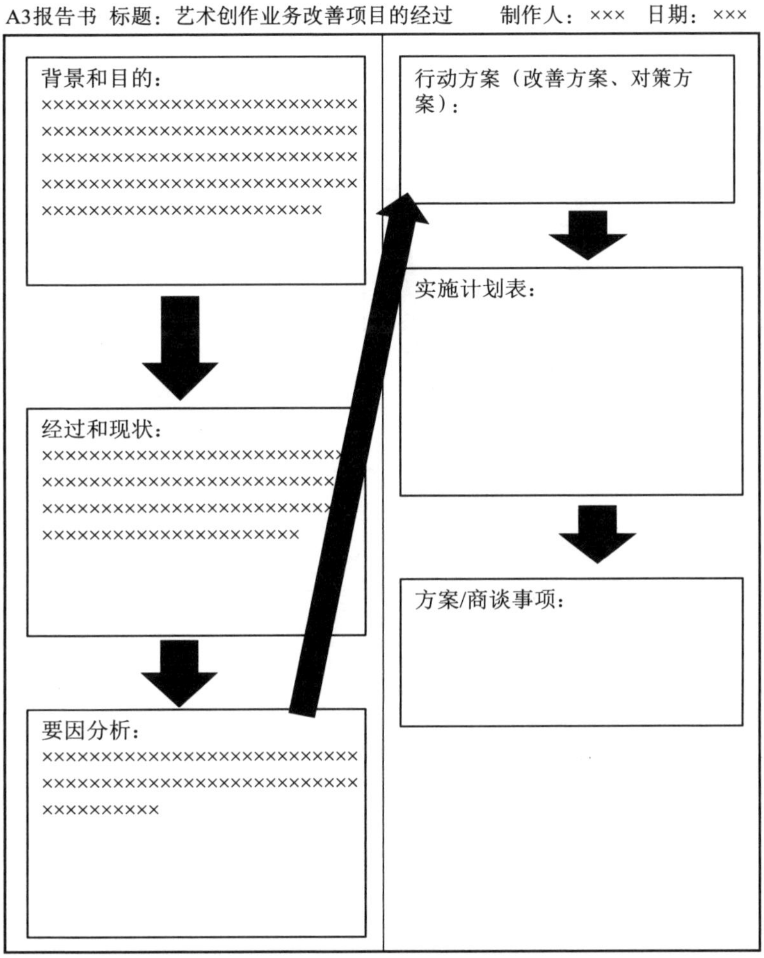

图 6－12　A3 报告书项目替换使用示例

例如，如果想要正确的商品成本信息，就必须详细记录所有原材料信息。此时，我们经常使用“优缺点清单”进行分析，所以，列出实施各选项时的优点和缺点，让选择变得容易。

（四）填写剩下的项目

接下来开始写后面准备做的事情。项目名称是“行动计划”和“执行计划日程”。这里也使用了缩略表，优点是使用表格、图表等，让人一览无余、一目了然，抓住整体情况。同时，我们需要提出预算，也可以督促裁决。

在案例中，我们是这样写的（见图 6－13）。

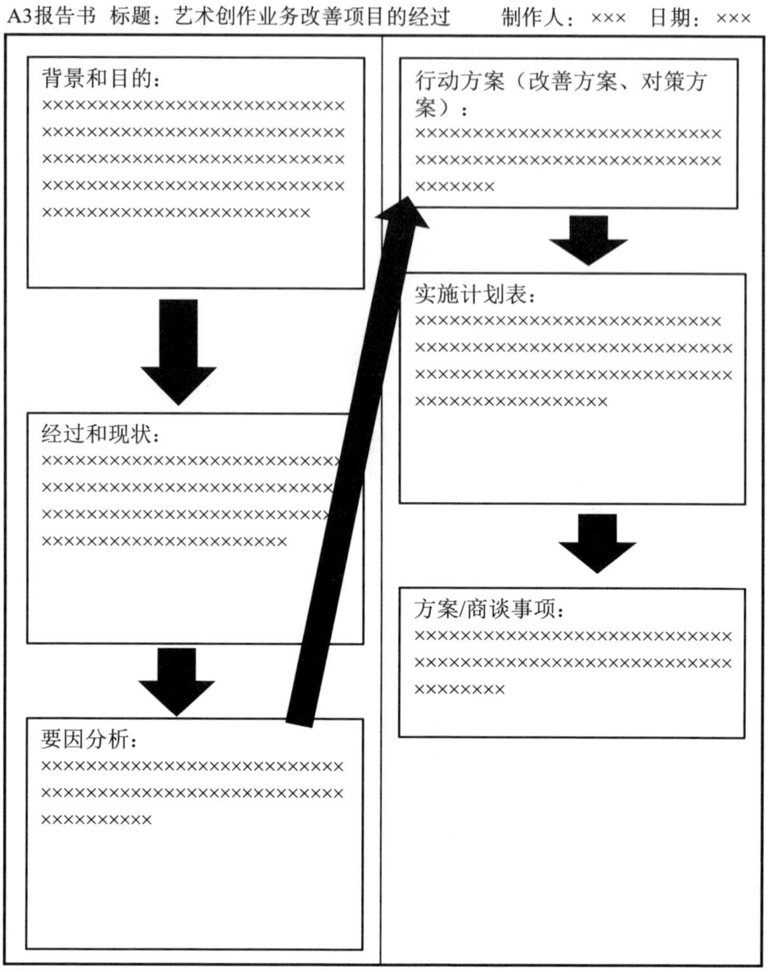

图 6－13 A3 报告书填写剩下的项目示例

请决定“详细管理”还是“简化管理”。如果这个选项有问题的话请告诉我。
这样写就可以让客户决定选哪个。
如此，我们的 A3 报告书就完成了。

本章小结

精益化管理在生产现场每天都进行改善、解决问题，致力于提高生产效率，是能够让企业强大的核心武器之一。基于精益化管理的“八步骤解决问题”和 A3 报告书的制作，能够有效解决生产现场存在的问题，提升企业白领的业务能力及工作效率，这就是本章介绍的精益化管理“八步骤解决问题”和“A3 报告书制作术”的主要内容。

因为是通用性很高的技巧，所以请大家一定要在日常工作业务中灵活运用。

第二部分　精益化管理应用实践

第七章　A 煤矿精益生产管理

第一节　案例背景

一、矿井基本情况

A 煤矿地理位置位于山西省吕梁市柳林县，属于河东煤田。井田保有储量 12.17 亿吨，可采储量 6.39 亿吨。矿井核定生产能力 450 万吨/年，服务年限 101 年。井田可采煤层 8 层，分别为山西组 2#、(3+4)#、5#煤，太原组 6#、8#、9#、10#煤，各煤层赋存稳定，地质结构简单。煤质以低中灰、特低硫、低磷、中等粘结性、中挥发份、高热值、高软化温度的焦煤为主，被誉为“中国瑰宝”。

A 煤矿有两个综采生产队组（一个回采 4#煤、一个回采 5#煤）、一个保护层开采队组（回采 2#煤保护层）和三个掘进队组，采掘比严重失衡，无法满足综采工作面正常生产需求，导致该矿投产后一直难以达产。

二、选择背景

4502 综采工作面为该矿五采区 4#煤层首采工作面，南北两侧均为未开采区域，西侧为五采区集中轨道、集中胶带、集中回风，东侧为闫家山村庄保护煤柱，东侧 400 米为柳林煤矿有限责任公司。工作面距地面的垂深约为 290—460 米，走向回采长度 1102—1092 米，倾向长度 220 米。煤层厚度 3.8—4.6 米，平均厚度 4.2 米，属于厚煤层，煤层倾角 2—7 度，平均倾角 4 度。工作面煤层上覆岩层直接顶为砂质泥岩，厚度 1 米；老顶为细砂岩，平均厚度 5.3 米，直接底岩性主要为砂质泥岩，平均厚度 3.4 米，老底岩性为砂质泥岩，平均厚度 4.0 米。工作面具有突出危险性，破坏类型为Ⅲ类；原始瓦斯含量为 11.06 立方米/吨，瓦斯压力最大为 1.38 兆帕。

按照矿井规划，在 4502 工作面南北两侧各布置一个综采工作面，其中北侧为 4503 工作面，南侧为 4501 工作面。如果采用传统的留煤柱开采方法，势必造成邻近两个工作面各多掘进一条 1200 米长的巷道并留设同等长度、宽度约 40 米的煤柱，不仅浪费优质主焦煤稀缺煤炭资源50余万吨，而且也带来很多的安全隐患。由于五采区2#煤层厚度小于0.2米，且不稳定，不具备开采保护层条件，所以采用定向长钻提前预抽的方式进行瓦斯治理，瓦斯治理周期较长（掘进工作面每掘进500米需施工一次区域预抽钻孔周期为3个月），致使掘进队组无法连续高效作业，更是导致了该矿生产衔接紧张局面一直未能有效解决。

为此，A煤矿经过反复研究论证，大胆提出了在4502综采工作面轨道巷、胶带巷两条顺槽同时进行切顶卸压无煤柱开采技术（见图7-1），该技术取消了4503综采工作面南侧、4501综采工作面北侧段保安煤柱，使优质煤炭资源得到最大限度的回收，实现精采细采、精益开采，增加了矿井的服务年限，提高了生产效率；同时减少了巷道掘进施工，缩短了采掘接续时间，节省了掘进费用。

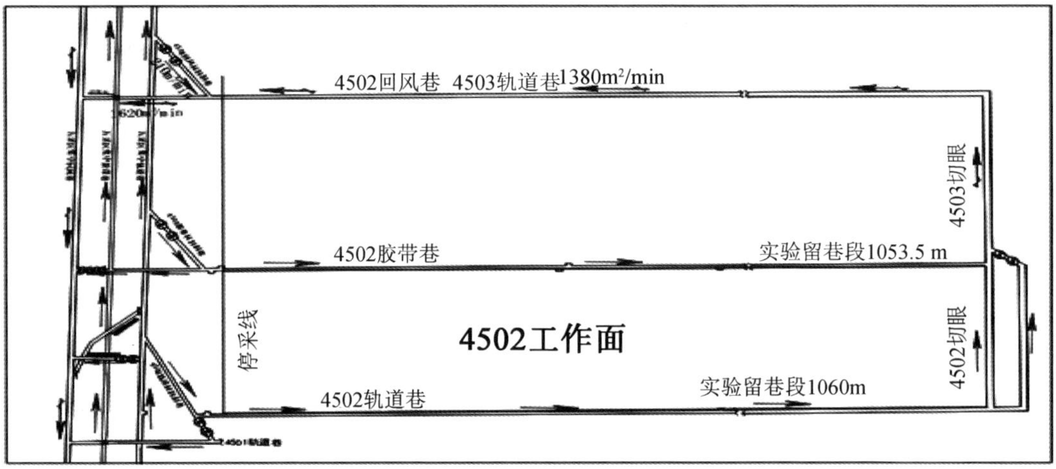

图7-1　4502工作面布置示意图

三、选择原因

（一）国家政策要求

国务院、国资委出台相关政策法规，要求企业通过精益化管理、智能化升级、数字化平台、产业化重组等措施，实现企业的高质量发展。

（二）集团战略需求

集团工作会议上多次提出，精益化管理是实现企业高质量发展的必由之路，是加快建设世界一流炼焦煤企业的重要抓手，是解决企业突出问题的治本之策。

（三）自身发展需求

A煤矿作为一座煤与瓦斯突出矿井，瓦斯治理问题一直是制约矿井高效生产的难题，同时该矿自身也存在着采掘比失衡生产接续紧张、一直难以达产等问题。因此，矿井需要以自主创新为导向，聚焦发展瓶颈，瞄准制约生产接续的关键环节，将现有的薄煤层“110 工法”切顶留巷技术进行消化吸收再创新应用，才能推动矿井安全高效生产。

第二节　总体设计

对“4#煤综采工作面‘110 工法’切顶双留巷应用实践”精益创新项目内容、目标、实施路线进行总体设计，具体如下。

一、项目内容

“4#煤综采工作面‘110 工法’切顶双留巷应用实践”精益创新项目，主要内容包括：在 4502 综采工作面轨道巷、胶带巷两条顺槽同时进行切顶卸压为相邻 4501 和 4503 综采工作面各留设一条巷道，即：取消了 4502 工作面南北相邻工作面的保安煤柱，使 4503 综采工作面、4501 综采工作面只需要掘进一条巷道，便可进行回采。

4502 综采工作面“110 工法”切顶双留巷采用特殊的爆破方式切断巷道顶板，使用能够适应顶板变形的新型锚索对巷道顶板进行加固，保证顶板压力能够缓慢转移至采空区矸石，同时，在回采过程中对巷道内进行临时支护，以抵抗回采动压对顶板稳定性的影响。除此之外，还架设挡矸支护并对碎石帮进行密闭，防止矸石和有害气体进入巷道，随着工作面的回采，采空区顶板沿着切缝线均匀垮落，最终巷道形成。保证留巷成功的关键内容主要包括以下五项：①采用 NPR 恒阻大变形锚索对巷道提前进行支护；②采用定向预裂切缝技术对巷道顶板进行爆破；③采用挡矸护帮及临时支护对采空区进行支护；④采用高分子材料对碎石帮快速封闭；⑤采用矿压远程监控对工作面矿压进行实时在线监测。

项目内容如图 7 – 2 所示。

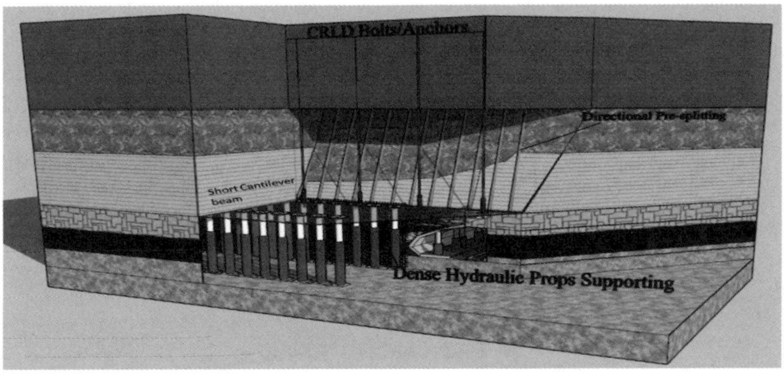

图 7 – 2　项目内容

二、项目目标

1. 计划多回收煤炭资源 50 万吨，实现“精采细采、精益开采”，使优质煤炭资源得到最大限度的回收。

2. 计划复用巷道两条，共计 2114.5 米，有效降低矿井万吨掘进率，提升人员生产效率。

3. 计划复用 36U 型钢 3800 架，复用 4.5 米单体液压支柱 3800 根，降低矿井吨煤成本。

4. 降低采掘工作面生产接替时间共 16 个月，确保矿井生产接续有效。

三、实施路线

“4#煤综采工作面‘110 工法’切顶双留巷应用实践”精益创新项目实施路线如图 7－3 所示。

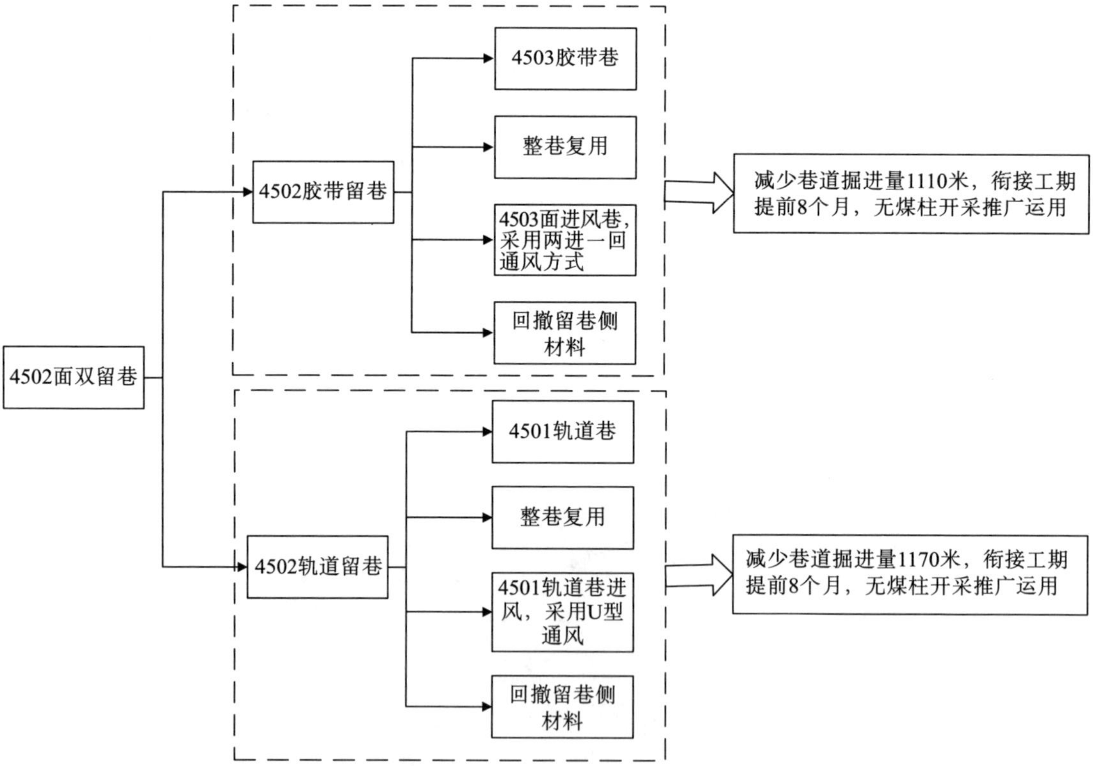

图 7－3 项目实施路线

第三节 应用过程

经过前期充分准备，精心组织实施并建立体系保障机制，尤其是在实施过程中贯彻了精益化管理的思想，确保项目成功实施。

一、前期准备

1. 调研论证

充分调研总结国内外综采工作面切顶留巷的理论技术，并现场试验。以4502综采工作面为工程背景，采用现场测试、室内力学试验、物理数值模拟、理论分析相结合的方法，将采矿学、地质学、力学、材料学和计算机采矿科学等多学科交叉研究，提出厚煤层无煤柱开采自成巷的方法，通过现场工业性试验，验证理论及技术的有效性、可行性和经济性。

在项目前期研究中，对4502综采工作面的地质情况、回采工艺等资料进行充分收集、分析，在实验室进行基础研究、模拟试验和理论分析；在现场进行切顶卸压条件下无煤柱自成巷开采技术应用试验，实行室内研究与现场实践互补。项目研究以“切顶卸压自成巷、安全高效低成本”为中心开展，制定相应施工工艺、生产组织和配套的安全措施。

2. 提前预演实践

“110工法”切顶留巷技术主要应用于井下各方面条件较好的薄煤层及中厚煤层，而4502综采工作面是厚煤层、煤与瓦斯突出工作面。A煤矿在应用“110工法”切顶卸压无煤柱开采前，通过认真分析，首先选择在地质条件相对较好的2404综采工作面使用，该工作面属于薄煤层开采，基本满足“110工法”切顶卸压无煤柱开采的前提条件。在“110工法”切顶卸压无煤柱开采推行的过程中，现场复用留巷395米，取得经济效益1357.46万元；同时还开展了瓦斯与火灾防治技术研究，为后续在中厚煤层中应用该技术奠定了基础。

3. 邀请专家研讨

在总结2404综采工作面成功应用“110工法”切顶卸压无煤柱开采的基础上，组织行业内优秀科研团队和矿井技术团队进行了反复论证，为4502厚煤层综采工作面应用“110工法”切顶双留巷提供了诸多方法和参数。先后完成了巷道顶板岩层力学性质及传统锚索支护情况下巷道围岩的变形情况分析，综合运用煤与瓦斯突出煤层NPR恒阻锚索支护及相关配套方案、双向张拉聚能爆破预裂切缝技术、采场顶板矸石垮落自成巷等研究工作。邀请北京中矿创新联盟能源环境科学研究院编写了《A煤矿厚煤层复合顶板无煤柱自成巷“110工法”关键技术研究及应用设计方案》，详细介绍了“110工法”切顶卸压无煤柱开采运用过程中的关键技术、应用难点。为后续4502综采工作面开展“110工法”切顶卸压双留巷技术现场实践、方案优化提供了可靠依据。

二、项目实施

4502 综采工作面为首采工作面，于 2020 年 12 月开始初采，2021 年 12 月完成末采；

4503 综采工作面于 2022 年 10 月开始初采，2023 年 8 月完成末采；

4501 综采工作面计划于 2024 年 1 月开始初采，2024 年 12 月完成末采。

按照 4502 综采工作面“110 工法”切顶卸压双留巷设计要求，轨道巷留巷 1061 米，施工切顶预裂钻孔 2123 个，施工恒阻锚索 2358 根，胶带巷留巷 1053.5 米，施工切顶预裂切顶钻孔 2108 个，施工恒阻锚索 2341 根，挡矸侧均采用 U 型钢配合单体液压支柱进行支护，留巷均采用单元支架进行临时支护。通过恒阻锚索支护、切缝钻孔施工、定向爆破预裂、挡矸支护、留巷临时支护、回撤成巷等工艺流程，使工作面两巷采空区范围顶板沿着切缝线垮落，最终达到留巷目的，实现无煤柱开采，为相邻两个工作面共用一条巷道创造有利条件。

三、体系保障

根据集团公司关于精益化试点矿井的要求，A 煤矿成立了以主要领导挂帅的精益化管理领导小组，制定了完善的精益化管理的相关制度，明确了精益创新项目从立项、执行、结项到推广应用等多个环节的工作要求与作业流程，规范了精益化项目管理工作。

1. 思想引领

精益生产的终极目标就是消除一切浪费，矿井通过前期充分的准备，制定了完善的制度体系，构建了良好的工作环境，项目实施全过程贯穿精益管理思想，实施过程中不断改善，持续消除浪费。

2. 组织保障

A 煤矿成立了以矿长为首的精益化管理工作领导组，经营副矿长为常务副组长，其他矿领导为副组长，矿属各部门、中心负责人为各专业组的负责人，精益化管理领导小组负责统筹部署精益化管理工作，审核精益化管理制度，指导精益化管理工作总体推进，协调解决精益化管理工作中遇到的问题和困难。领导小组下设办公室，办公室设在精益化管理部，办公室主任由精益管理部部长兼任，负责汇编全矿各精益专业组的管理制度，统筹协调精益化管理工作，对精益化管理工作进行指导、考核。

为进一步提升精益化管理工作的执行力，明确各部门、各负责人的职责，确保精益化管理工作落到实处，A 煤矿对照集团公司精益化管理体系的构建，成立了与精益化管理体系对应的十个工作组，分别为精益安全、精益瓦斯治理、精益成本管控、精益生产组织、精益衔接部署、精益计划管理、精益资产管理、精益设备管理、精益物资采购、精益科研项目管理组，涵盖了全矿精益化管理的各个方面。

“4#煤综采工作面‘110 工法’切顶双留巷应用实践”作为一个精益创新项目，完全按照项目制方式推进实施。A 煤矿成立了项目组，明确项目负责人作为项目实施的第一责任主体，并配备通风、地质、生产、机电、调度、安全、环保等相关专业职能科室的成员和承担队组人员一起组成项目组。在项目实施过程中，项目组各成员通力合作、积极献智献力、主动担当，积极深入现场，解决难题，优化作业流程，提高作业标准，使项目各环节紧密有序进行。

3. 制度建设

为了保证4502综采工作面“110”切顶双留顺利实施，实现煤炭资源精采细采，A煤矿科学合理的制定了《4502综采工作面双留巷精益化组织方案》，提前组织相关队组对4502综采工作面两巷进行补强支护等工作；制定了《4502综采工作面操作规程》，规定了综采工作面各工种的一般规定和特殊规定，明确了生产作业前的准备工作，生产作业中的操作步骤，生产作业交接时的注意事项，以及一些需要特别关注的岗位风险等；制定了《4502智能化综采工作面作业规程》，明确了留巷内的支护要求、施工工艺，以及生产流程、劳动组织和经济评价指标、安全技术以及避灾路线等。

4. 精益方法及工具

在项目实施过程中积极运用了“5S”现场管理、PDCA、标准作业和持续改善等精益管理方法及工具。

（1）推广应用“5S”现场管理模式。精益现场管理的核心环节是“5S”，通过全员参与，将整理、整顿、清扫、清洁、素养落实到每个人、每件事、每一时、每一物、每一处，形成人人有标准、事事有标准、时时有标准、处处有标准的标准化管理格局，达到精益现场管理一体化。项目实施期间，项目组严格按照生产标准化要求将施工地点进行现场整理、整顿、清扫、清洁，时刻保持现场工作环境良好，不断提升员工素养，强化现场安全管理，消除浪费，保证“4#煤综采工作面‘110工法’切顶双留巷应用实践”项目顺利地精益实施。

（2）实行PDCA持续改善。“4#煤综采工作面‘110工法’切顶双留巷应用实践”项目从立项之初就秉承精益管理的理念，按照“PDCA”不断循环推进。由于“110工法”切顶双留巷是新技术、新工艺，人员对新设备、新工艺熟练程度不够，在项目开始阶段两巷补强、切顶孔施工都比较滞后，工程质量也不高；超前支架设计有缺陷，拉移超前架的过程中，原顶板支护及补强恒阻锚索破坏，造成自成巷矸石帮帮鼓严重。针对以上这些问题，项目小组采用“PDCA”的方法对每一个问题通过现场调研，分析问题原因，制定了详细的解决方案，并重新精心组织实施，过程中及时检查、纠偏、反馈，使每个问题都能逐一解决，保障了项目有序推进。同时也注重项目实施过程中资料的整理、完善、存档，初步形成了能够指导A煤矿“110工法”切顶卸压双留巷作业的标准及手册，为下一步全面开展“110工法”切顶双留巷无煤柱开采奠定了坚实的基础。

（3）标准化作业。项目小组在实施过程中规范了“110工法”切顶双留巷标准化作业流程，根据岗位、工种和每项作业要求，将“正规循环、标准作业”固化到生产组织的各个环节，把标准化思维理念融入到全员的操作行为中，从生产准备、作业进行到作业结束，形成一套标准化作业流程，有力地保证了项目的正常实施。

（4）持续改善。A煤矿严格执行A集团公司颁布的《精益现场改善实施指引（试行）》方案，引导全员积极推动精益化管理工作，挖掘员工创新能力，增强员工创新能力，拓宽精益改善渠道。项目组积极鼓励成员主动改进，优化现场环境，优化岗位工作流程，提高生产效率，提升工程质量，对项目实施现场存在的有改善价值且可以改善的事项提出具体改进举措，并取得了一定实效，降低了项目成本。

四、智能化系统辅助

为了及时掌握4502综采工作面“110工法”切顶双留巷在现场应用过程中巷道围岩及支护体矿压显现情况，A煤矿专门研发了一套与“110工法”切顶留巷相配套的矿压远程监控系统。该系统以实用矿山压力理论为核心，将恒阻锚索受力及位移、顶板离层、顶底板移近量、留巷段支护受力、煤体支承压力、工作面支架压力及缩量等监测集于一体，可实现对采场全方位一体化的实时矿压监测及预警。

远程监控系统设备包括现场设备和室内设备。现场设备主要完成待监测量的自动感应、自动采集和向监控中心自动发射监控信息，室内设备主要完成现场远程数据的自动接收并把接收信号送入计算机进行自动处理，自动形成动态监控曲线，并依据动态监控曲线准确、及时地判断监测现场锚索受力变化情况，掌握巷道围岩的稳定状态。远程监控系统能够自动、连续采集锚杆（索）荷载、巷道变形情况，远程工作室内监控电脑自动接收分析，数据可远程无线传送，接收不受距离限制。系统兼容性强，监测指标全面，设备运行稳定，为4502综采工作面应用“110工法”切顶双留巷安全顺利实施提供了全面的现场数据支撑。

第八章　B 煤矿“零库存”采供管理

第一节　案例背景

一、单位基本情况

B 煤业有限公司（以下简称“B 煤矿”），成立于 1981 年 11 月 10 日，自有铁路专用线 12.6 公里，自有公路专营线 4.6 公里。B 煤矿隶属于 B 二级公司控股管理，经营范围包括煤炭洗选、矿产资源开采以及煤炭开采。

二、存在的主要问题及原因

B 煤矿自 2003 年走上了快速发展的通道，随着近十几年大规模的开采，矿井 3#煤层资源渐近枯竭，因此需要在生产经营管理的过程中寻求降本增效的方法，坚持以效益为中心，全面对标，挖潜增效，不断提升经营管理水平和企业治理效能。B 煤矿属于传统煤炭行业，长期以来按照“大库存保生产”的思想进行采供工作，然而随着企业生产能力的提升，技术设备更新换代较快，原来采购的设备、材料等不再适用新设备，因此积累了大量的库存，占用了大量流动资金。具体表现在以下两个方面：一是正常材料库存储备量大；二是闲置物资长期积压。主要原因包括：员工缺乏成本管控意识、缺乏完善的考核制度、采购计划不准确、井下客观条件复杂多变、信息化技术应用不足。

三、选择零库存管理的主要原因

（一）选择“零库存”的可行性分析

1. 相对宽广的买方市场。煤炭企业上游供应商并没有过高的行业壁垒，市场上相似的供应商有很多，在这种形势的驱动下，使买方市场获得了更多的选择机会，而相对宽广的买方选择机会，使得买方在市场上具有更大的主动权及议价能力，给 B 煤矿实现“零库存”提供了必要的物质基础。

2. 相对完善的管理体系。B 煤矿作为一座有着 40 余年历史的老矿井，已经建立了一套相对成熟完善的管理体系，新的管理体系能够快速地得到实施和响应。此外，经过国有能源企业的不断重组后，B 煤矿依托 B 集团以及 B 二级公司，在资本厚度及管理力量上都更坚实，能够给精益化管理提供知识和人才的支持，为更高要求的“零库存”管理工作打下了基础。

3. 浓厚的精益管理氛围。为培养全员精益管理的意识，构建全员参与的改善体系，B 煤矿按照集团要求，成立精益管理部门，与生产部、财务部等其他部门属于平级关系，对 B 煤矿的精益化管理工作进行统筹规划并向上级部门进行汇报，根据 B 集团的工作部署安排精益化工作。

4. 良好的供应商关系。“零库存”的实现需要强大的供应链的支撑，这就需要和供应商建立良好的合作伙伴关系。除了具有国有资本控股的背景关系外，B 煤矿因为长期以来有一定的自主采购权，与很多供应商建立了良好的合作关系，能够为“代储代销”及委托保管建立基础。

（二）实现“零库存”的现实意义

1. 提高资金的使用效率。一定时期内流动资金周转的次数越多，或者是周转的天数越少，说明流动资金周转的越快，资金的利用效果越好。而物资“零库存”管理模式，能够使企业的物资库存量达到最低，使物资存储占用的企业资金达到最低限度，这样就能使企业在无形中增加了流动资金。企业既可以将这些节约下来的资金作其他投资，以取得相应的投资回报，也可以投入企业的扩大再生产中，提高企业自身的产出效率，进而提高企业的经济效益。

2. 降低库存的维护成本。实施零库存管理后，由于库存规模缩小，存货数量趋于最小化，为存货准备专用的仓库及其附属设备和管理费用可以减少，还可节约人力成本。

3. 有助于企业的安全生产。传统的储备式物资管理模式，形成了物资的大规模存储甚至积压，这就给安全管理增加了难度。煤炭采掘设备的长期闲置，容易造成设备的损坏或者使用不灵敏。基本生活物资的长期存储容易给使用者带来不可预知的安全隐患。尤其是某些危险物资的长期存储积压，特别容易引起火灾。因此物资实现“零库存”管理后，这些因物资过多存储所带来的安全隐患都可以迎刃而解了，从而提高了企业安全生产系数。

第二节　总体设计

一、应用目标

（一）提高采购计划准确率

采购计划的准确率是实现精益采供的关键因素，准确度可以从两方面来理解，一方面使采购计划中物资的预计使用量满足实际生产的需要，另一方面尽量减少采购计划与实际物资需求之间规格、型号等的差错，使采购物资与实际生产需求完全契合。B煤矿目标是通过对采购计划的编制过程进行严格规范指导和考核，将物资采购计划准确率提高到100%。

（二）正常材料实现“零库存”

B煤矿除部分火工用品的采购是由公安局批准后专项采购以外，其他物资的采购都是在市场上进行的，可以受矿井自行控制。为最大程度降低企业在采供过程中占用的资金成本以及库存维护成本费用，希望将日常使用的物资库存降到最低，实现“零库存”。

（三）减少长期的积压物资

长期积压物资指的是在企业数十年来的发展过程中积累下来的，不能在日常生产过程中被利用，也几乎不能被其他矿再利用的物资。B煤矿的长期积压物资通常是由于过期、部分损坏、由于技术更新换代被淘汰或其他原因产生的，包括闲置材料、淘汰报废材料以及淘汰报废配件，基本上都是在实行“零库存”以前产生的库存，已经有三年以上的历史。B煤矿希望通过对库存进行优化管理减少这部分库存的产生，同时对原有的积压物资进行处置，理想目标是积压物资的处置率达到90%。

二、设计思路

要提高采供效率，首先要通过调研明确采供过程中存在的问题。常见的调研方法有问卷调查法、文献调查法、实地观察法、访谈调查法和统计分析法。B煤矿成立调研小组，结合企业自身的现状及特点，考虑到方法的有效性，选择了文献调查法、统计分析法和访谈调查法。

通过调研对问题进行汇总之后，对这些问题进行分类汇总，梳理各个问题之间存在的逻辑关系，筛选出哪些是可以通过管理进行改善优化的，聚焦几个关键性的问题，针对上述三个应用目标确立改善目标，即通过提高采购计划编制的准确率来降低采购成本，减少多余的库存储备，对采购过程进行规范及监督来提高采购效率，节约采购成本，并且处置掉已经存在的库存物资来降低库存成本及管理费用，以此不断优化采供管理过程，实现精益采供。

B煤矿根据存在的问题及目标，通过文献调查，选择了“零库存”管理方法，为了实现“零库存”，需要提高采购计划的准确率，降低物资的资金占用，其中主要运用到的工具方法有MRP系统和“代储代销”合同管理。

要为“零库存”所做的准备条件总共包括四点，一是培养全员“零库存”意识，二是完善规章制度及机构配置，三是完善MRP全要素信息，四是进行供应商管理。具体内容在应用过程中会详细展开介绍。总体设计思路见图8－1。

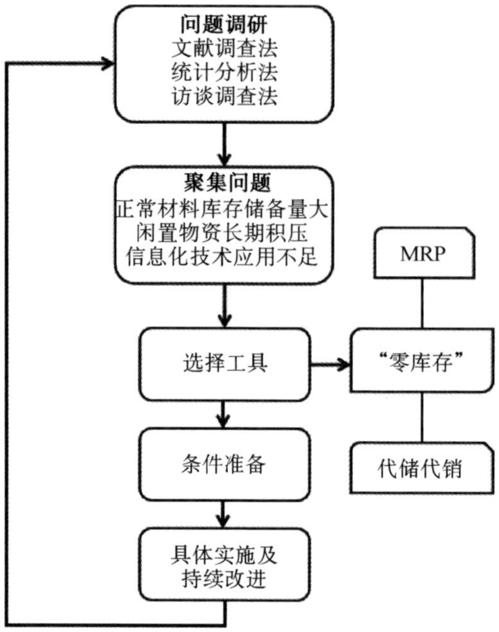

图 8－1　B 煤矿"零库存"管理设计思路图

第三节　应用过程

一、组织机构

（一）采购管理委员会

B 煤矿为进一步规范采购管理，提升采购效率，成立了采购管理委员会（以下简称"采委会"），采委会成员由总经理担任主任，各业务分管副经理担任副主任，采委会成员包括：计划企管部、物资采供部、财务部、生产技术部、安全监察部、机电装备部、基建环保部、后勤服务部等部门负责人。

采委会负责监督指导采购管理制度的制定及执行、年度《集中采购目录清单》编制资料的审核、上报以及年度、月度采购计划的审核。

（二）采购管理办公室

采委会下设采购管理办公室（以下简称"采购办"），计划企管部负责人兼任采购办主任，物资采供部负责人兼任采购办副主任，采购办根据采委会要求开展相关工作。

采购办负责监督检查 B 煤矿本部及所属子分公司日常采购管理工作，包括集中采购执行情况的监督和检查、分散采购的风险防范与监督；检查规定限额以上采购项目的审核、过程监督以及验收管理工作；组织实施规定限额以下的采购项目；对供应商进行季度评价并上报；检查指导 B 煤矿本部及所属子分公司的采购管理工作；对采购计划、采购执行情况数据进行搜集、整理、计算和分析等统计工作；检查督促采购业务相关部门采购资料的归档工作以及受理采购活动的投诉。

B 煤矿采委会组织机构如图 8－2 所示。

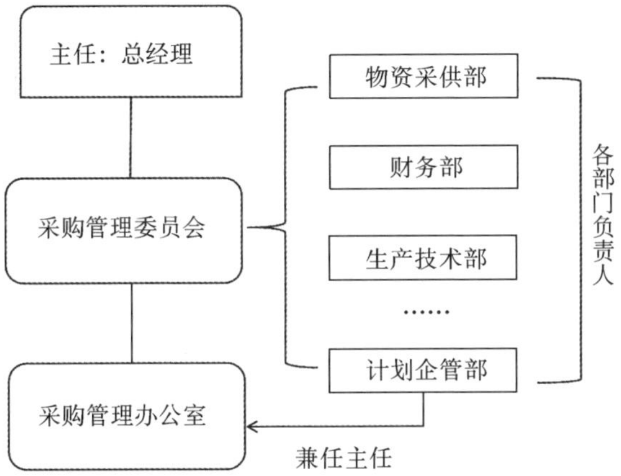

图 8－2　B 煤矿采委会组织机构

（三）相关部门

1. 物资采供部

物资采供部参与采供管理的全过程，包括：材料、配件、设备类物资采购项目实施工作；年度集中采购工作计划的编制，并参与 B 二级公司组织的集采项目实施；到货物资的入库出库管理；库存物资的盘点统计及利库工作；受理材料、配件、设备采购活动投诉以及供应商的季度评价及上报；日常库房的维护等工作。

2. 计划企管部

计划企管部主要参与采供管理的采购过程，包括：对各专业所报采购计划的合理性进行审核，完成采购项目的审批；对行政系统的牌匾制作及服务类采购项目进行统计和上报；对采购合同进行审核；对采购过程进行监督并有权终止违规操作；收集、整理失信企业信息以及相关风险防控。

3. 生产技术部

生产技术部作为物资主要需求部门，主要涉及物资计划的上报，以及对实际生产耗用物资进行统计分析，作为采购计划编制工作改善的基础。具体包括：采掘相关工程与服务、顶板和支护相关设备、木材、支护用品、火工用品等物资以及本专业其他业务采购项目资料的统计和上报；生产技术部门物资采购需求计划的编制及上报。

4. 机电装备部

机电装备部作为服务部门，协助完成设备及配件的采购工作，并负责后续的设备安装、维修等过程。具体包括：机电及运输相关的设备、安装工程、设备大修、设备租赁、电力服务、机电材料、配件、专用工具等物资采购资料的统计和上报；协助物资采供部、计划企管部完成设备采购项目的实施以及机电装备部门所需物资计划的编制及上报。

5. 财务部

财务部门作为资金管理部门及物资需求部门，主要涉及采供过程中资金的审批、预算资金使用情况的监督及检查、财务部门所需办公用品计划的编制及上报。

6. 纪检室

作为监督部门，纪检室负责监督和检查采购工作中的涉规涉纪行为，涉及多个专业的审核项目，由分管领导指定主要牵头部室，协同相关专业共同进行。

7. 其他部门

除上述六个部门之外，其他包括通风部、基建环保部、地质测量部、调度室、洗选运销部、综合办公室、安全监察部、人力资源部、后勤服务部以及党群工作部等部门，作为物资需求部门参与到采供过程中，对各部门的采购计划、物资领用及耗用情况记录负责。

二、准备条件部署

（一）培养全员“零库存”意识

自 B 集团下达精益化工作安排以来，B 煤矿前后共组织二十余次培训活动，对精益化管理的思想进行集中学习，其中包括精益化管理工具应用与实施培训、作业成本法的应用、精益现场改善、精益库存管理等专题培训。对全体员工广泛宣传“零库存”管理模式，做到人人了解“零库存”管理的意义，矿井上下形成推行“零库存”管理的良好氛围。同时，矿井领导高度重视“零库存”管理，通过专题会、调度会等会议不断强调执行“零库存”的意义，使得“零库存”管理得到顺利推行。

（二）完善规章制度

为了使采供管理过程的要求更加清晰，使基层员工有工作和考核的依据，按照国家法律要求，根据集团公司及 B 二级公司的相关文件要求，B 煤矿制定和完善了相关规章制度。

其中为了进一步规范矿井采委会管理工作，构建科学、审慎、责任明确的管理体系，制定了《采委会管理办法》；为进一步规范矿井采购管理，提升采购效率，结合矿井实际制定并完善了《B 煤矿采购管理办法及采购管理实施细则》；为进一步加强矿井物资采购计划管理，明确各队组、各部室计划管理方面的职责和分工，规范计划管理的各个环节，紧紧围绕精益化管理之“提质增效、降本降耗”的管理理念，严抓细管，最大限度保证计划的准确率，盘活资金，进一步推进“零库存”目标，制定并完善《B 煤矿物资采购计划管理制度》等制度文件。

（三）完善 MRP 全要素信息

在煤炭企业中，其供应链不同于制造业，其物料需求计划的制定与传统制造业也有所不同。

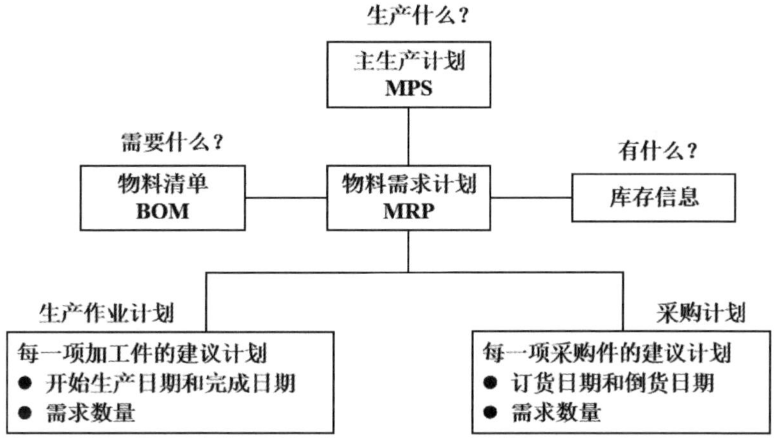

图 8－3　物料需求计划结构图

对于 B 煤矿来说，其 MPS 即为全年原煤产量以及掘进总进尺计划，是以集团下达原煤产量指标与掘进进尺指标为依据，B 煤矿通过对集团公司下达的指标进行综合剖析来确定的。

BOM 一般是以产品结构为依据，以生产计划为目标，将要实现的生产目标转换成要实现生产计划所需要的物资清单，煤炭企业的材料成本是构成原煤成本的要素之一，约占 50% 以上，但是，与传统制造业不同的是，煤炭企业的物料消耗不构成产品实体，许多物料不是一次性消耗，可多次进行重复利用，物料消耗与产量密切相关，但关系复杂，物料消耗受管理水平影响，物料消耗独立性较强，除了部分配件外，消耗各种物料之间基本没有从属关系或从属关系不明显。物料消耗种类与数量受自然条件变化影响比较大，由于受地质条件及构造影响，不同矿井与煤层开采难度、工艺过程都有所不同，因此消耗的作业也不相同，相应的物料需求也不相同。以生产技术部门为例，BOM 的确定过程如下：将月度生产计划细化成作业量，如完成预计产煤量需要掘进 X 米，回采 Y 米，根据每一项作业需要消耗的材料，大体可分为两类，一类是按照固定的设计（每个矿的实际情况不同设计不同）进行计划，另一类是按照以往经验（可受人为管控的）进行计划，按照总作业量和单位作业量的耗材编制物料清单。

库存记录，B 煤矿物资供应部的库存管理员每个月都会对现有库存进行盘点并制作库存明细表，其中包括一张汇总明细表以及四张子表，四张子表分别为正常材料、闲置材料、淘汰报废材料以及材料报废配件明细表。每张表的结构都以以下信息列示：物料编号、物料名称、规格型号、计量单位、会计年度、会计期间、数量、实际单价、实际金额以及物料一级分类名称。

采购周期，首先把物资分为需要安装的设备以及不需要安装的其他物资，按照生产计划中的进度安排预留出工程安装及调试运行的时间；其次如果物资是定制专用的，需要预留出供应商采购或生产的时间；最后考虑正常的采购以及运输流程所需的时间，把每个环节的时间计算好，以满足即时生产需要为最佳目标。

（四）进行供应商管理

供应商管理是一个闭环的动态管理，在采购之前要对市场上现有供应商进行初步调研，招标完成后要比较入围供应商的综合条件，采购完成之后要对供应商进行综合评价，在下一次采购之前要参考以前的供应商评价，在实行邀请招标采购时，供应商综合评价也是邀请的基础；还要建立供应商黑名单制度，对于集团公司确定的“黑名单”供应商，也要一并“拉黑”；除此之外，还要注意在合作过程中维护好和供应商的合作伙伴关系，良好的供应商关系是下一次合作的基础，也是实现“零库存”的前提条件之一。

采购办对供应商进行季度评价并上报，供应商评价标准表见表8－1，从表中可以看出B煤矿对供应商的质量指标最为看重，占比30%，其次就是供应商的交货能力，占比20%，售后服务能力排第三，占比15%。

表8－1　　　　供应商评价标准表

被评价单位：　　　　　　　　　　　　　　　　　　　　　年　月　日

评价项目		标准分	评价标准	得分	评价单位	评价扣分原因
质量指标	送货质量	15	有1批次质量不合格扣5分（含某一品种不合格）			
	使用质量	15	有1品种出现质量问题扣2分			
交货能力	准时交货	10	有1品种未按订单要求时间到货扣5分			
	订单增减变化接受能力	10	强10分，一般5分，差0分			
价格水平	降价	5	随市场变化或自身降价能力提高能自觉得5分，否则0分			
	涨价	5	在市场涨价达不到5%或时常要求0分，否则得5分			
售后服务	事故处理	10	发生质量事故能及时、妥善处理10分，有1次处理不及时扣5分，影响生产得0分			
	售后沟通	5	能经常询问产品使用情况，对反映的技术问题能及时给予答复5分，否则0分			
生产技术能力		10	强10分，一般5分，差2分			

续表

评价项目	标准分	评价标准	得分	评价单位	评价扣分原因
产品地位	5	省级以上名优产品 5 分，一般产品 2 分			
产品来源	10	生产厂商或省市级以上总代理商 10 分，一般经销商 5 分			
合计					
评价人员：					

说明：A 级得分≥90 分；B 级≥75 分；C 级≥60 分；D 级≤60 分。

三、具体采供流程

（一）炸药、雷管等火工用品

炸药、雷管等火工用品是需要经过国家许可才能购买的危险品，需要向公安部门进行专向采购。煤炭企业作为合法的爆炸物品使用单位，具备爆炸物品使用证，拥有经过验收的雷管仓库和爆炸仓库以及经过公安机关培训合格的相关工作人员。在日常采购时持当地派出所下发的爆破物品审批表到派出所审批，派出所辖区民警和分管所领导根据检查情况对申请作批准，再经过公安局治安大队、分管局领导层层审批才能进行限量购买。采供流程如图 8－4 所示。

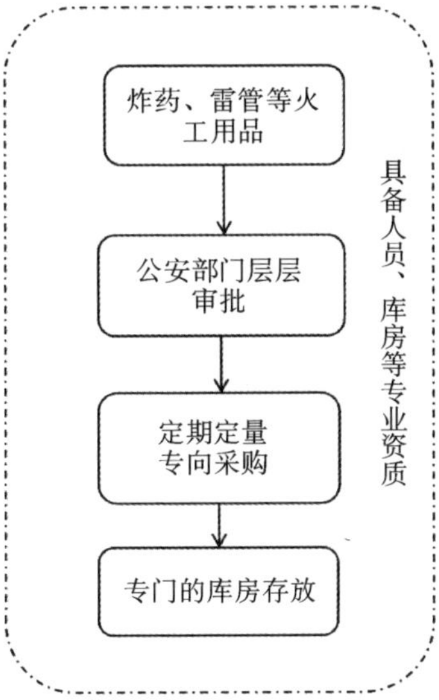

图 8－4　火工用品采供流程

对于这类物资，不能实现随用随买，也不能实现卖方代储或买方代储，公安部门对于每次的采购数量具有限制规定，B 煤矿通常半个月进行一次定量采购，采购量也是按照公安部门的规定严格执行。且采购回来的物资需要专门的库房进行存储保管，这部分物资不适用于“零库存”管理。

（二）其他物资材料

除了特殊的火工用品以外，其他物资材料都是在正常交易市场上进行采购，其中主要为生产过程所需设备、配件、材料等物资以及日常办公用品。满足集中采购条件的物资由 B 二级公司进行集中采购招标，集中采购招标以外的由 B 煤矿进行自主采购。

以生产系统为例，采供流程如下：

1. 生产计划的制定与分解

B 煤矿在编制年度生产计划时围绕矿井发展目标和总体规划，结合矿井目前采掘现状，本着安全可靠、科学合理、切实可行的原则进行编制采掘衔接计划。

除了文字说明外，还有原煤产量进尺计划表、采掘衔接表、回采工作面接替计划基础表、掘进工作面接替计划基础表、掘进进尺与掘进产量汇总表、原煤产量汇总表以及原煤产量、掘进进尺月度分解表。

围绕年度矿井发展目标和《矿井采掘计划》，结合矿井实际生产情况，在确保井下各环节安全生产的前提下，制定月度生产计划，月度生产计划会在年度生产计划月度分解表的基础上做一定的改动。该计划包括原煤产量、掘进进尺、零星工程、安装工程、探放水进尺计划、瓦斯抽采计划。

2. 采购计划的编制及前期资料准备

（1）集中采购计划。在每年度终了，生产系统编制年度预算期间，各生产队组根据矿井全年原煤产量、掘进进尺等计划指标确定了材料使用计划后，分类别上报本部门全年材料使用计划明细表（总额控制在年度原煤产量与吨煤单价之积之内）。在编制年度采购计划时，各单位、队组要根据设备运行情况及高消耗物资使用数量、高强度工作环境配件磨损情况、使用年限、设备及配件的总需求量及其他物资预计使用量综合制定年度采购计划。经本单位负责人签字后报至专业部室。

各专业部室汇总队组所报计划时，按类别将物料编码、物资名称、规格型号、计量单位、需求数量、计划单价、计划金额、主机型号、费用属性及使用部门填写清楚，认真审核各队组申报的年度采购计划，计算其申报金额是否超出全年预算划分情况。要紧紧围绕公司精益化管理“提质增效，降本降耗”理念，控制计划金额，减少资金占用。经部门负责人审核及分管领导签字批准后报至物资采供部。

物资采供部认真审核各单位上报的年度采购计划，计划中各项指标填写错误，或未填写清楚的，责令相关部室限期内核实，确认无误后汇总编制年度采购计划，由部门负责人审核、采委会对年度《集中采购目录清单》编制资料进行审核，分管领导批准及董事长签字确认后上报至 B 二级公司物资采购管理部。

（2）自主采购计划。在集中采购以外的物资都需要矿井进行自主采购，自主采购通常根据月度采购计划进行。编制月度采购计划由物资采供部牵头完成，以生产技术部门为例，每月 18 日前生产队组根据井上下材料实际库存和消耗情况编制本单位次月材料使用计划（月度计划总额原则上不得高于材料消耗指标），经本队队长签字确认后，上报生产技术部审核。生产技术部根据生产队组上报的次月材料使用计划，并结合各队组材料库存情况，形成本部门次月材料使用计划，经部长、分管领导签字批准后，报送至物资采供部，形成次月材料使用计划。

各单位编制物资需求计划时要按照采购计划管理制度的要求，全面考虑、认真计算、规范填写、分类将物料编码、物资名称、规格型号、计量单位、需求数量、库存数量、采购数量、计划单价、计划金额、主机型号、费用属性及使用部门填写清楚，所报物资属于主机配件类的，必须填写其所属正确完整的主机型号。

不按照规定要求编制计划的，物资采供部不予采购。物资采供部根据各专业部室及管理部室上报的月度需求计划汇总编制月度需求计划，对照月度需求计划利库后，准确填写库存数量，精确计算采购数量，编制月度物资（配件/材料）采购计划明细表及汇总表，并将各项采购计划按照投资类或成本类进行分类汇总。

（3）前期资料准备。除采购计划外，各专业部室需要在每月 26 日前编制前期资料，包括：招标项目说明及投标人要求；技术要求；市场调研；专项资金计划或成本说明。并且需要向计划企管部提供前期资料的扫描版，填写招标计划表，分管领导签字后上报计划企管部审核。

3. 采购项目的实施过程

（1）B 二级公司集中采购。集中采购由 B 二级公司采购部门负责，集中采购招标主要以公开招标的形式进行，通过比价议价及公告后，确认最终入围的包次及供应商，确定每个包次的单价限价，若经过几次公告后，最终递交投标文件的只有一家供应商，则不满足竞争条件，即不在本次集采中进行采购。这个过程一般从每年年末持续到次年年初，年初将入围供应商及一次议价结果下达给各煤矿。

（2）B 煤矿自主采购。B 煤矿的自主采购流程分为招标采购以及非招标采购。

B 煤矿所有工程建设项目的主要材料和设备采购都属于招标采购的范围。招标采购需委托招标代理机构进行。计划企管部审核完前期资料和招标计划表后，向 B 二级公司招标管理部门上报次月招标计划，由采购需求部门填制招标申请表，签字盖章后上报计划企管部；计划企管部将资料上报给 B 二级公司专业部室审批，在这个过程中采购需求部门要对前期资料进行完善并移交计划企管部；批复完成后，计划企管部根据计划在 B 二级公司招标代理机构平台随机抽取三家及以上代理公司，选取结果确定后签订招标代理合同；代理公司确定后，由采购需求部门和代理公司对接协助编制招标文件，采购需求部门负责审核招标文件中的技术部分内容，并确定采购文件中的合同模板；招标文件编制结束后，由采购需求部门签订招标内审表，签字盖章后上报计划企管部，计划企管部上报项目资料至集团公司，并在完成审核后 1 日内告知采购需求部门；计划企管部负责确定内部评标专家和开标时间，并将招标代理公司发布的项目公告转发至项目部门负责人；开标后，计划企管部于 7 日内将中标通知书扫描版发至采购需求部门、法律处以及物资采供部；采购需求部门于收到通知后 5 日内签订技术协议，移交至物资采供部，物资采供部将签订合同需要的资料上报浪潮系统并通知法律处；签订合同结束后，采购需求部门将后期资料移交计划企管部。

B 煤矿自主采购的最高限额是 30 万元，各部门根据全面预算项目及经批准的物资采购计划，通过比选采购、直接采购或者网上采购的方式签订合同获取货物的形式。按照项目金额的不同，分为 3 万元以下、3 万 –10 万元、10 万 –30 万元三个层级，不同层级的采购审批流程不同，但都需要上报采委会进行比价议价，具体流程在这里不再展开，如图 8 –5 所示。

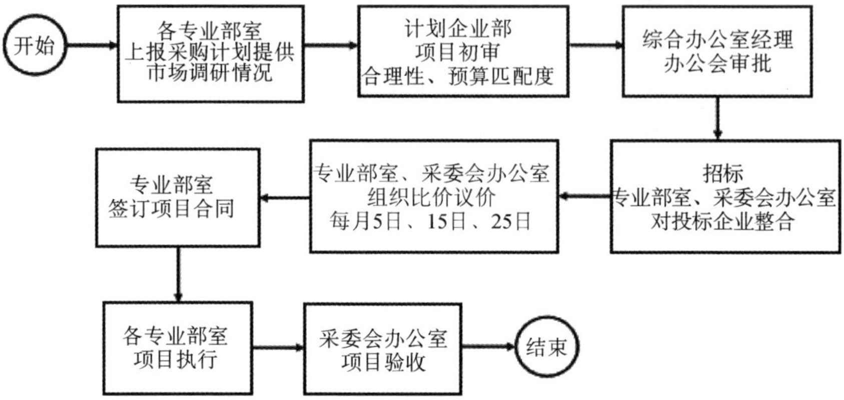

图 8 –5　B 煤矿自主采购流程

非招标采购包括直接采购、应急采购。

因特殊情形直接采购的项目，采购部门提出申请并编制直接采购说明，计划企管部在 OA 填制直接采购项目审批表，经采委会及 B 二级公司审批后实施。

应急采购实施当日，采购需求部门向采委会书面报备，采委会办公室在 OA 填制 B 二级公司《应急采购报备表》，采购完成后，采购需求部门需在一定时限内将原因说明等资料报采购办备案，采购办要进行核实。

除此之外，对于集中采购的公司以及自主采购的平台，集团公司和 B 二级公司分别作相关部署和要求。集团公司授权采购中心对各子分公司所需的钢材、钢丝绳统一采购；授权集团公司控股子公司 B 集团油品公司对各子分公司所需的油品统一采购。此外，对于自主采购的平台也有明确要求，为了简化自主采购的过程，实现规模效益，集团公司要求下属子分公司原则上尽量在集团公司物资采购电商平台进行采购，目前明确指定办公用品和劳保用品必须要在该易购平台上进行采购，随着平台的不断完善，在该易购平台上进行采购的物资种类也在不断增加。对于非集采的设备要在 B 二级公司的电子招采平台上进行招标采购。

4. 采购订单的下达

对于集中采购的物资，B 二级公司提供了入围供应商及入围价结果，在具体签订采购合同时，B 煤矿还需自行对入围价进行二次议价，通常二次议价都会在入围价的基础上再下降一些。为了能及时、高效地采购到合格物资，二次议价后，尽量选择本地或距离相对较近的供应商进行供货，确保供货的及时性，降低仓库的储存量。

对于采购量大、通用性强、占用资金多的配件材料，B 煤矿的采购订单采取年度框架协议 + 日常订单的形式进行，框架协议将供应商选择结果契约化，可有效提高采购订单执行效率。框架协议分为固定价格和非固定价格两种形式。

（1）固定价格框架协议物资：属于代储代销物资的，物资采供部门下达补货通知单，领用物资经该领用部门分管领导签字以及财务部门审批后办理出库，凭出库领用单生成结算订单；属于非代储代销物资的，直接生成采购订单。

（2）非固定价格框架协议物资：计划企管部按照框架协议约定的竞价时点，组织入围供应商进行竞价，物资采供部门根据竞价结果生成补货通知单或采购订单。

实际上，B 煤矿现阶段签订的合同大多属于“代储代销”合同，具体分为两种类型：一是“卖方代储”，需方要求供应厂商按合同要求把需方将用于生产的物资暂时存放于供应厂商的存货处或供应厂商能即时生产的物资，在需方要求供货时及时按量直供，货用后付款。二是“买方代储”，需方根据市场供求状况，考虑生产实际运行周期以及库容情况将供应厂商按合同要求生产或拥有的生产物资存放于需方储存地，根据物资实际消耗状况将货款承付给供应厂商。

“卖方代储”合同要求供应商会在下订单的最短时间内将物资送达，并提供装卸、安装等服务，一方面降低了 B 煤矿物资装卸人员的工资费用，另一方面节省了库存空间和库存管理的成本费用；“买方代储”合同要求供应商先将一部分物资储存在 B 煤矿仓库中，这部分物资不计入 B 煤矿的账面，且不占用大量库存空间，一般是一些流动性大的物品，例如，劳保用品，若需求部门领料出库，库管人员办理出库结算，若一直没有被领用，供应商每隔一段时间来更新物资。

无论是买方还是卖方代储，代储代销合同都是以“乙方为主、甲方为辅”，最大程度上降低了公司的库存。

5. 入库及出库管理

为了减少库存积压，物资到货后，按照规定，计划申报单位在七日内按照流程办理出库手续，必须遵循先进先出的原则，及时登记台账定期盘点，做到账、卡、物相符。超出规定时间造成库存积压的，每次处罚申报部门负责人 100—1000 元。在实际工作中，物资采供部坚持即入即领的原则，对采购到位的物资，验收合格后，第一时间通知使用部门领用，对预期未领用的部门进行通报，避免占用库存。

材料使用单位未按规定上报材料使用计划，未经专业部室审批（紧急情况除外），直接从库房领取物资的，每次处罚库管员 200—500 元；物资采供部负责人 100—300 元。

各部门领料出库的时候填制领料单，发料人和领料人都要在单据上签字。领料部门分管领导及财务部门审批后，库存管理人员办理出库结算，计入领用部门的成本。

6. 采购计划与实际耗用情况考核

为追踪计划申报单位的实际耗材情况，提高计划编制的准确率，B 煤矿制定相应的考核及奖惩制度形成完整的闭环管理。计划申报单位考核按照“计划管控、定额消耗、节约奖励、超耗处罚”的原则，由各部门按月统计使用单位材料消耗及超节情况，计划企管部根据实际情况对相关部室考核。

对于未按规定填制采购计划的、未准确编制采购计划的以及未及时领用物料的，计划企管部均采取相应的惩罚措施。计划申报单位上报需求计划时存在超报或应付了事情况的，每次处罚申报部门负责人 500—1000 元。计划申报单位在申报需求计划时，未按要求和正确格式上报计划的，物资采供部不予采购，并视情况每次处罚申报部门计划管理员200—500元；申报部门负责人100—300元。计划申报单位未在每月20日前报送需求计划至物资采供部的，处罚申报部门负责人100—300元。各单位在领用当月申报物资后，需确保物资实际使用消耗情况与所报计划相符合（制造周期除外），达标率低于90%，报至计划企管部对申报单位通报，并扣除相关部室当月绩效分5—20分。因矿井生产及其他不可抗力原因追加的补充计划不得超过当月计划总额的10%，超过10%的，每次处罚申报部室计划管理员100—500元；申报部门负责人300—800元。

其他物资采供流程如图8－6所示。

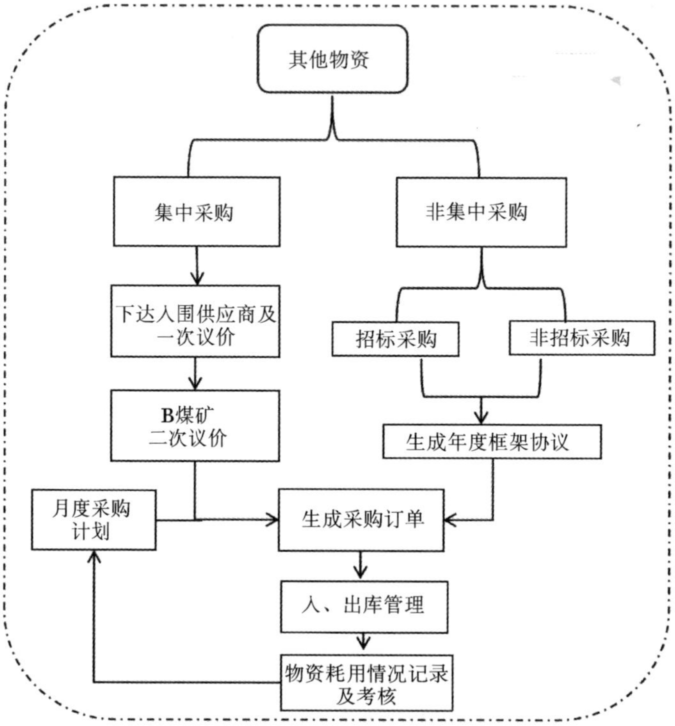

图8－6 其他物资采供流程

第九章　C 煤矿 TPM 精益设备管理

本案例主要以 C 煤矿为研究对象，主要介绍 TPM 管理工具在煤炭企业精益设备管理中的实践应用。C 煤矿以减少浪费、提高效率为目标，以 TPM 管理为切入点，通过完善信息化建设进行数据分析，以预防维修为抓手，以标准化为基础，完善设备全生命周期管理，实施规范化的设备全系统维护，推行自主维护理念，全员参与，保障设备健康，更好地为生产过程服务，建立人机结合的精益化管理体系，为集团公司精益管理提供设备保障。

第一节　案例背景

一、单位基本情况

C 煤矿位于山西省孝义市兑镇镇境内，始建于 1959 年 3 月，1966 年 1 月正式投产。2020 年 12 月，该矿通过并购的形式成为集团上市公司的矿井。

C 煤矿位于霍西煤田，井田面积 48. 7843 平方千米。矿井为斜井开拓，水文类型为中等，矿井正常涌水量 180 立方米/时，最大涌水量 230 立方米/时。矿井所采煤层为自燃煤层，自燃倾向性为Ⅱ类，煤尘具有爆炸性。矿井为高瓦斯矿井，矿井绝对瓦斯涌出量 19. 45 立方米/分，相对涌出量 2. 29 立方米/吨。C 煤矿矿井 核准能力为 400 万吨。C 煤矿配套建有入洗能力 500 万吨的洗煤厂。截至 2022 年 10 月，C 煤矿保有储量 5. 02 亿吨，可采储量 2. 57 亿吨，服务年限 42. 7 年。

C 煤矿现有在册职工 4056 人，有 13 个部室、4 个区、6 个中心，共计 23 个部门。有 9 个生产队组、15 个辅助队组、7 个地面厂队、3 个服务队，另有一个选煤厂。

二、设备管理现状

本案例所研究的设备为 C 煤矿与生产相关的重要设备，其设备根据生产流程进行分类，涵盖综采设备、综掘设备、大型（固定）设备和特种设备、一般设备等类型，其中最主要的就是采掘设备。

C 煤矿的设备管理服务于生产过程，与生产环节息息相关。C 煤矿之前的设备管理还停留在较为传统的经验管理模式，未跟上煤矿智能化快速发展的步伐，管理工具在一定程度上限制了设备的管理水平。C 煤矿对设备的管理包含设备的选型、存放、搬运及运输、检修、入井、封存、报废等环节，通过对设备运行操作、维护、检修、点检等过程的管控情况进行现场验证，确保监督、检查形成管理闭环，提高设备质量，确保设备轮保、检修计划方案可行、内容具体、责任到位、过程可控、工作有效。具体闭环管控工作如图 9－1 所示。

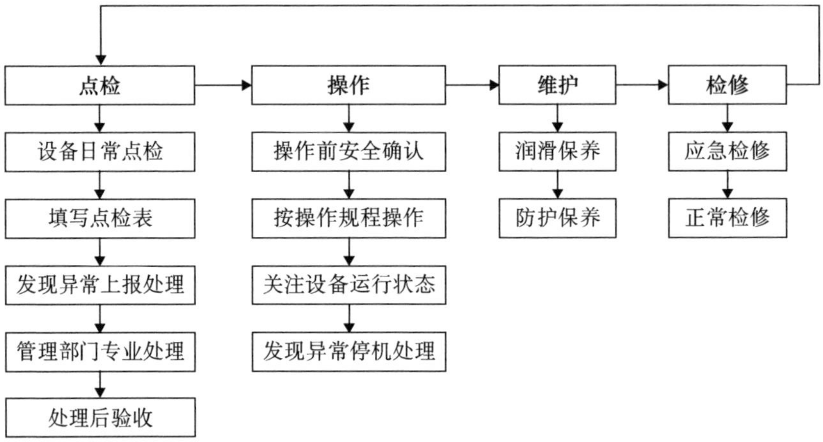

图 9－1　设备精益化闭合管理流程

三、设备问题表现

（一）设备故障率较高，开机率较低

C 煤矿目前存在设备巡检、维护、检修不到位等问题，判断和处理故障能力较差，造成设备故障率偏高、设备开机率较低，不能高效运行。另外，对于 C 煤矿这样的老矿井来说，很多大型设备投运多年，多数处于老化边缘，故障率逐渐增加，零部件、内部元件寿命到期，在运行过程中，时常发生因其性能不稳定导致的设备故障，不同部件的性能状态相互间影响更增加了设备故障发生的概率。

（二）设备闲置多

由于 C 煤矿建矿时间长，设备更换导致淘汰下来的旧设备日益增多，并且旧设备型号种类繁多，其中更新换代较快的智能或电气类设备更容易产生闲置。再加上设备的账物管理采用传统的纸质与台账审批管理，设备的发放领取程序繁琐且需人工长期对账核实，造成设备库存堆积量大。另外，一些设备磨损严重无法使用，但是不到报废年限，长期以来一直在矿井挂账。

目前 C 煤矿闲置设备 992 台，待报废的设备有 2119 台，设备到期报废下账不及时，报废未处置设备有 238 台，全部为在矿库存。

（三）设备存放混乱

C 煤矿的设备存放方面，相关对口部门对报废物资协调处理不及时，导致大量报废物资堆积，占用正常设备存放场地。设备、材料等资产未进行分类码放管理，导致占用空间大，造成场地的浪费，设备存放现场混乱，闲置、废弃资产与新购、维修设备不易区分，甚至造成好的坏的混堆混放，从而影响到设备的正常使用和寿命。

（四）设备效能低

C 煤矿的设备由于选型不严谨，自身参数偏大或偏小，不符合现场需要，不能满足或超出生产需要，影响设备效能发挥。同时由于设备操作工素质欠缺，不能合理正确操控使用，相当于降低了设备性能，也造成设备效能低下。

四、设备问题成因

（一）设备管理制度不健全

C 煤矿目前的设备运行检修管理制度不健全，制度执行不彻底，考核机制运行失灵。具体来讲，设备管理制度中人员巡视标准和检修标准不够明确，检修任务安排不详细，检修计划未能超前防范。矿井设备维修以损坏维修为主，即在设备损坏后进行维修，工作被动。资产管理的相关制度不健全、职责分工不明确，资产管理存在监管缺失情况。设备审批管理制度也存在缺陷，设备的发放领取管理采取纸质审批，查找烦琐。设备的账物管理采用台账与纸质审批管理，程序繁琐且需人工长期对账核实，由于设备种类繁多，更换频繁，工作量较大。

（二）设备管理方式落后

C 煤矿的设备管理沿用传统模式。设备操作保养、点检润滑、维护维修标准化不到位，缺乏自主维护理念。

公司设备资产种类繁多，存放设备地点紧缺，设备管理部门仅对全部设备进行资产登记造册，实物管理中却仍然很难做到统筹调剂，无法对于各种故障征兆进行预判，进而延误设备异常的最佳处理时间。

（三）设备管理力量不足

智能化矿井建设和技术装备的提升，对职工专业素质要求越来越高，结构性缺员问题日益凸显。矿井内部设备管理人员需要具备较强的专业性知识，设备操作人员技能欠缺，只管使用设备，不能参与保养和维修，相关管理人员能力不足，比如检修人员业务水平不精，只对于各自包机设备有较多了解，包机以外的设备仅达到日常检修业务水平，对于故障分析及内在原理掌握有所欠缺，检修时检修质量标准不高。在对设备管理的思想认识方面，操作人员设备管理意识浅薄，设备经济管理意识不足，相关领导层认识不到位。除设备检修人员外，其他人员对设备维护保养观念尚未转变，认为设备检修维护就是检修人员的工作，造成日常管理不到位。部分人员对设备管理过多的依靠自身经验感觉，存在个人主观性问题，从而增加了设备维护管理工作的不确定性。

（四）设备管理组织体系不完善

C 煤矿目前组织管理体系不健全，各设备管理部门之间职责分工不明确，造成因专业不同、管控单位也不同，专业之间协同管理不到位，如洗选、通风、运输、监测监控等各单位之间沟通、交流较少，设备状态、位置等信息改变后无法及时通知各专业管理单位，致使专业管理单位不能及时准确掌握设备实时状况。设备的采购管理、使用管理被分割成相对独立的环节，相应部门的设备管理仅立足于完成本职工作，与其他部门缺乏沟通，比如供应科只关心采购任务的完成，而忽视了设备配件的价格及质量等，机修厂只负责维修设备和配件更换，不能及时向供应科反馈有关配件缺陷、维修成本等有助于实现精益管理的信息，造成设备维修质量不高，维修费用上升。

第二节　总体设计

本案例主要以 C 煤矿为具体研究对象，采用精益管理减少投入和浪费、持续改进的理念，针对其设备管理进行研究，探索 TPM 在设备管理中的应用，开展了基于 TPM 的精益设备管理实践，旨在细化管理、减少浪费、提高效率。

一、精益设备管理目的

设备管理工作中的精益化管理就是对原有设备管理模式进行变革，旨在增强设备管理水平，做到减少投入、减少浪费和持续改进三个方面，实现提质增效、节支降耗。精益设备管理首先就是少投入，少消耗资源和时间，有效利用现有的设备，合理增加优质设备，提高设备的综合效率，提高企业的生产能力，获取更高的投入产出比。其次是减少浪费，主要通过严格管理、及时维修、合理维护与保养来恢复设备的技术性能，延长设备的使用寿命，确保设备稳定安全运行，从而达到发挥设备的最大效能，减少相关资源和成本费用的耗费，降低设备维修运行成本。最后在持续改进方面，要求精益求精，持续提升企业的设备管理水平，不断提高生产效益、降低生产成本，进而追求效益最大化和高质量的发展。

二、TPM 设备管理工具

应用精益设备管理首先要选择合适的精益管理工具，集团选用了生产管理中的 TPM（全员生产维护）理论作为实现设备管理的精益化的工具，全员、全效率、全系统参与

5S 活动、TPM 管理小组和持续改善等管理活动，提高设备综合效率，实现精益设备管理。

TPM 管理是起源于日本的一种管理方式，即“全员生产维护”。TPM 的特点就是三个“全”，即全效率、全系统和全员参加。全效率指设备全生命周期，考量设备综合效率；全系统指的是生产维修系统的各个方法都要包括在内，即事后维修、预防维护、改善维护、维护预防和生产维护；全员参加指设备的计划、采购、使用、维修等所有部门都要参加设备管理工作，包含企业的中高层领导以及基层员工，尤其注重的是设备操作者的自主小组活动，从而确保设备能得到有效管理。

2020 年集团董事长在下半年工作会上提出，要强力推进精益化管理，并且在多次讲话中表明设备管理要精准运用 TPM 精益管理方法，完善设备管理平台建设，对基层矿井提出了优化设备资产管理信息系统、构建设备全生命周期管理、精准高效检维修的要求。与此同时，TPM 在以海尔为代表的非煤企业和以神华为代表的煤炭企业都取得了显著成效。为此，C 煤矿开展了基于 TPM 的精益设备管理实践。

在可行性方面，首先，C 煤矿目前已经具备了进行精益管理的先决条件。随着煤炭行业生产设备逐步向智能化系统方向发展，C 煤矿目前已成功对供电、排水、通风、压风、皮带运输、猴车等进行了智能化改造，建设完成智能化综采、综掘工作面，同时新技术、大功率、智能信息化机电设备迅速增加，电子平台建立并应用。

其次，面对当前激烈的市场竞争，煤炭公司要保障生产、实现持续发展，对设备管理提出了更新、更高的要求，推进实施设备精益化管理势在必行。C 煤矿当前设备管理还停留在较为传统的经验管理模式，未跟上煤矿智能化快速发展的步伐，管理工具在一定程度上限制了设备的管理水平。

再次，TPM 管理工具与 C 煤矿及其上级单位的管理现状适配度较高。TPM 强调以人为本，培训职工良好的思想，提升业务技术素养和高度的责任感，充分调动人的积极性、激发人的潜能。而且集团将设备管理的权力下放，不直接对基层矿井单位进行统一考核和统一规定，而是借助信息化手段进行日常的监测、监控和督导，让 C 煤矿的职工拥有了更充分的自主权、更好地结合矿井自身经济和人力资源情况，参与管理。

最后，TPM 理论能有效帮助集团和矿井解决问题，改善管理。从 C 煤矿当下设备管理现状看，在设备运行操作、维护、检修、点检、报废等各个环节仍存在管理制度不健全、设备管理不细致、管理力量不充足和组织体系不完善等问题，导致设备故障率高，开机率低，闲置多，从而影响了设备使用寿命，降低了设备生产效率，增加了设备管理相关的费用和运行成本。而使用 TPM 理论进行精益设备管理，可以加强全员培训和管理，专注设备全生命周期和生产维修系统的各个方法，以事先预防为主，消除设备故障所造成的损失，追求零停机、零废品、零事故、零速度损失等一系列“零”目标的达成，提高企业的设备综合效率，保证生产效益最大化，同时实现费用消耗的合理化，有利于建立 C 煤矿的竞争优势，保障设备的健康。

第三节 应用过程

一、目标路径规划

TPM 精益设备管理以细化管理、减少冗余、提高效率、追求“零”目标为目的，C 煤矿通过 TPM 精益管理方式，实现现场管理规范化、专业管理精细化、检修管理标准化，全面、全过程实现设备精益管理的目标，减少浪费，降低成本，提高设备综合效率。

夯实设备管理、规范设备基础管理，重点建立可持续改进的人机结合精益化管理系统，完善制度，形成规范，优化体系，强化考核，使得设备完好与工资绩效挂钩，有效解决设备故障率高、开机率较低和设备寿命短等问题，同时通过资产信息化平台实现各种闲置设备在集团内部的互用、调拨，达到降低成本、较少库容、降低占用资金，提高生产效率。

C 煤矿在前期阶段完善组织架构。在基础应用方面进行了相关部署，包括健全管理制度、优化绩效考核、完善信息化建设等。在具体的活动实践方面，以 5S 现场管理为基础和支柱，进行设备全效率、全系统、全员管理，实现设备成本费用最经济、综合效率最高的应用成效（见图 9－2）。

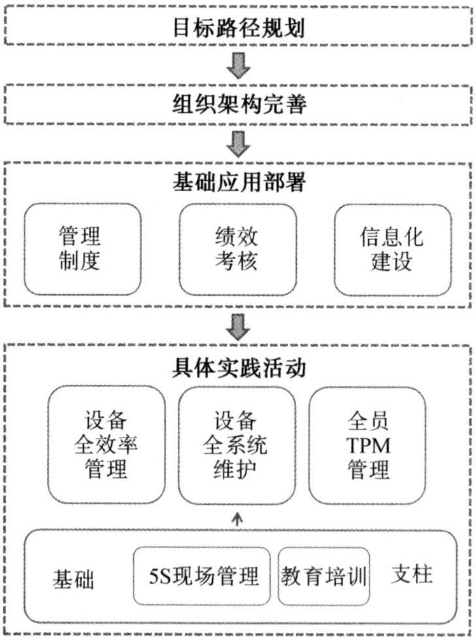

图 9－2　应用过程框架

二、组织架构完善

为有效开展精益设备管理，C 煤矿成立了设备精益化运行管理项目组，职责分工如表 9－1 所示。通过调整相关组织架构，在制度上明确了工作职责，方便了各单位之间的沟通、交流，有利于问题处理的及时性。

表 9－1　　设备精益化运行管理项目组构成

组长	公司经理
副组长	机电副经理
办公室	机电区
成员	精益化管理部、调度指挥中心、机电区、运输区、设备队、井下机电队、供电队、机修加工队、主皮带、下皮带、猴车队、采掘开生产队组等

为了有效开展工作，成立领导组下设办公室，办公室设在机电区。工作领导组的主要职责包括制定精益化运行管理方案与管理措施、产学研用相结合措施，立足实施单位管理，组织制定实施方案与管理措施等。项目组负责贯彻执行设备管理的各项规章制度以及负责统计和汇总各单位需要调拨、租用设备的申请，根据设备计划核实申请并办理调拨手续。

三、基础应用部署

（一）健全管理制度

在制度方面，C 煤矿建立健全和完善具有该矿特色的设备管理体系，精益化设备管理制度体系中主要包括精益化机电设备管理规定、成本管控分析制度、设备运维点检制度、改革创新激励制度和机电培训管理制度等，完善了管理制度的缺失和不足，规范了设备管理中各项行为标准，为设备管理应用精益化提供制度保障，做到管理精细化、工作标准化、行为规范化，形成用制度管人、管事、管物的管理机制。

随着 C 煤矿生产能力的快速提高，新技术、大功率、高效可靠的机电设备迅速增加，对设备管理提出了更新、更高的要求。为进一步强化机电设备的现场管理，C 煤矿在 2022 年修订了《机电设备管理规定》，其中主要包括机电设备基础保管存放管理、大型设备及特种设备管理、采掘设备管理、设备润滑及油脂管理、机电设备盘活修旧利废管理等，这一管理规定进一步健全完善机电管理制度体系，真正做到工作标准化、行为规范化、制度健全化，确保矿井正常生产。

（二）优化绩效考核

C 煤矿设备管理的每一环节都制定相应的管理考核激励制度，每一步骤都规定周密管理流程，按流程办事，提高工作积极性和主动性，加大运行故障影响考核。严格奖惩，增强制度执行力，确保制度的严肃性和权威性。在责任传递方面，将设备管理工作职责层层分解到部门、队组，明确到人，严格奖惩兑现，确保人人肩上有责任，人人头上有指标，避免人为浪费现象。

C煤矿建立以员工为核心的绩效考核机制，结合现有的设备管理文件，建立各个流程考核要求并制定《设备管理评价考核细则》，为设备精益化管理方案的执行奠定基础。《机电管理考核办法》是按照集团总部、二级公司两级公司的要求制定的管理考核办法，通过机电设备管理制度规定执行情况和设备运行情况进行激励或鞭策，进而提高机电安全管理水平。机电管理考核办法对被考核单位的集体及负责人进行考核，依据矿井机电考核权重进行月度考核，其他项目根据实际情况进行季度考核。根据被考核单位在所有考核项目中的得分情况进行排名，只考核排名第一、第二及倒数第一、第二的单位。对集体第一名奖励3000元，第二名奖励2000元，倒数第一名罚款3000元，倒数第二名罚款2000元。个人部分，机电区根据各队组的考核情况，给予队组负责人和机电管理人员及参与考核工作人员500－3000元的奖励。

C煤矿做实设备绩效评价工作。设备绩效评价由过程评价及结果评价两部分组成，过程评价主要通过生产调度进行日常过程停机统计、机电技术员进行数采系统数据分析两部分体现，结果评价主要通过设备技术员进行周检查、月度综合检查的结果两部分体现。所有评价结果应确保有据可查、依据充分、事实清楚、评价规范，必要时应让责任部门签字确认或拍照留证。同时由机电技术员按要求对评价所存在问题进行跟踪验证，持续提升设备绩效目标管控水平。

（三）完善信息化建设

C煤矿的设备管理信息化依托于集团总部设备资产信息化管理平台，强化信息化平台系统的应用，改变传统的行政手段，借助于电子化的平台来传达指令，实现信息共享、消除信息孤岛，支持可查、可比、可调剂、可追踪等功能，为实现设备全生命周期管理奠定基础，为设备全效率、全系统、全员管理提供数据支撑。

第一，C煤矿编制了设备管理流程，逐步形成了规范、完整的设备台账及设备维修、保养数据，初步建立设备基础管理数据库。使用平台时，各单位队组严格按照申请、审核、签发流程进行发放领用，各队组将所有在用设备、专用工具、五小电器、机加工件、机电材料配件明细，每月28日前汇总至机电区，由机电区负责核对并更新设备管理台账，对逾期不报或管理不善队组进行考核通报。

第二，完善了设备电子档案管理。通过档案室查询、厂家索取等方式，全面整理设备档案，建立一套完善、齐全的电子设备技术档案，形成完整的设备技术档案库。

第三，C煤矿对全公司所有设备及大宗物资实行编号管理，信息全部录入平台，实现统一查阅、统一调配。目前共有8892台设备录入平台中，实现了在整个集团公司范围内的设备数据共享。

第四，C煤矿建立了设备调拨微信群，减少了审批手续，缩短设备调拨时间，加快闲置设备处置工作。解决闲置设备调拨使用，报废设备及时下账，让闲置资产“动”起来、

“活”起来，盘活低效无效设备，优化设备资源配置，解决各种闲置设备在集团内部的互用、调拨，提高设备利用率，促进全集团各类物资设备有序高效流转，达到降低成本、减少库容、降低占用资金的成果。

第五，健全了设备故障管理体系。通过监控数据，建立数据库，利用油温、油压、电流、电压等数据进行分析，可以提前发现可能出现的设备故障，开展设备故障统计分析工作，做到分析到位、处理到位、预防控制措施到位、检查验证到位，充分发挥设备监控数据及点检对提升设备运行状态的积极作用，为设备预防维修提供数据支撑和详实的基础资料，确保故障统计信息相关数据的真实性、全面性。

第六，强化了设备管理目标指标的统计分析工作，优化了设备零配件使用周期管理法。展开零配件使用周期管理基础数据的统计，最终形成常用零配件使用周期数据库，为控制成本和开展设备预防维修提供基础数据依据。通过指标分析找出存在的薄弱环节，制定相关控制措施，促进设备管理绩效的改进提升。

四、具体实践活动

（一）5S现场管理活动

5S活动是推行TPM阶段活动前必须的准备工作和前提，是TPM其他各支柱活动的基石。2022年9月，C煤矿制定下发了《矿井“5S”管理实施方案》保证矿井“5S”工作的顺利推进，促进干部职工更加注重行为规范、提高自身素养，提升工作质量，促进矿井基础管理向“制度化、规范化、精益化”方向持续迈进，提高基础管理水平。

5S活动指整理、整顿、清扫、清洁、素养。C煤矿成立“5S”管理领导组，设立“5S”管理实施办公室和“5S”管理督查办公室来实施5S现场管理活动，其中督查办公室即精益化管理部，对“5S”管理的实施过程进行监督，保证“5S”管理真正落实。该矿不断激发员工主观能动性，按照科学严谨、便于操作的要求，制定并推行各项管理制度，确保公司“5S”管理高效、顺畅运行。

C煤矿的5S现场管理分为井下生产单位现场管理、地面生产单位现场管理和办公室管理三个方面，办公室管理方面的活动对生产环节影响较低，与设备管理相关度较高的5S活动主要有井下生产单位现场管理与地面生产单位现场管理方面。具体来看，C煤矿在井下生产单位现场管理方面进行的5S活动如下：

整理：井下公共巷道及采掘开工作面等其他作业地点，只留下必需品，包括材料、配件等，其他非必需品一律出井或清理；整顿：井下公共巷道及采掘开工作面等其他作业地点，材料、配件、坑代品等按照标准化要求摆放整齐，加以标识；清扫：所有作业地点，作业结束后要及时清理整洁；清洁：维持整理、整顿、清扫的结果，保持干净整洁；素养：每位职工在作业过程中按照以上要求逐渐养成自知自觉自行自干的良好习惯。

C煤矿在地面生产单位现场管理方面进行的5S活动如下：

整理：所有作业地点，只留下必需品，包括材料、配件等，其他非必需品一律予以清理；整顿：所有作业地点的材料、配件等按照标准化要求摆放整齐，加以标识；清扫：所有作业地点，作业结束后要及时清理整洁；清洁：维持整理、整顿、清扫的结果，保持干净整洁；素养：每位职工在作业过程中按照以上要求逐渐养成自知自觉自行自干的良好习惯。

5S 管理在 TPM 精益设备管理中发挥了基础性作用。通过 5S 管理，C 煤矿以员工和企业共同发展为核心，改善了操作环境，加强了设备的现场管理，培育了员工的改善习惯，树立尊重劳动、尊重创造的良好氛围。一方面现场整洁，物料、工具等分门别类摆放，可使设置调整时间缩短，大幅度提高工作效率，另一方面可以避免一些不必要设备事故，确保了生产的安全性。

（二）教育培训

教育训练和 5S 活动是并列的基础支柱性活动，C 煤矿进一步贯彻全员素质提升培训工作，强抓机电设备管理培训工作，提高设备管理人员综合素质，分级分步推进关于 TPM 的宣传教育活动，为设备安全平稳运行提供保障。为提高管理人员、专业技术人员、岗位操作工综合素质、机电系统业务素质水平、岗位操作技能，降低机电事故率，使全员素质提升培训形成制度化、常态化，C 煤矿还制定了《机电系统全员素质培训管理制度》和《机电各工种培训考核制度》。

C 煤矿采用请进来、走出去的培养方式，拓宽人才培养通道，结合项目开展，组织员工学习先进的设备管理理念、方法，进一步转变员工的思维模式，逐步提升一线员工发现问题、解决问题的能力。培训内容有针对性、实用性，根据机电系统各工种的特殊性制定相应的培训内容，并且分阶段、分层次、难易程度进行分类。

第一，组织各部门设备主管学习设备精益管理理念、方法，转变 C 煤矿目前的设备管理模式，改进员工精神面貌，提高设备管理人员综合素质，为开展精益设备管理奠定基础。精神面貌好，才能形成好的团队，共同促进，共同提高，为设备安全平稳运行提供保障。

第二，加强对基层操作维修人员管理知识、实操技能的培训，进一步提升员工的业务技能。要强抓机电设备管理培训工作，提高工作技能，不管是操作工，还是设备工程师，都要努力提高工作技能，没有好的工作技能，全员参与将是一句空话。

第三，每年度对部门优秀改善案例进行统计、汇总，形成部门改善案例库，作为员工培训资料展开培训。建立平台，加强技术资料、先进经验技术的共享及推广。

C 煤矿开展的一系列教育培训活动很有成效，比如对于新设备的学习方面，该矿的检修队组人员在 2022 年 1 月 81102 工作面刚开始使用掘锚一体机时，仅是通过经验来摸索功能和运行规律，但由于对该机器结构、性能掌握不足，导致简单的更换密封圈都要厂家技术支持。在设备故障时，等厂家到矿检查、维修，影响 3 天的生产，少掘进 30 多米。精益化管控以来，该矿聘请生产厂家驻矿开展技术培训指导，培训学习，责任到人，明显提升了开机率，降低了故障率。

（三）设备全效率管理活动

C 煤矿设备的全效率管理活动通过设备全寿命周期管理实现设备综合效率最大化。该矿重视设备的日常管理，对设备进行归口管理，然后记录设备的购置、存放、搬运和运输、维护、维修、报废、处置等信息，进行全生命周期的管理，提升效率。

第一，在设备的购置方面，C 煤矿通过对需用设备技术性能的收集、整理、分析，对所需设备的型号、参数、性能指标提出要求，选出质优、价良、性价比合理的设备，并且对新技术、新产品、新工艺、新材料进行市场调研，确定设备投入的可行性和必要性。

第二，在设备的存放方面，C 煤矿先进行设备的入库验收，根据新设备的发货明细、回收设备的实际状态和检修好的设备的具体情况，逐项核对验收，做到验收单据统一，印章齐全。再建立到货、交货验收记录并认真填写。之后进行设备的存放和保管保养。设备入库后按类别、品种规格分区、分类摆放保管。对库存设备做到勤清点、勤整理、勤保养。在设备的账物管理方面，健立健全库内设备专门台账，并由专人管理。在规定时间内对入库单、出库单认真核对，逐一记账、执行日清月结制度，及时输入设备管理平台，规范化账务处理，严格执行账务管理制度。在库存设备盘点方面做到库内物资盈亏有原因、损坏有报告、调整有依据，保证账、卡、物、资金相符。

第三，在设备的搬运及运输方面，设备运输时，搬运人员在产品的装卸、吊运过程中根据物品的体积、形状、重量，选择适宜的运输工具和吊装器具，合理码放和紧固。搬运人员在搬运前认真检查、核对产品的名称、型号规格、数量及相应的标识，防止产品错搬错运，搬运过程中注意保护标识不受损坏，保证标识清晰完整。设备搬运前，搬运人员及时检查被搬运设备的质量状况。搬运人员在搬运设备时，遵守安全操作规程，杜绝违章作业，防止设备的损坏。运输过程有可靠的防护措施和紧固措施，防止撞击、倾倒或散落。出井待修、入井等设备装卸要轻拿轻放，杜绝在设备起吊、装运、就位、存放过程中野蛮装卸，造成设备的损坏。杜绝用装载机、翻斗车等非起重设备装卸设备。避免将设备长期暴露在外或不符合设备存储环境要求的场所乱堆乱放。

第四，在设备的检修方面，设备检修按不同检修内容和工作量，分为日常检修、一般检修和大修理三种，设备根据生产工艺特点和生产过程中的要求采取不同的检修方式。要求设备检修必须在取得检修许可证的专业检修点检修，并且依照公司下达的检修计划进行，编制检修作业计划，做好检修前的技术准备和生产准备，按计划施工。严格执行设备大修理开、竣工报告制度，验收合格后将检修内容详细记入设备履历簿内。检修质量保质期不少于三个月。

①日常检修（小修）指的是按定期维修的内容或针对日常检查发现的问题部分拆卸零部件进行检查、修理、更换或修复少量磨损件，基本上不拆卸设备的主体部分，通过检查、调整、紧固机件等手段，恢复设备使用性能。

②一般检修（中修）是根据设备的技术状态、使用周期、过煤量等，对设备精度、功能达不到工艺要求的项目按需要进行针对性检修，一般要部分解体、恢复或更换磨损机件，必要时还应进行修复部件的性能试验，以恢复设备的精度和性能。

③大修理是指对设备进行全面修理，使设备完全恢复精度和额定出力，需要对设备全面解体，对所有零部件进行清洗、检查、更换或加固重要零部件，恢复设备应有的精度和性能，调整机械电气操作系统，处理设备基础或更换设备外壳，配齐安全装置和必要的附件，重新喷漆或电镀，按设备出厂或大修标准进行验收。

第五，在设备入井方面，防爆设备下井安装必须要有煤安标志、产品合格证，检查合格后签发防爆合格证方可下井。设备安装使用时，不完好的设备不准安装，安装完毕由安装、使用、安全监察、设备管理等单位的有关人员进行验收及设备试运转，并办理移交手续后，才能投入使用，并记录详细的调试数据。所有设备安装、调试技术资料由安装单位移交矿机电区进行整理建档后交技术组存档。对所有电气设备做保护试验，试验合格并粘贴合格证后方可下井安装使用。杜绝设备拆套使用。

第六，在设备封存、报废方面，停用半年以上的矿用设备，由专职设备管理员写出报告，经机电副经理、机电副总工程师批准后，机电科（区）进行封存。封存前按完好标准维修保养，封存中由原封存单位负责定期检查，严禁将封存设备的零部件拆作他用。启用封存矿用设备要求由专职设备管理员报请机电副经理、机电副总工程师批准后，由原封存单位启封。矿用设备报废可结合设备清查，作为日常工作进行。欲报废的设备由专职设备管理员填写报废审批表，由机电区组织各使用单位的有关人员组成鉴定小组，提出报废意见，由矿机电科区设备组按国家规定程序上报审批。

第七，在设备处置、再利用方面，C 煤矿重视机电设备修旧利废和闲置设备盘活工作，切实强化成本控制，最大限度的盘活闲置设备，鼓励修旧利废节约开支，降低新设备的购置，缓解成本压力，提高经济效益。可修复的旧机电设备尽最大努力进行修复，修旧利废专职人员组织对修旧利废设备的鉴定、修复及验收工作，对验收合格的修复设备负责统计、建账，由验收人员与承修部门人员在验收单据确认签字，验收单留存至修旧利废专职人员及机电区管理人员，验收合格后的修旧设备移交专职人员或部门进行复用管理实现修旧利废，提高经济效益，充分开发其利用价值。

（四）设备全系统维护活动

在 TPM 工作开展以前，传统的事后维修和计划预修为主的维护检修管理模式在 C 煤矿设备管理模式中依然占据主要地位，对于传统的维修管理模式来说，通常情况下是以固定的时间为节点，致使一部分工作量因时机不准而难以进行维修，降低了设备的开机率、延长了维修时间，安全生产的正常运行受到严重的影响和制约。在设备的可靠性维修管理方面，起步比较晚，因此对煤矿机电设备的维修管理模式、维修策略进行指导时缺乏理论依据，在管理方面存在盲目性。

通过 TPM 精益化管理下的设备维修活动，C 煤矿实施设备管理全系统化。该矿事后维修、预防维护、改善维护、维护预防相统一，以设备健康为核心，以预防维修为抓手，改善维修为主线，健全检修维护管理体制。具体来看，事后维修、预防维护、改善维护、维护预防都是根据设备不同情况执行的维护手段，目的都是加强设备维护保养，保证设备正常运行。

首先，在预防维修方面，C 煤矿以检查为基础，利用状态监测和故障诊断技术对设备进行预测，有针对性地对故障隐患加以排除，从而避免和减少停机损失。该矿为此引入精细化设备点检制度和状态预测检测工具。

点检制是以点检为中心的设备维修管理体制，在点检方面，C 煤矿制定了 47 项点检标准，并以设备精细点检为核心保障设备正常、健康运行。C 煤矿一方面做实设备点检工作，通过细化设备点检、维修保养、轮保等设备基础管理要求，优化工作流程，完善检查考核机制，落实设备点检制度，加强对设备点检质量进行考核及追溯，确保设备点检工作到点、做实、达效，通过分析点检数据达到及时预测设备运行状态的目的，提高设备故障预测能力。另一方面细化设备点检问题反馈处理流程，形成“设备故障维修”传递制度，确保设备点检发现的问题责任明确、分析到位、处理到位、预防控制措施到位、检查验证到位，充分发挥设备点检对提升设备运行状态的积极作用，实现设备故障闭环管理。

其次，在改善维修方面，C 煤矿不断地利用先进的工艺方法和技术，改进设备的某些缺陷和先天不足，提高设备的先进性、可靠性及稳定性，提高设备利用率。该矿不断建立完善设备技术标准，为精确设备状态提供可靠的理论依据及适合的操作方法。按照各种设备的特点，制定实施细则，对各基层队组的检修情况进行动态监督和考核，认真总结各种主要设备运行规律、强化动态监控、超前开展预防性检修，防止设备带病运转；定期进行设备性能测试，按规定进行各类电气试验，及时整改存在问题。

最后，C 煤矿重点对设备安全防护设施、安全保护装置、设备定值、安全管理等进行全面深入检查和治理，提高开机率和负荷率，确保机电设备运行精良。C 煤矿对全矿各种设备（在用、备用、闲置、报废、待报废等）精准建账，对各种设备性能参数核实标定。通过严格管理、及时维修、合理维护与保养，既可以恢复设备的技术性能，又可以延长设备的使用寿命，确保设备正常运行，从而达到设备管理的目的。

（五）全员 TPM 管理活动

C 煤矿上级单位制定精益设备管理的通用指标，主要是全员参与率、人均自主改善提案数以及领导层、中高层的参与度，也就是考察基层矿井从基层员工到中高层领导参与设备管理的广度和深度。

TPM 活动是全员参与的集体活动，落实全员参与需要建立小组活动作为组织手段，TPM 的所有工作都建立在小组活动的基础上。TPM 小组活动穿插于各部门的日常工作中，通过 TPM 精益化管理下的全员自主管理活动，C 煤矿进一步推进设备管理全员化，从上而下层层开展，旨在消除影响设备管理的问题和缺陷，起到防微杜渐的作用。

C 煤矿形成了由相同部门之间、不同部门之间、不同工种之间的员工组成的小组，组内一起讨论，最终形成改善提案。该矿的不同部门、精益化设备管理项目组或者 5S 管理项目组，都属于 TPM 管理小组。其中，该矿机电管理部门定期重点对采掘设备的运行情况进行检查，每月由机电管理部门组织召开一次机电例会，并对采掘工作面机电设备运行情况总结分析，解决采掘设备使用中存在的问题，提出减少故障停机的建议和措施，填写设备状态记录，对实际情况进行分析研究，定期开会，评价目标完成情况并制定新目标。

对于管理者来说，最重要的是要建立起小组活动机制，营造舒适的工作环境和良好的学习氛围，促进员工保持良好精神状态，提高组织成员参与的积极性。对于个别突出的问题，该矿将传统手段与新方式相结合，按主题的方式开展 TPM 小组活动。该矿实行设备维修小组包机制，每个成员负责一定数量的设备维护、维修，坚持谁使用谁维护的原则，设备的检查、维护、保养落实到人，定期进行现场检查，发现问题及时整改，保证设备完好，并为此进行相关考核。将优秀改善案例形成案例库，向所有团队、所有部门进行推广。让先进团队的成员获得满足，使其有进一步改善的信心和动机，并且带动整个团队的改善活动，实现组织成果的最大化。

第十章　D 煤矿安全管理体系

本案例以集团下属 D 煤矿作为研究对象，介绍了安全管理体系在煤矿企业精益安全管理中的实践应用。D 煤矿以杜邦安全管理体系为基底，结合实际情况对标杜邦十大理念形成了以十大体系为支撑的煤矿安全管理体系。本案例贴合 D 煤矿实际情况，以“11337”工作路径，描述煤矿安全管理体系，通过构建十大体系，对 D 煤矿的安全管理流程和管理链条进行论述，重点抓实安全责任体系、双预控体系、安全生产标准化管理体系以及行为治理体系以及六个保障体系，实现煤矿本质安全。

第一节　案例背景

一、单位基本情况

D 煤矿隶属于 D（集团），属于国有企业，全矿在册职工 3000 余人。矿井采用斜井开拓方式，通风方式为分区式，瓦斯等级为低瓦斯矿井。煤层为Ⅱ类自燃煤层，水文地质类型中等，煤尘具有爆炸性。

D 煤矿设矿长、党委书记、生产副矿长、安全副矿长、总工程师、机电副矿长等 11 名矿领导；设置采掘、电气、通风、安全、安装准备运输、地测 6 名副总工程师；设置有调度、生产技术科、机电科、地测科、通风科、安监处、信息中心等 24 个管理部门，并配备了相应安全生产管理人员、专业技术人员和岗位操作人员。

二、主要问题表现

D 煤矿是 D 集团首个千万吨级矿井，虽然年产量大，但生产衔接紧张、生产系统复杂、设备人员数量多等问题，给矿井安全管理带来了诸多困难。单岗作业、边远区、薄弱区的安全监管、违章行为的预防和风险隐患管控治理，一直是矿井安全管理的重点和难点，面对安全形势严峻复杂和地方监管的高压态势，矿井多年来一直在尝试探索各种安全管理模式和手段，但效果不明显，究其原因，主要是缺乏健全完善的安全管理体系。

在根据访谈交流、事故分析、深入调研后，将反应强烈、矛盾突出的共性问题进行梳理，具体问题如下：

（一）安全风险多，管控难度大

D 煤矿在 2022 年度的安全风险辨识评估报告中共计辨识评估出 28 类 551 条风险，其中重大风险 3 条、较大风险 36 条、一般风险 106 条、低风险 406 条，遍及生产经营中的各个环节。安全风险多样，管控措施需要与安全风险等级相对应，执行难度较大。

（二）人员安全素质低，违章操作多

D 煤矿在 2021 年发生五起轻伤事故，其中人员安全意识差是五起安全事故发生的主因之一。项目研究发现，我国煤矿事故 88% 是由于“人”的不安全行为造成的，10% 是由于“物”的不安全状态造成，而“物”的不安全状态引起的安全事故多数也是由“人”的错误所致。因此在事故发生过程中，“人”是引发事故的最关键因素，而人员安全素质的高低直接影响人员的意识和操作。

（三）安全管理制度浮于表面，停于理论

D 煤矿 2021 版《安全生产管理制度》有 49 项，制度繁多，但未成体系。一方面，由于多数制度的应用具有强制性、强迫性，导致无论是管理人员还是生产人员在执行制度规范要求时心理上存在一些抵触情绪。另一方面，多数安全制度在实施时还是以结果为核心，忽视了管理过程；或是停留于制度表面，未能结合实际，造成制度不精准、不科学，执行展开效果不好。

三、主要问题分析

（一）自然因素

D 煤矿煤层为Ⅱ类自燃煤层，容易自燃，水文地质类型中等，随着煤矿的开采，顶部岩层遭到破坏，尤其是矿区东部及沟谷中煤层埋藏较浅，会使地表岩层裂隙加大、增多，冒落导水裂隙与强风化裂隙含水层沟通，甚至会有形成地面塌陷的危险。矿区内可采煤层均具有粉尘爆炸性，开采过程中风险和隐患较多。

（二）人员因素

D 煤矿在册员工 3000 余人，职员数量庞大，安全监管任务重。从近年来发生的多起煤矿事故来看，所有事故都有员工不安全行为参与，而因纯技术问题导致的事故基本没有，这折射出 D 煤矿对于员工不安全行为控制和管理还存在较多问题。

一是员工的安全素质问题。安全素质主要包括安全意识、安全知识、安全操作能力以及安全责任意识。安全意识方面，未把好员工培训关，人员安全教育培训次数较少，员工

参与积极性低且安全理念未入心入脑，培训后没有及时对员工进行考核反馈，导致员工安全意识较弱，重视程度不足。安全知识和操作能力方面，未能营造出好的安全学习氛围，未能使员工养成良好的学习习惯；同时，安全理论知识和实际操作考核未能结合，停留于纸面，员工未能切身体会并加深记忆，操作不够规范。安全责任意识方面，安全责任体系制度不健全、划分不明确、落实不到位是存在不负责任行为的主要原因。

二是人员行为治理问题。对于不安全行为的治理，D 煤矿主要依靠的是《煤矿安全生产标准化管理体系基本要求及评分办法（试行）》以及《煤矿安全规程》，对于不安全行为采用了经验型描述。一方面，单纯的行为描述导致不安全行为描述不清晰、不精准、不系统、不完整。由于现行安全标准中规定的不安全行为情形多，风险值未有效量化，按照目前非结构性描述，不安全行为处理和改进只能一事一议，无法科学、精准和系统地识别不安全行为的发生规律和最优改进方式。另一方面，不安全行为的改进举措系统性不强。通过采用教育、罚款、学习等处罚措施来改善和杜绝不安全行为的发生缺少有效的针对性，制约了不安全行为改进的精准性。

（三）管理因素

一是安全管理模式不成体系。过去 D 煤矿在安全管理方面做了大量工作，尝试过多种形式，制定下发了各类安全管理办法、措施、制度、方案，制度方案多但未成体系，存在强制性和临时性，在下达执行时员工抵触情绪强、执行效果差，导致安全管理不落地、不到位、不持续。

二是安全管理理念存在偏差。作为传统煤炭企业，D 煤矿粗放式管理未能彻底改善，还存在着安全责任划分不清、制度条例不够细致、监察管理缺乏力度的问题。此外，在很长时间里，D 煤矿对于安全管理的认识还停留在排查隐患的层面，忽略了对隐患源头的管理，对风险管控的落实不到位，导致隐患反复出现，无法彻底杜绝。

第二节　总体设计

一、安全管理体系的选择与创新

（一）杜邦安全管理体系

杜邦安全管理起源于美国的杜邦公司。1802 年，杜邦公司成立，在第一个一百年里，杜邦主要是一家火药制造商，特殊的行业造就了杜邦对安全的重视。为了减少事故，避免损失和人员伤亡。杜邦开始制定安全管理规章制度，保障安全生产。而后杜邦公司将 200 多年的安全管理经验进行归纳和总结，形成了杜邦安全的十大理念和 22 要素。杜邦安全管理十大理念表述为：所有事故是可以防止的；各级管理层对各自的安全直接负责；所有安全操作隐患是可以控制的；安全是被雇佣的条件；员工必须接受严格的安全培训；各级主管必须进行安全检查；发现安全隐患必须及时消除；工作外的安全工作和工作内容的安全同样重要；良好的安全就是一门好的生意；员工的直接参与是关键。这十大理念是杜邦管理者与员工需严格遵守的准则。

杜邦安全管理体系是由杜邦公司在日常安全生产过程中经过 200 多年积累和沉淀形成的公司管理制度所组成，对领导、结构、流程与行动做出了诠释。而学习杜邦安全管理体系应着重学习杜邦的安全文化、安全管理、安全培训和安全绩效。

（二）D 煤矿安全管理体系

2021 年年初，D 集团在安全工作会议上提出要对标学习世界一流体系，深引杜邦安全管理体系，形成 D 集团安全管理体系。在学习和运用杜邦安全管理体系时并不是简单照搬照抄、生搬硬套，而是根据杜邦安全管理理念结合集团多年安全生产管理的模式、经验和做法，在既有安全管理制度基础上创建出新的、贴合集团特点的安全管理体系。

因此，在集团的指导下，D 煤矿对标杜邦安全管理体系的十大理念，从责任落实、隐患排查风险管控、员工素质、监督等方面延伸出四个体系：安全责任体系、安全双预控体系、安全教育培训体系、安全监督检查体系。再结合精益安全对于人员管理、绩效管理、现场管理、流程管理的改进，形成了六个体系：安全生产标准化管理体系、安全投入保障体系、安全行为治理体系、科技强安体系、应急管理体系、安全考核评价体系。以杜邦安全管理体系为基底，融入精益安全管理理念，结合 D 煤矿原有安全管理的工作制度和良好的激励方法，形成了贴合 D 煤矿工作实际的十大体系。这十大体系关联安全管理中的十个方面，多点支撑起一个纵向到底、横向到边、立体防御的 D 煤矿安全管理体系，形成了安全管理全覆盖和闭环。

二、应用思路

D 煤矿围绕安全生产目标，坚持一个政策，压紧一个责任，抓紧三个关键，严管三个安全，确保七个到位，提升安全生产管理水平，推进安全生产治理体系和治理能力现代化建设，形成“11337”的实施路径。

一个政策是安全重奖重罚重问责；一个责任是全员安全生产责任；三个关键是双重预防机制、安全生产标准化建设、行为治理；三个安全是指井下系统安全、地面专业安全、变化环节安全；七个到位是安全投入到位、培训教育到位、装备提升到位、监督监察到位、应急管理到位、重大灾害治理到位、隐患“双清零”到位，即重大灾害治理到位和隐患双清零到位，分别是安全生产标准化建设和双重预防机制的结果。因此，“11337”路径和新安全管理体系的十大体系相呼应。

十大体系对应“11337”的实施路径，结合生产活动具体内容如下：首先通过建设安全责任体系将安全责任层层分解，细化到安全生产的每个环节，落实到安全生产每个岗位，实现安全生产责任全员全岗位全覆盖，安全责任全过程可追溯，将责任意识深入全员内心，用责任约束人员行为。在生产流程前端，双预控系统对生产过程中的安全风险和事故隐患进行排查和评估，将风险隐患进行分级归类，并将信息上传到双预控信息系统实时进行预警。在生产流程中，为改善现场，安全生产标准化管理通过使用“四化”管理具体化、细化员工在生产现场要达到的安全目标，使用“5S”具体规范员工生产行为和安全方法，使得安全生产标准化、生产现场动态达标；与此同时，安全行为治理体系管控和纠正生产人员的安全行为，严防“三违”行为的发生，保证生产安全。在生产活动外，安全教育培训对员工进行安全意识和知识强化，确保员工知风险、懂安全、熟操作，对之后的生产活动进行保障；如果突发安全事故，通过标准化、专业化应急系统响应，争取损失最小化；科技强安体系和安全投入保障体系通过信息化技术和安全费用为生产安全提供技术性和费用性支持，协同保障生产安全；各级主管对负责的单位和部门实施动态安全监督检查，确保各个环节的制度落实平稳有效。最后，通过考核评价量化考核结果、细化考核内容，突出安全目标和动态过程，正向、反向激励相结合并总结反馈，形成管理闭环（见图 10－1）。

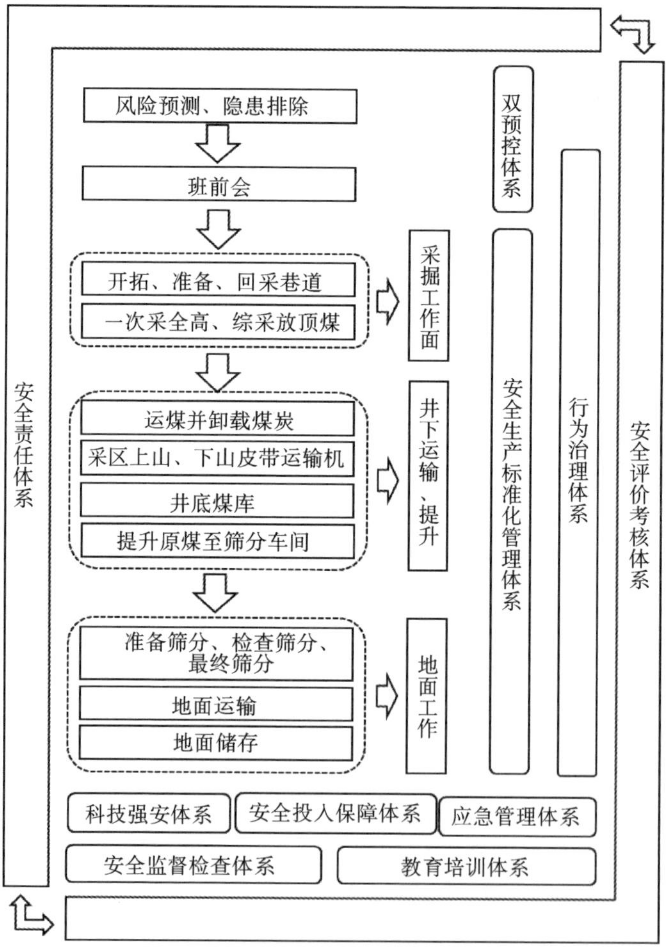

图 10－1 生产流程与十大体系结合图

三、预期目标

D 煤矿通过推进“十大体系”建设，将杜邦安全管理理念与精益安全管理深入融合，实现由“被动履职”向“主动作为”转变；由“排查隐患”向“管控风险”转变；由“培训”向“培育”转变；由“动态达标”向“动态达标持续保持”转变；由“严格监管”向“自主约束”转变；由“事后救援”向“超前预防”转变；由“结果考核”向“结果与过程并重考核”转变；由“被动管理”向“自主管理”转变，确保安全生产持续稳定健康发展，实现煤矿本质安全。

第三节　应用过程

一、D 煤矿建立安全管理体系的准备工作

（一）参与组织和人员

在推进杜邦安全管理体系的建设中，由于安全工作的全员参与性，涉及的相关组织和人员涵盖 D 煤矿所有部门和全体人员。从支撑杜邦安全管理体系的十大体系看，对应十大体系的牵头部门有安监处、财务科、生产技术科、人力资源科、机电科、职工培训中心。

矿长为本矿安全生产第一责任人，对本矿安全生产工作全面负责，组织落实安全生产法律法规明确的企业安全生产主体责任。

安监处是安全管理的牵头部门，是推进安全责任体系、双预控体系、安全生产标准化管理体系、安全教育培训体系、安全行为治理体系、应急管理体系、安全监督检查体系和安全考核评价体系等八大体系的责任部门。

除了安监处直接负责的八个体系外还有两大体系，分别是安全投入保障体系和科技强安体系。安全投入保障体系的负责部门是财务科，其负责安全费用收支预算的编制与上报。科技强安体系的负责部门是生产技术科、人力资源科以及机电科。生产技术科对所承担的矿井衔接、生产部署、矿井开延工程、采掘工艺、顶板管理等工作履行业务保安责任和安全管理职责；人力资源科负责全矿人力资源、劳动用工、人事调配、职业技能鉴定、薪酬管理、劳动统计等各项工作，对其所负责的工作承担责任；机电科对所承担的机电管理、主运输、安全供电、大型设备等工作履行业务保安责任和安全管理职责。

此外，职工培训中心负责推进安全教育培训体系的建设。负责健全安全培训工作机制，落实安全培训教育计划，依照上级与矿要求组织安全培训，加强培训各环节的组织协

调、监督、检查、考核，保障培训工作顺利进行。

（二）修订完善安全管理制度

制度健全与否和执行是否到位直接关系矿井安全发展，因此在构建安全管理体系初期首先修订和完善各项安全制度，为后续十大体系的构建和管理的实施提供基础。

新《安全生产法》施行以来，D煤矿全面梳理了现有安全生产管理制度和责任制，对照法律、法规新要求，查找不足和“漏点”。同时植入杜邦安全和精益化管理理念，修订、完善了涉及《煤矿安全规程》《煤矿安全生产标准化管理体系基本要求及评分办法》要求的各类安全生产管理制度50余项，并针对制度内容描述不清晰、不精准、不系统的问题进行了改善。比如，先前的《领导干部应急值班、带班管理规定》只对值班带班的时间、人员等基本要求做了模糊的规定，没有清晰、准确地规定带值班人员应该做的内容，且未突出应急的需求。修改后，制度改为《应急值守值班制度》，将“领导干部”这样不清晰明确的词语去掉，添加了需要进行应急值守的情形，明确了需要应急值守的条件；落实了带值班制度，明确应急值守人员的职责，关联了《管理人员下井及带班制度》；制定了信息报告制度，明确了值守人员何时报告、如何报告。这样将各项制度条理化、流程化，有效确保了各项管理制度、安全工作落实到位。

（三）成立安全生产委员会

为全面加强D煤矿安全生产工作的统一领导，强化安全生产管理，落实各级安全生产责任，健全安全管理工作机制，着力防范化解安全事故风险，D煤矿成立了安全生产委员会。委员会由党委书记和矿长领导，办公室下设在安监处，并根据采掘、通风、机电等不同专业下设11个专业委员会。安全生产委员会牵头负责D煤矿的安全生产管理工作，贯彻落实国家安全生产法规标准，对全矿安全生产工作进行研究部署，制定安全工作安排并督促实施，审定下达年度考核目标并进行考核，加强了D煤矿安全生产工作的组织、指导、协调和监督，有助于推动矿井安全生产持续稳定健康发展（见图10-2）。

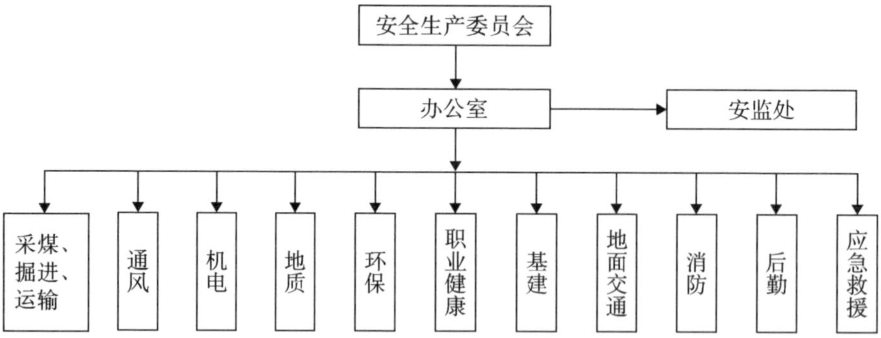

图10-2 安全生产委员会组织架构

二、D 煤矿安全管理体系的应用实践流程

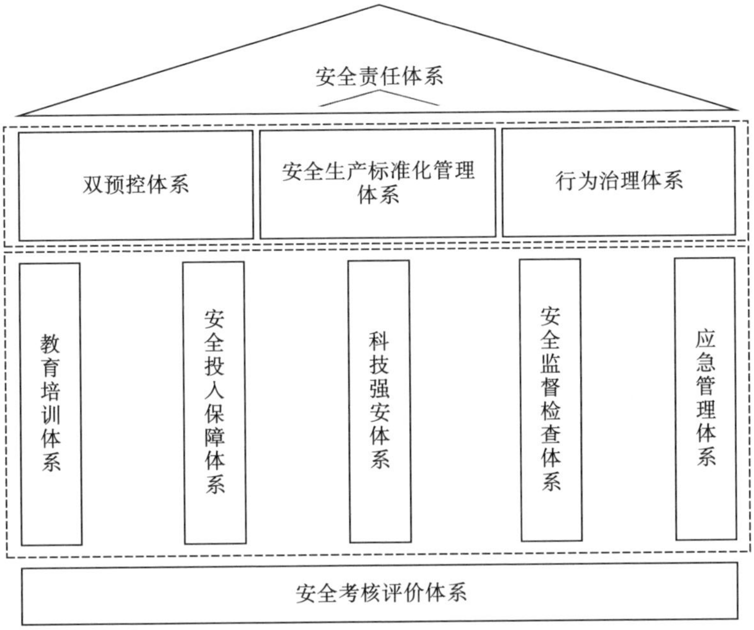

图 10-3　D 煤矿安全管理体系架构

（一）一个责任——安全责任体系

D 煤矿坚持“各级管理层对各自的安全直接负责”的理念，依据集团三级安全管控实施意见，压紧压实安全生产责任，持续提升安全执行能力。

1. 压紧压实安全生产主体责任

矿是安全生产直接责任主体，科队是安全生产落实主体，班组是安全生产执行主体，各岗位全面履行安全生产责任。D 煤矿通过要求全员厘清各层级安全生产责任，加深个人责任意识，从而强化层级管理、自主管理，构建分级管理、逐级负责、权责分明的安全生产责任体系。

2. 压紧压实业务安全管理责任

坚持“管行业必须管安全、管业务必须管安全、管生产经营必须管安全”和“谁主管谁负责”的原则，要求安监部门对全矿安全生产工作实施综合监督管理，各业务管理部门对本专业、本业务负安全管理责任，同时强化综合监管责任、业务安全管理责任的考核落实，实现全矿安全。

3. 压紧压实全员安全生产责任

按照“党政同责、一岗双责、齐抓共管、失职追责”的要求，厘清主要负责人、专职安全生产分管负责人、其他负责人安全生产责任。为进一步健全完善全员安全生产责任制，D 煤矿重新修订了覆盖 35 个单位 600 余个岗位的《D 煤矿全员安全生产责任制》，从

领导班子成员到一线岗位人员，责任层层分解，将安全生产责任制扎根到安全生产每个环节，落实到安全生产每个岗位，实现安全生产责任全员全岗位全覆盖，实现安全生产责任全过程可追溯。同时严格全员安全生产责任制考核，强化追责问责，实行安全生产“一票否决”。

（二）三个关键——抓紧双重预防机制、安全生产标准化建设、人员行为治理

1. 双预控体系

D煤矿坚持“所有的安全隐患都可以控制”“发现安全隐患必须及时消除”的理念，推进双预控体系的建设。双预控体系主要包括风险分级管控和事故隐患排查治理两个方面。

（1）风险分级管控。首先是安全风险识别过程。D煤矿针对重大危险源、隐蔽致灾因素、生产作业中的关键环节、地面场所、作业活动以及瓦斯、水、火、煤尘等容易导致群死群伤的危险因素开展安全风险辨识。由矿长牵头组织各分管负责人和相关业务科室、队组，成立各专业安全风险辨识评估组，遵循风险辨识“科学性、系统性、全面性、预测性”的原则，主要采用预先危险性分析法，结合查阅记录法、现场观察法、直接询问法，重点围绕人的不安全行为、物的不安全状态、环境的不良因素和管理缺陷等要素，进行全面、系统的安全风险辨识。

安全风险辨识后，在充分掌握风险资料的基础之上，使用作业条件危险性评价法（LEC评估法）对已识别风险进行系统分析和研究，评估风险发生的可能性、造成损失的范围和严重程度。安全风险等级评估标准从高到低划分为重大安全风险、较大安全风险、一般安全风险和低安全风险，分别用红、橙、黄、蓝四种颜色标识。LEC评估法具体内容如下：

对找出的风险点进行安全风险评估，各评估人员采用D=LEC公式计算风险分值（单位：分），取各评估人员打分的平均值作为最终评估结果，其中：

D——关键环节、场所地点等存在的安全风险

L——事故发生的可能性

E——人员接触危险环境的频率

C——发生事故产生的后果

表10-1　风险等级标准表

风险分级	等级	D（值）	危险程度
红色风险	重大（Ⅰ）	D（值）≥320	极其危险，必须高度关注、重点防控
橙色风险	较大（Ⅱ）	320>D（值）≥160	高度危险，应采取严密防控措施
黄色风险	一般（Ⅲ）	160>D（值）≥70	一般危险，应采取有效防控措施
蓝色风险	低（Ⅳ）	70>D（值）	危险，需严格按章正规操作

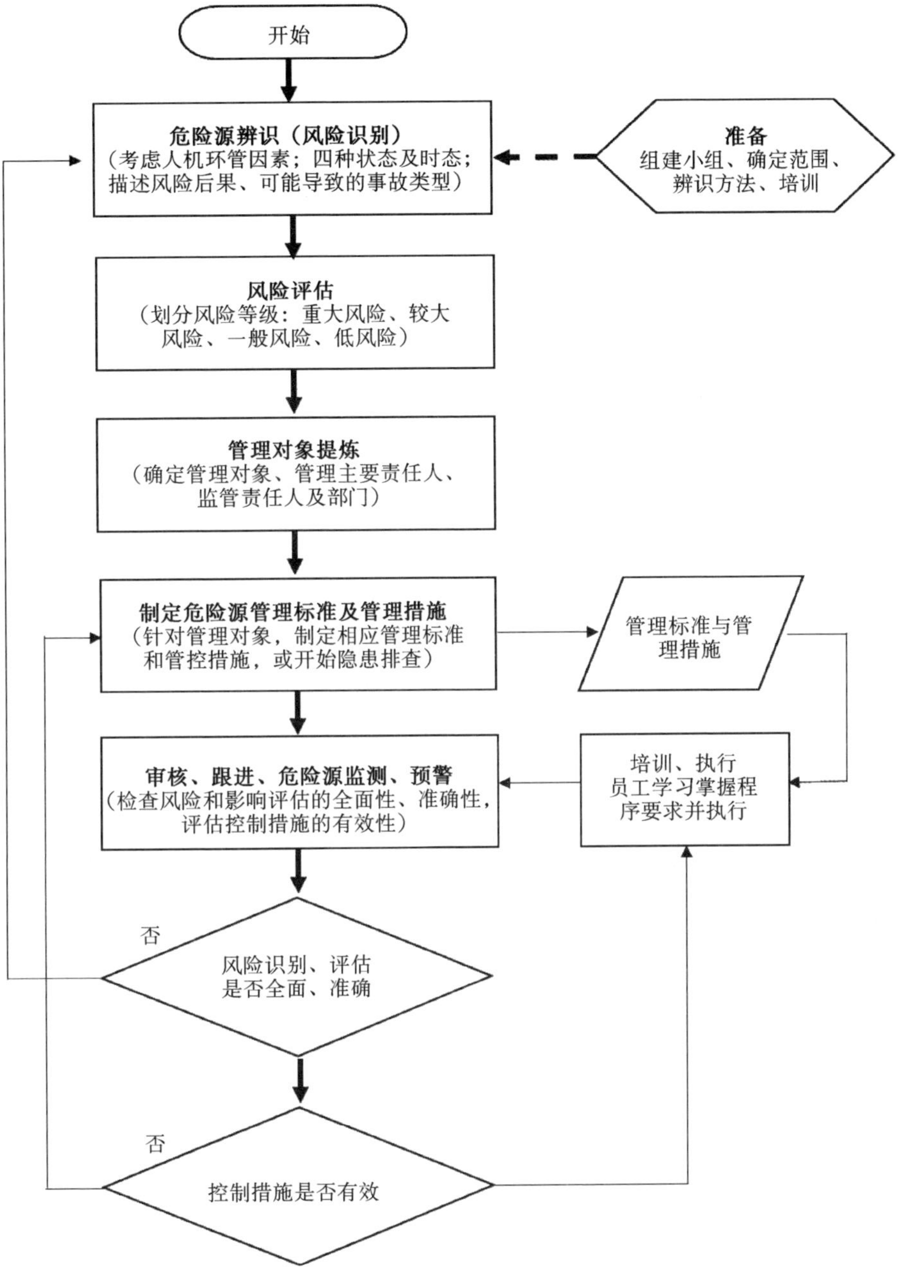

图 10－4　D 煤矿安全风险分级管控工作流程

完成风险评估后，要完善本系统安全风险档案，明确级别、管理状况、责任人、管控能力等基本情况，实行“一风险一档案”，并按照风险等级，用红、橙、黄、蓝等色彩对档案进行分类管理。对现场辨识出现的不同类别安全风险，必须明确应急处置程序和措施，经评估存在不可控风险的，必须立即停止区域作业或停止设备运行，撤出危险区域人员，督促责任单位制定措施进行整改，整改完毕后再重新进行评估并进行实时监控。每开展一次专项辨识评估后都要编制专项辨识评估报告，将辨识出的重大安全风险补充至年度重大安全风险清单。

风险评估并确认后，要进行风险分级管控。按照煤矿管理层级，逐一分解落实安全风险管控责任。上一级负责管控的风险，下一级必须同时负责管控，根据风险级别不同，责任层层划分，矿长是重大风险管控的第一责任人。各级负责人对应自己负责的风险进行管控并跟踪，每半月进行一次分管业务部门安全风险管控实施分析；每月矿长带头进行一次重大安全风险管控措施落实情况和管控效果检查，并对下一月管控重点进行布置；每年矿长组织开展对重大安全风险管控措施落实情况和管控效果总结分析，指导下一年度安全风险管控工作；以上检查均记录在会议纪要中，存档备查。

在进行安全风险管控的同时完善安全风险公告制度。在行人井口和存在重大安全风险区域的显著位置，公告存在的重大安全风险、管控措施、管控责任人和应急措施，让每名职工都了解风险点的基本情况及防范、应急对策。对存在安全生产风险的岗位发放告知卡，标明本岗位主要危险危害因素、后果、事故预防及应急措施、报告电话等内容。对存在重大安全风险的工作场所和设置明显警示标志的重点岗位，强化监测和预警。

风险管控应用信息化平台，将检查分析情况、重大安全风险清单、年度安全风险评估报告和各类安全例会的会议纪要等材料及时上传至D煤矿安全风险分级管控信息化系统平台，便于各相关单位查看。同时各单位上报的材料全部上传至D煤矿双预防信息化管理平台进行汇总，安全风险管控办公室根据内容进行记录、管控、统计、分析，并将全部安全风险管控措施上报。

此外，由安监处牵头，通过外聘专家或组织本矿安全风险分级管控技术管理人员现场对管理人员进行授课，在年度风险辨识评估开展前组织对矿长和分管负责人开展专项学习培训；职工培训中心针对全矿所有入井人员在年度风险辨识评估后开展与本岗位相关的重大安全风险管控措施教育培训，确保每名员工都能熟练掌握本岗位安全风险的基本特征及防范、应急措施。

在持续改进方面，矿长每季度至少开展1次风险分析总结会议，对风险辨识的全面性、管控的有效性进行分析总结，并要求了分析总结需要包括的内容。每年组织开展双重预防机制的运行分析，形成分析报告，用于指导下一年度安全生产工作。

（2）事故隐患排查治理。失控的风险就是隐患，具体体现在可能导致事故发生的物的危险状态、人的不安全行为和管理上的缺陷。事故隐患分为重大事故隐患和一般事故隐患，而结合D煤矿实际情况，按照事故隐患的难易程度将一般隐患分为A、B、C三级。从专业上又将事故隐患分为采煤、掘进、机电、运输、通风等专业。

在事故隐患的排查、登记和报告上，通过矿领导带班、管理人员日常下井检查、安全小分队检查、班前检查、岗位交接班检查、安全生产标准化旬检月验和安全生产大排查、青监岗员安全检查等多种形式形成立体事故隐患排查检查机制。所有检查、排查事故隐患在收集后建立事故隐患排查台账和清单，录入“双预控”系统，由系统进行综合分析，给出风险隐患“热度”提醒，有效指导管理部门和管理人员掌握管控重点及重点关注区域。同时针对不同季节、任务、环境、对象等变化环节和特殊要求，安排专项安全排查检查，对症下药，有的放矢。在发现重大事故隐患时，及时上报集团和当地的安全监管部门。

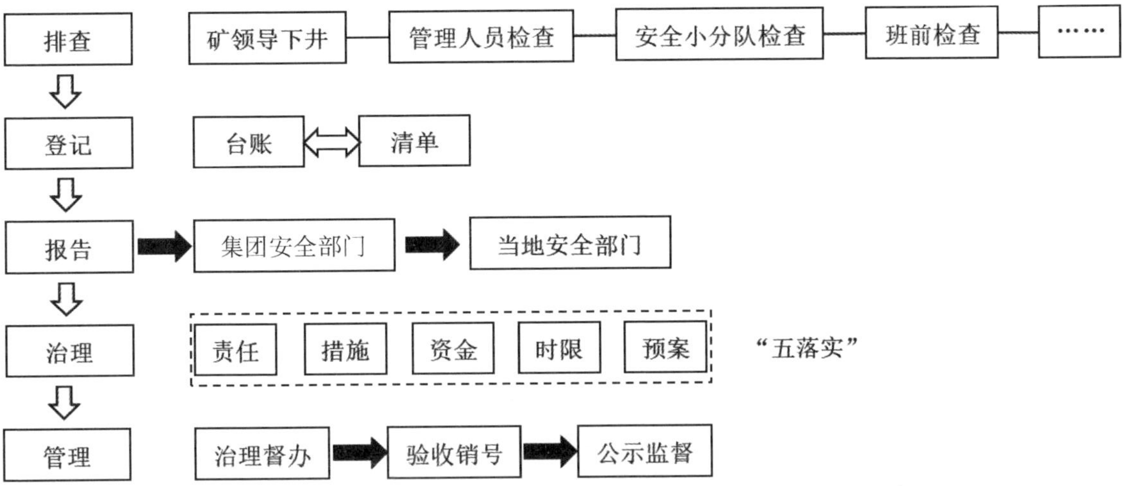

图10－5 事故隐患治理流程图

在事故隐患治理方面，按照隐患的分类和程度实施分级治理。对于重大事故隐患，由矿长按照责任、措施、资金、时限、预案“五落实”的原则，组织制定专项治理方案，组织实施，并将治理方案按规定及时上报集团安全监管部门和当地煤矿安全监管监察部门。对于一般事故隐患，按照分级由不同级别的责任人直接负责，同时要求治理期限原则上不超过90个工作日，及时消除影响安全的“蛛丝马迹”，将现场各类安全隐患消除在萌芽状态，达到超前预防事故的目的。

在监督管理方面，按照治理督办、验收销号、公示监督的流程实施监管。按照事故隐患的分级由负责人进行督办，在完成事故隐患治理后由验收责任单位负责验收，验收合格后予以销号。针对事故隐患治理人员的监督，应当向从业人员通报事故隐患的分布和治理情况，并实施举报奖励制度。

2. 安全生产标准化管理体系

D煤矿根据《煤矿安全生产标准化管理体系基本要求及评分方法》（试行）的指导推进安全生产标准化体系建设，提升安全生产标准化建设意识，推动安全生产标准化动态达标，推进安全生产标准化提质升级。

在提升安全生产标准化建设意识上，围绕“动态达标、行业领先”，转变思想观念，对标一流企业，将安全生产标准化作为“一把手”工程，提升安全生产标准化建设意识。从规划、实施、检查、改进、提升等全方位入手，务实开展安全生产标准化建设，提升安全生产标准化建设水平，大打安全生产标准化翻身仗。

在推动安全生产标准化动态达标上，强力推进安全生产标准化规范化、线性化、明亮化、清洁化“四化”管理和“整理、整顿、清扫、清洁、素养”5S管理，实现安全生产标准化动态达标常态化。

（1）推进“四化”管理。对于一线矿工来讲，采煤与掘进工作面是他们需要长期工作的生产现场，改善生产现场不仅能够调整员工的心理情绪、提高工作效率，更提升了生产工作的安全系数。因此为达到动态达标的要求，改善井下作业的现场环境，针对采煤工作面和掘进工作面，D煤矿实施规范化、线性化、明亮化、清洁化的“四化”管理。“四化”管理的规定是采煤和掘进工作面标准化的具体要求，也是“动态达标”验收条件。其中，检查内容及标准对应评分办法细则，匹配分管的责任科室，使其有规可查、有责可追。每一个工作面的总分是一百分，根据“四化”的检查内容及标准进行划分，验收人员根据每条标准进行查验并打分，最后将每条标准的分数合计得出总分，作为整个采煤、掘进工作面的得分情况。得分在 90 分以上（不含 90 分）为优良品，90 分以下 85 分以上（不含 85 分）为合格品，85 分以下（含 85 分）为等外品。不同科队根据各自的加权内容进行汇总作为得分情况。

动态达标考核结果与安全生产标准化管理体系考核结果相挂钩，安全生产标准化管理体系旬检月验“工程、通风、机电等专业”全部达到优良品，才能进行动态达标验收。各专业有一项为合格品，不予进行动态达标验收。验收得分须在 90 分以上，视为通过动态达标考核。采煤工作面公司初采验收通过半个月内必须申请“动态达标”验收；开掘工作面通风系统独立后施工 100 米内必须申请“动态达标”验收，否则按规定处罚。

对于动态达标通过验收的专业、队组，根据专业和层级分别进行奖励；对于动态达标综合排名倒数或未通过验收的专业、队组等额进行处罚。且根据扣分情况和标准对相应专业、队组的负责人进行连带处罚。

（2）推进 5S 管理。5S 起源于日本，是指在生产现场中对人员、机器、材料、方法、环境等生产要素进行有效的管理。整理、整顿、清扫、清洁和素养的 5S 管理是动态达标的基本方法，将动态达标的验收标准进行具化和细化，明确员工的行为规范化、标准化。

“整理（Seiri）”主要是将生产现场、办公场所、库房等区域的设备、资料、物品区分为必需品和非必需品，对必需品进行妥善保管，非必须品进行清除。

D 煤矿按照区分必需品和非必需品的原则，对各工种责任区进行标识，制定现场物料码放标准，将开采、掘进工作面中的物料、工器具等按规定放置到指定位置，在存放位置挂上标识牌板，使员工取放时有指引，同时将需回收物品和非必需物品及时升井以保证工作面现场整洁有序，提高员工的工作效率。

“整顿（Seiton）”是提高效率、规范流程的主要管理手段，通过将整顿后的必需品放置于任何人都能立即取放的状态，确定责任人，并进行有效的目视化管理，实现科学布局、方便快捷。

D 煤矿设置作业区定置看板，明确工作分工及职责要求，便于管理；执行操作台定置管理，清除生产作业面非必需品，腾出空间；强化工具形迹管理，对作业中所需工具按照方便取用原则进行分类并要求上架码放整齐。在物料管理上，根据物资分类，将不同种类的物资摆放在固定区域，并利用颜色进行区分，对各个区域进行标记和划分，保证员工可以快速找到需要的物资。

“清扫（Seiso）”就是清除生产现场、设备及办公区域的赃污，保持环境的干净整洁，防止设备故障的发生，确保物品、设备处于随时可用的状态。

D 煤矿划分煤炭开采、掘进等工作现场责任区，建立卫生清扫责任制，并落实到现场责任人。对采煤机、运输设备、液压支架、电缆、管路、巷道、综掘机、硐室等生产设施及时进行清扫，保持生产现场干净整洁，创造良好环境。同时，在清扫过程中要求仔细检查有无跑、冒、滴、漏现象，及时针对问题寻找原因和制定处理措施，通过清扫把污垢、积灰、积粉、油迹等污染物清除掉，减少安全事故隐患。

“清洁（Seiketsu）”就是维护“整理、整顿和清扫”的工作成果，将其习惯化、标准化、持久化和制度化的过程。通过清洁，对前“3S”的执行效果进行检查，形成制度化的要求，使员工在“整理、整顿、清扫”时有样板可循、有制度可依，规范员工的工作习惯，并融入日常管理，提升员工的素养。

D 煤矿根据现场实际，制定《D 煤矿文明生产责任区域划分及标准要求》，规范员工生产作业，严格执行日检、周检、月检、季度检考核制度，并对“整理、整顿、清扫”的优秀成果给予正向激励。在设备管理方面，要求做好设备维护工作，保证采煤机、运输设备、液压支架、电缆、管路等设备保持完好、整洁、无灰尘、无粉尘、无油污、无垃圾。

“素养（Shitsuke）”是“5S”精益管理的精髓，通过“整理、整顿、清扫、清洁”前“4S”的改善活动，员工能主动遵守规章制度，自觉养成良好习惯，工作意识得到改善，品质素养得到提升，逐步形成具有鲜明特色的良好企业文化。

D 煤矿通过日常开展的各种员工培训、知识竞赛活动，强化员工的工作意识、安全意识，养成遵章守纪的优良习惯。此外，通过对设备现场的日常管理，丰富员工设备方面的专业知识，提高员工对设备的管理能力，并养成细心认真、精益求精的工作态度。

在推进安全生产标准化提质升级上。严格执行班组班评估、队组日验收、各专业旬检月验讲评、矿每月组织安全检查“四位一体”的安全生产标准化建设机制，围绕 D 集团安全生产标准化创建规划，制定提质升级规划目标，大力开展安全生产标准化达标竞赛活动，大力开展示范矿井、示范盘区建设，持续推进安全生产标准化提质升级。

3. 安全行为治理体系

D 煤矿严格落实“制止和纠正违章指挥、强令冒险作业、违反操作规程的行为”的法定责任，严格执行行为治理实施方案，加大生产现场“三违”行为的查处力度，坚决杜绝对“三违”行为“视而不见”，坚决打击“要违章”行为。建立《D 煤矿“三违”认定标准及处罚条例》，覆盖了八个专业共计 444 项“三违”内容，区分类别、性质和处罚金额，将“三违”行为具体化、条理化制定相关制度，推动行为治理体系建设。落实“纠察、通报、培训、分析、整治、考核”的行为治理运行模式，全流程、全链条进行对“三违”行为的管控，全方位加强人员行为的规范管理，提升行为治理效果。

行为治理纠察方面，规定了管理人员纠察指标及考核措施。如，管理人员每月查出“三违”行为不少于 3 人/次。要求所查“三违”及不规范行为必须由本人登录双预控管理信息系统录入信息，凡达不到“六准确”的违章行为均按无效考核处理，保证了纠察行为的准确性和真实性。赋予所有从业人员现场制止不安全行为的权利，促进员工自觉发现、抵制、制止不安全行为，营造安全生产的良好氛围。

行为治理通报方面，安监处每天对各级管理人员录入双重预防管理系统内的“三违”行为进行汇总，并通过“微信、QQ”信息平台及井口候车厅电子屏进行通报，警示教育全体职工。同时，各队组将每天信息平台通报、队组内自查的“三违”行为进行通报。各业务科室对严重违章人员进行问责后，每周进行汇总送至安监处。

行为治理培训方面，安监处每周最后一天将本周违反“三违”的人员分专业、性质汇总报送至职工培训中心进行针对性的集中脱产培训。职工培训中心制定培训计划，并建立培训档案。"三违"人员在培训期间要深刻反省，写出书面反思材料，在学习完成后进行考核，成绩合格才可再上岗。

行为治理分析方面，队组每月初需要对上月违章情况进行总结、归类，分析违章行为的动因，找出本队安全管理存在的漏洞和短板。各业务科室需要对上月分管范围内的违章行为进行分析，并对可能产生的后果进行预警处理。安监处每月对所有违章行为情况进行分析，分班次、地点、人员、类别、行为、专业等进行分析，查找管理漏洞，持续加强安全管理。

行为治理整治方面，各队组需要根据分析的结果，结合岗位、专业，制定相应的整治措施并贯彻执行。各业务科室需要针对可能产生的后果制定整治措施，并送至安监处。安监处将违章次数较多的违章行为作为下月习惯性违章专项整治的内容，并针对习惯性违章采取整治措施。年终时根据本年度行为控制情况，总结分析并制定下一年度矿井行为治理管控措施。

行为治理考核方面，严格按照《D煤矿"三违"认定标准及处罚条例》，保证问责有理、处罚有据、实事求是，针对习惯性违章行为，对违章人员在原有基础上加倍处罚的同时，对其管理人员一并处罚，并在月度行为治理专题会上做检讨，达到惩处有效果、管理不放松。建立"黑名单"制度，累计处罚达到2次习惯性违章、特别严重的违章人员，专业化服务人员吊销入井证，取消入井资格，矿属的职工取消当月安全绩效。

加强班前会管理。把班前班后会作为"拧螺丝"的关键，进一步拧紧职工"安全阀"，保证做到"三个百分百"：值班值守人员召开班前会对当班出勤人员逐人排查做到百分百；对生产现场安全情况、生产情况掌握做到百分百；对班前会安排部署的安全注意事项、安全风险防控措施掌握做到百分百。严格执行班前会"三个十分钟"，第一个十分钟是进行安全培训，组织学习应知应会、规程措施及事故案例，提高职工安全意识；第二个十分钟是结合现场实际，对上一班的工作进度、任务完成情况进行通报分析，强调当班生产任务及安全重点；第三个十分钟是将工作任务分解落实到人，强调关键岗位操作要领，提升现场工作质量。通过细化安排安全注意事项和安全风险管控措施，提升班组全员安全生产意识，把好岗前关。

（三）六个保障——培训教育、安全投入、科技强安、监督检查、应急管理、考核评价

1. 安全教育培训体系

（1）深入开展安全宣传教育，巩固提升全员安全意识。探索精益化的警示教育模式，建立完善了常态化、动态、专项警示教育相结合的安全警示教育机制。常态化警示是利用班前会进行事故案例警示教育，每班班前会学习观看一个事故案例，并由职工代表对学习观看的事故案例进行剖析、总结，说出针对性防范性措施，从而防范类似事故发生。动态警示是通过"现身说教"开展警示教育，由工伤人员返岗后在班前会或井口候车大厅开展现身说教，从自身造成工伤事故时的思想动态、个人行为、造成后果、感想感悟、做法打算等方面进行检视反省。专项警示是在"百日安全""安全生产月"及特殊时期，组织专项警示教育活动，通过观看特定的事故案例进行集中警示反思，制定专项防范措施，书写反思心得体会，促进职工规范操作，按章作业，提升安全防范意识本质安全能力。

强化安全理念渗透。扎实开展安全承诺和安全宣誓工作，坚持每天班前会和入井前必须开展集体安全宣誓，每年年初、“安全生产月”“百日安全”期间开展全员安全承诺，要通过安全承诺、班前宣誓、入井安全宣誓等形式，在一次一次、反反复复的宣誓和承诺中逐步改变职工内在思想和意识，让干部职工自警和自省，从思想上由“要我安全”到“我要安全”转变，自觉改正不安全行为，实现自主管理和本质安全。

加强安全文化阵地建设。在党员安全责任区、井口群众安全工作站、女工家属亲情服务站、青年安全监督示范岗、安全文化长廊、安全文化大厅等传统阵地，常态化开展安全文化建设。发放杜邦安全管理的专业书籍，让各单位利用班前班后会和安全例会进行解读，讲解杜邦安全管理知识，学习体系内容。以“安康杯”竞赛活动为载体，开展职业健康保护行动，不断改善作业环境，创建职工“心灵驿站”，保护职工心理安全、思想安全。协调编印《安全文化手册》，制作安全公益广告和安全教育短片，彻底给各类重大事故、常见风险画上“休止符”。

（2）加强安全培训，提升全员综合素质。强化培训管理。D 煤矿按照“统一领导、归口管理、分级培训、教考分离”的原则，完善培训体系，统筹教育培训资源，构建“统一规划、统筹管理、分级培训、分类指导、精准培训”的培训机制，推动培训教育体系化、实用化建设。

加强安全培训。D 煤矿坚持“真教、真学、真考”，坚持逢查必考。创新“每日一题、每周一课、每月一考”的方式方法，强制性推行手机客户端每日微信答题和定期机房安全培训抽考，加强职工日常培训；建立健全“实用、有用、管用”的培训体系，实施精准培训；严格落实培训责任，狠抓培训质量。

提升干部综合素质。D 煤矿推进各级干部熟悉安全生产责任、熟悉安全风险隐患、熟悉图纸、熟悉系统、熟悉规程、熟悉现场，通过开展管理培训、技术培训、技能培训提升各级干部的综合素质。

2. 安全投入保障体系

安全生产脱离不开安全费用的投入保障，为确保安全生产落地，D 煤矿推进安全投入保障体系建设，确保安全费用的提取、使用、管理和监督，按程序保质保量完成安措工程，提高矿井安全技术装备水平，增强综合抗灾能力，实现本质安全。

（1）安全费用提取。安全费用按每吨原煤产量 15 元的标准计提，在成本中按月提取。

（2）安全费用使用范围。包括煤矿安全生产改造和重大隐患治理支出，安全避险“六大系统”支出，紧急救援技术装备，设施配置和维护保养支出，事故逃生和紧急避难设施设备配置和应急演练支出，开展重大危险源和事故隐患评估、监控和整改支出，安全生产检查、评价、咨询、标准化建设支出，安全生产宣传、教育、培训支出，安全防护用品支出，其他与安全生产直接相关的支出等。

（3）安全费用使用原则。专款专用原则。安全费用必须用于企业安全生产的相关支出，做到专款专用、专账核算，年度结余资金允许结转下年继续使用，来保证煤矿的安全生产，但安全费用不得挤占或挪作他用。

量入为出原则。安全费用支出应根据提取情况、现金流量以及支付能力安排，在总额上原则不得超出安全费用提取总额，并留有一定余地。

重点保证原则。安全费用要分轻重缓急，重点保证安全设备更新和完善，安全监测监控系统的改造和完善，“一通三防”仪器、仪表更新以及重大隐患治理等项目。重点保证消灭事故隐患、杜绝重大事故发生的薄弱环节和主要部位，优化各大生产系统，提高抗灾能力。

经济效益原则。安全费用最终落实到使用效果上，通过实施过程的监督检查、质量把关和竣工验收，以确保投入运行后要达到预期目的。

（4）安全费用预算的编制及上报。由安监处牵头，协调相关各单位根据安全生产实际需要，在每年12月底前申报本单位下年度的安全费用支出预算，报到安监处统一汇总，划分使用范围，资本性支出预算报计划科，费用性支出预算报财务科。

年度收支预算由安监处审核、汇总，资本性支出（形成固定资产）预算报计划科报备，费用性支出预算由财务科报备。资本性支出由计划科整理汇总后纳入年度投资计划；费用性支出预算由财务科整理汇总后纳入财务预算。

（5）安全费用使用管理。安全费用使用建立项目责任人制度，并建立和完善安全费用项目终身负责制。签订包干责任书，包干责任书中明确了项目负责人，而项目负责人全面负责安全费用项目的协调组织工作，对项目“工期、质量、造价和投资效果”负直接责任。

3. 科技强安体系

D煤矿通过提高智能化建设水平，持续深入推进“一优三减”，单产单进达到标杆矿井标准，严格控制单班入井人数在450人以内，实现系统优化，持续挖潜增效，提高安全生产基础保障能力。

围绕“2023年所有灾害严重矿井采掘工作面全面实现智能化，2025年大型矿井和灾害严重矿井全部实现智能化”的目标，坚持“机械化换人、自动化减人”，持续推进“智能化综采工作面、智能化快掘装备工作面”建设，加快采掘装备智能化、供配电装备远程监控、大型设备集中控制建设，持续推动矿山数字化、智能化建设。

在地质保障方面，D煤矿搭建了地质保障系统。建成了GIS“一张图”，为矿井生产系统提供精准地理信息服务；完成了地测防治水建设、水害预警分析防治系统，引进了澳大利亚威利朗沃公司生产的ZYL-2300D型千米定向钻机，实现了对探放水作业过程的钻孔位置、钻孔角度、钻孔深度、终孔位置的检测功能；配备的钻孔测井分析仪实现了钻孔结构的动态视频观测及自动分析成果；配备的钻孔轨迹测量仪实现了钻孔在地层中全部行程记录；建设有陕西富源生产的KJ1208矿井水文动态监测系统，实现了对矿区井上下水文数据实时自动监测、分析、预警，手机远程查询水文监测实时和历史数据。

在紧急避险方面，D煤矿按照国家规定和要求构建了六大避险系统，保障生产安全。监测监控系统上，矿井配置了一套重庆煤科院生产的KJ90X型安全监控系统。所有数据传至矿调度室，实现与集团公司、属地管理部门实时传输。人员定位系统上，矿井装备了一套北京煤科院生产的KJ236井下人员作业管理系统。系统安装两台IBM服务器作为主备机，通过工业环网传输数据，在调度室、考勤站均有显示终端。所有入井人员全部佩戴识别卡，实现了对矿井人员活动范围的全覆盖。供水施救系统上，供水施救系统水源取自研石山清水库，水库容积1000立方米。各综采、综掘工作面巷道和矿井避灾路线巷道均敷

设一趟 Φ108 供水施救支管路，每隔 50 米均设有三通和供水阀门。综采工作面两巷距采煤工作面 25－40 米范围内各安设 4 组供水施救装置，综掘工作面距工作面迎头 25－40 米范围内安设 2 组供水施救装置。压风自救系统上，矿井地面空压机房安装有 3 台型号 ZH10000－4－13 的空气压缩机（两用一备），分别供井下各个作业地点用风。各综采、综掘工作面巷道和矿井避灾路线巷道均敷设一趟 Φ108 压缩空气支管路，每隔 50 米均设有三通和供气阀门。综采工作面两巷距采煤工作面 25－40 米范围内各安设 4 组压风自救装置，综掘工作面距工作面迎头 25－40 米范围内安设 2 组压风自救装置。通讯联络系统上，矿井从矿井通讯、井下无线通讯和井下广播三方面入手，将矿井通讯延伸引至各调度用户，将无线基站覆盖全矿井井下各区域，实现井下的移动通讯，并与矿调度系统联网。紧急避险系统上，矿井两个水平各建有 1 个 100 人避难硐室，采区分别建有 4 个 50 人避难硐室，并配备 120% 的 ZYX－45 型隔绝式压缩氧自救器。当突发火灾、瓦斯等灾害时，能够保护井下工作人员正常呼吸并逃离灾区或进入避难硐室。

在双预控方面，D 煤矿搭建了双重预防管理信息系统。当风险识别、评估完成后，将风险信息录入双预控系统，新风险的信息被汇总到风险清单中，并通过系统进行综合分析，提供风险隐患“热度”提示，帮助管理部门和管理人员快速掌握管控重点及重点关注区域，提高了风险管控的效率。

在班前会管理方面，D 煤矿搭建了智慧班组管理系统。先前，D 煤矿在监管班前会执行情况和效果时使用的是抽查抽检的方法，抽查虽然具有随机性，能给各个班组带来一定检查压力，但是并不能够全覆盖，导致部分班组存在侥幸心理。通过搭建班组管理系统，在各个会议室安装监控摄像头并统一关联到平台上，管理人员可以在终端实时查看班前会的召开情况，起到了动态监督的效果。

在人员培训方面，D 煤矿通过手机 APP 搭建了安全培训抽考平台，方便员工每天进行日常的安全知识抽考答题，加深安全知识记忆。同时，手机答题的题库与机房考试的题库共通，丰富了题库的类别和内容，强化了培训效果。

4. 安全监督检查体系

从严安全检查。建立检查结果追溯机制，对安全检查不认真、不负责，造成恶劣影响的人员，严肃追究责任，倒逼提升安全监察效果。加大动态安全检查力度，紧盯重点隐患、重点时段、重点单位，严查干部安全作风、制度落实、临时工程、隐患闭环管理、非正规循环作业等，开展针对性安全检查。

加强特殊时期安全监管。严格落实 D 集团“15 条特殊时期安全管理措施”，全面分析研判重点时段、特殊时期安全风险，强化重点问题、重点隐患排查整治，加强领导干部跟班带班、巡查检查，严肃查处各类违规违章行为，严格值班值守，强化应急响应和应急处置，全方位加强特殊时期的安全监管。

加强安监队伍建设。加强安监人员培训教育，全面提升安监人员素质。针对安监人员开展安全监察行为评价，建立考核不合格人员退出机制。开展安监系统达标创建活动，形成上下联动，发挥安全管理协同效应。

5. 应急管理体系

加强应急救援管理。加强应急预案编制、审核、备案和管理，完善应急预案体系，建设应急管理组织结构和突发事件的预测预警机制、响应机制。以应急响应行动为主线，结合矿井安全风险和灾害现状，立足于现有应急资源，完善标准化、专业化的应急响应程序。

加强应急技能培训。加强应急预案宣贯和培训，培养各级领导干部和值班值守人员应急响应、应急处置意识，同时针对一线生产员工开展常态化应急教育培训，普及生产安全事故避险、自救和互救知识，提高职工的安全意识和应急处置技能，通过日常答题和考试及时对学习效果进行检验，深化培训效果。

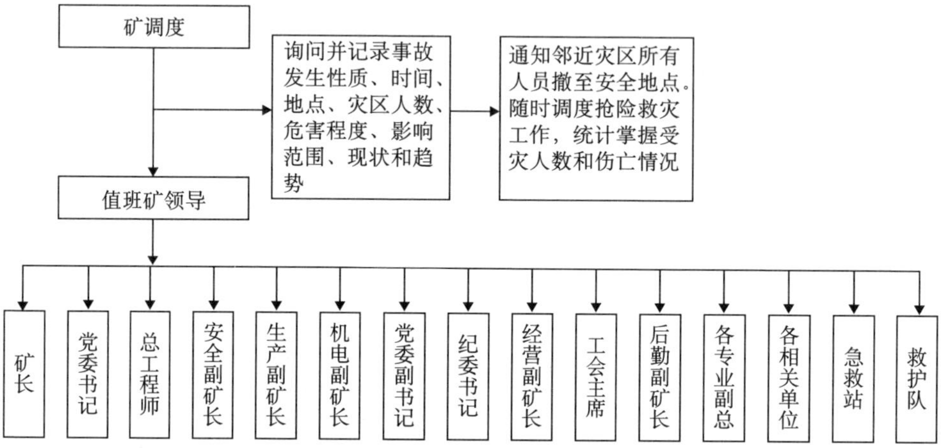

图 10－6　D 煤矿矿井安全事故处置流程

加强专兼职救护队伍建设。建设以专业队伍为骨干、兼职队伍为辅助、职业队伍为基础的应急队伍，配齐配全救援装备、设备。

推进应急管理信息化建设。D 煤矿搭建信息平台联通六大避险系统，使系统数据能够上传到平台上互联互通，帮助管理人员和值守人员实施监测监控，实现应急力量和应急资源协同共享。

6. 安全考核评价体系

建立健全安全考核评价标准，强化安全重奖重罚，刚性考核，完善考核体系，突出安全零目标和动态过程，健全细化考核内容，推进过程、结果双考核。坚持有责必问、问责必严，强化对安全生产责任不落实或者落实不力的追责问责，按照“四不放过”原则，严肃各类隐患和事故追责问责。

第十一章　E 煤矿精益化环保管理

第一节　案例背景

一、单位基本情况

E 煤业有限公司（以下简称“E 煤矿”）成立于 1981 年。是全国特级安全高效矿井、全国煤炭工业百强企业、山西省生态示范矿井和山西省绿色企业。

E 煤矿现有两座选煤厂、一个年产 1 亿块矸石砖的新型建材厂、一个火车运输公司、两个转型企业、两个整合矿井。

二、存在的主要问题

由于在煤炭的采选过程中产生的矿井水、煤矸石、煤层气、噪声、煤尘、二氧化硫等污染物，会对周围区域环境产生巨大的影响，导致地下水资源破坏、土地资源破坏及生态环境恶化等一系列环境问题。我国政府目前正趋于更为严格地执行有关环保的法律法规，加大执法力度，并可能通过和实施更加严格的环境标准。同时，随着城区不断扩建，E 煤矿逐步被包围，周边居民区较多，受到大气污染及噪音等问题的困扰，居民的投诉和反馈增加，这使得政府环保部门对企业的环境治理标准和环保要求大大提高。

目前，E 煤矿主要面临污水处理厂发展落后、废气治理工作不到位、矸石资源利用不充分、煤炭资源逐渐枯竭等问题，其污水处理厂仍处于粗放式管理阶段，具体表现为管理制度不健全、操作标准不明确、技术技能人才短缺、技术设备不先进等；在废气的治理工作中，E 煤矿作为典型的“城中矿”，周边居民对大气污染问题极为关注，而废气治理问题导致居民投诉率较高，政府环保部门对企业监管也更加严格。在煤矸石利用方面，E 煤矿原煤含矸率达 15% －20%，而煤矸石利用率仅为 58%，其余部分就近自然混杂堆积，大量的煤矸石露天堆放形成矸石山，造成环境污染。在煤炭资源开采方面，3#煤保有储量 17705.31 万吨，可正规开采资源仅为 1168.27 万吨，剩余残余资源 1150 万吨，煤矿资源已逐步枯竭，遗留下的大量边角煤开采及资源回收问题已成为亟待解决的紧要问题。

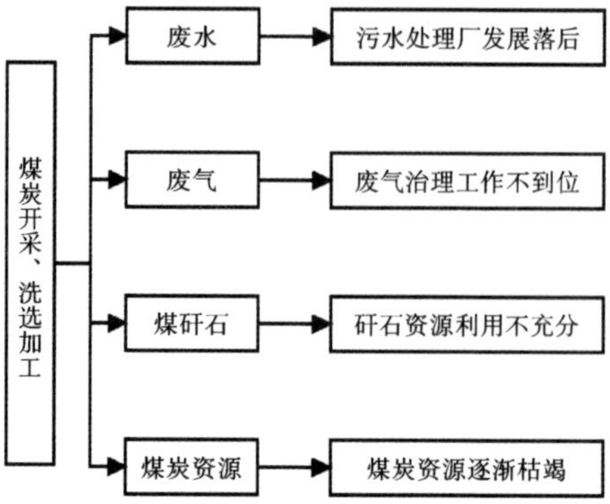

图 11－1　存在的主要问题

三、形成的主要原因

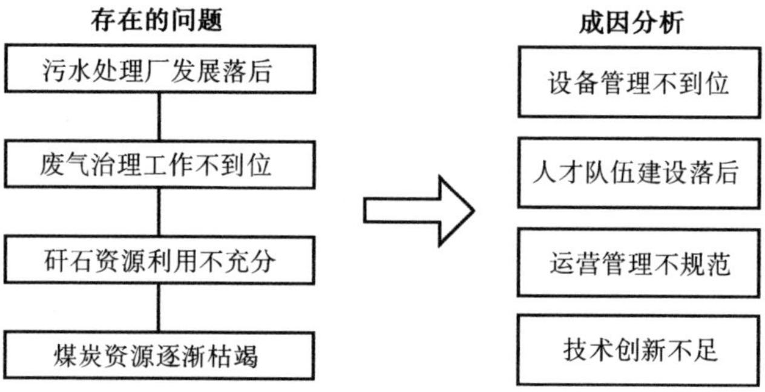

图 11－2　问题成因分析

（一）设备管理不到位

设备管理不到位是矿井污水处理厂目前存在发展落后、废气治理工作不到位等问题产生的一大原因。具体而言，设备管理不到位主要表现在现场管理的欠缺和预防性维修观念的缺失两个方面，环保设施设备现场管理秩序紊乱，工具、药剂未能做到有序取放、合理归置，环保治理设施设备的维修人员在处理设备故障时，缺乏对设备性能的了解，并且以往维修记录等相关资料有所缺失，导致其往往只能通过工作经验进行故障排查，大大延长了设备维修时间，也加快了设备的损耗。此外，员工对设备保养、维护、检查的具体内容和方法等不了解，即便设置专门的岗位对设备的运行情况进行监测与维修，对设备运行过程中存在的一些细枝末节的问题也往往不做处理，这使得岗位人员对环保设施设备的检查保养流于形式，员工缺乏预防性维修的观念。

（二）人才队伍建设落后

人才队伍建设落后是矿井目前环保治理工作推进中的一项重大阻碍。随着国家及企业对环保问题的日益重视，环保治理工作者技术技能水平和岗位需求不匹配的结构性矛盾更加突出，究其根本，主要在于人才选拔、培养和激励制度不完善。E 煤矿始终存在专业技术岗位缺员严重、人才储备薄弱、技能人才队伍基本素质较低等问题，急需进一步开辟人才选拔通道，完善人才选拔机制。同时，公司在对员工进行培训时，对新技术、新方法等内容的培训有所欠缺或滞后，使其技术和知识体系不能得到及时更新，在对技术人才进行评价、考核时，相应的激励约束机制不够健全，起不到对员工应有的激励作用。

（三）运营管理不规范

在污水处理厂的管理过程中，仍然存在管理制度不完善、岗位操作流程不标准等问题。具体表现为部分管理制度和岗位操作标准的缺失、制度化内容流于形式、员工对制度管理的重视程度不足等，比如污水处理设备现场缺乏醒目的危险源辨识牌，无法对工作人员起到警醒作用，增加了意外事故发生的可能性，不利于保护工作人员的人身安全。在关键岗位的操作标准中，其内容仍不够细化，缺乏规范性和标准性，未能真正形成标准化作业模式，对员工工作效率和污水处理质量的提升效果不足。

（四）技术创新不足

E 煤矿在环保治理工作中，技术创新方面还存在一定的短板和差距。具体表现为污水处理技术创新不足、污水处理效果不佳、煤矸石利用不充分、边角煤未实现系统化开采等问题。比如生活污水处理站因无法停止处理污水作业，致使水池无法清理，导致现有水池内淤泥沉积、后端深度处理系统效果不佳；公司储煤场地东侧雨水收集池储量小且防渗效果差，不能满足要求；煤矸石回收利用工作不充分，大量煤矸石无法得到利用，且在煤矸石制砖过程中产生的大量余热无法回收等；复杂的边角资源赋存形式导致其边角煤的回收开采工作进展缓慢。

四、精益环保管理的主要原因

（一）构建现代化管理体系的需求

“十三五”规划之后，我国经济由高速增长转向了高质量发展。2019 年，党的十九届四中全会作出了推进国家治理体系和治理能力现代化的重大部署，对国有企业提升管理能力提出了更高的要求。山西省委也先后提出了“四为四高两同步”① 和全方位推动高质量发展的要求，在山西全面开启了新一轮的国资国企改革，加快推动高质量转型发展的步伐。集团党委也提出要实现高质量发展，就要加快经济发展的质量变革、效率变革、动力变革。一方面要加快产业结构调整、产业转型，构建现代化产业体系；另一方面要加快管

---

① “四为四高两同步”：“四为”，指坚持转型为纲、项目为王、改革为要、创新为上；“四高”，指推动高质量发展、高水平崛起、高标准保护、高品质生活；“两同步”，指到 2020 年我省与全国同步全面建成小康社会，到 2035 年与全国同步基本实现社会主义现代化。

理创新、管理升级和管理再造，要有能够配套现代化产业体系的现代化管理体系。

（二）推进精益化管理的重要意义

精益化管理起源于20世纪20年代，其目的就是提升生产与流通全过程的效率、效能和效益，以最小的投入创造最大的价值。精益化管理通过不断降低成本、提高质量、增强生产灵活性、实现无废品和零库存等手段，确保企业在市场竞争中的优势。同时，精益化管理把责任下放到组织结构的各个层次，充分调动全体职工的积极性和聪明才智，改变员工的行为习惯，保障全员积极参与改善，增加改善量和持续性。大量事实证明，精益化管理是符合市场经济发展、符合高质量发展的根本途径。对于煤炭企业来说，开展精益化管理是企业高质量转型发展的必由之路。

（三）推进精益环保管理的必要性

将精益化管理运用于环保工作，一方面可以加快推动企业环保管理能力现代化建设，精准治污、科学治污、依法治污，实现污染防治攻坚战由“坚决打好”向“深入打好”的转变；另一方面，实施精益环保管理可以有效提升环保基础设施管理水平，把生态环保工作融合贯穿到生产、经营、变革、发展的各方面和全过程，以生态环保引领产业结构转型升级，加快形成节约资源和保护环境的高质量发展新模式，打造绿色矿山。

第二节　总体设计

一、总体目标

（一）国家层面

根据《中华人民共和国煤炭法（修订草案）》有关规定，煤矿建设应当坚持煤炭开发与生态环境治理同步进行，煤矿建设项目应符合相关环境影响评价要求，环境保护设施必须与主体工程同时设计、同时施工、同时验收、同时投入使用；国家鼓励煤矿企业进行复采或者开采边角残煤和极薄煤，鼓励资源化利用煤矸石、粉煤灰等固体废物，综合开发利用煤共伴生资源，科学利用关闭煤矿残存资源和地下空间。同时，煤矿企业应当依法回收、处理和综合利用矿井水、工业废水和生活污水。

（二）集团层面

E集团确立“一年见成效、三年上台阶、五年成标杆”的生态环保工作总体奋斗目标，明确生态环境保护工作的任务目标：杜绝较大及以上突发环境事件、主要污染物长期稳定达标、标准化污水厂100%创建完成、主要产品整体达到先进水平、绿色矿山创建率达标、推广清洁生产。同时提出要以深化生态环境保护意识变革为引领，以融合精益理念助推环保工作为抓手，以健全完善生态环保管理体系为基础，以环保基础调研、环保技术创新、设备升级改造、产学研合作、环保人员培养、环保重点工程建设等措施，着力解决突出生态环境问题，确保环保设施平稳有序运行，生态环境保护工作总体平稳。

（三）矿厂层面

按照集团公司对精益化工作推进的总要求，E煤矿坚持一把手亲自部署、分管领导亲自带队、部门负责人亲自组织、业务骨干全程参与，按照“打基础、树样板、拓范围、见成效、定机制、建模式”的实施路径，系统推进环保治理；坚持“绿水青山就是金山银山”和“环保为天”的环保理念，并结合公司特殊地理位置，将环保理念定位为“矿区与社区和谐共生、建设生态友好型企业”，确定“三个百分百和一个零”环保目标，即：行政检查通过率100%；污染物排放达标率100%；社区和谐满意度100%；居民投诉率为“零”。

二、整体思路

根据国家对环保方面的治理要求、集团对环保工作的总体部署及矿井环保工作具体目标，积极推进环保治理体系建设，以解决企业存在的四大主要问题（见图11-3）。

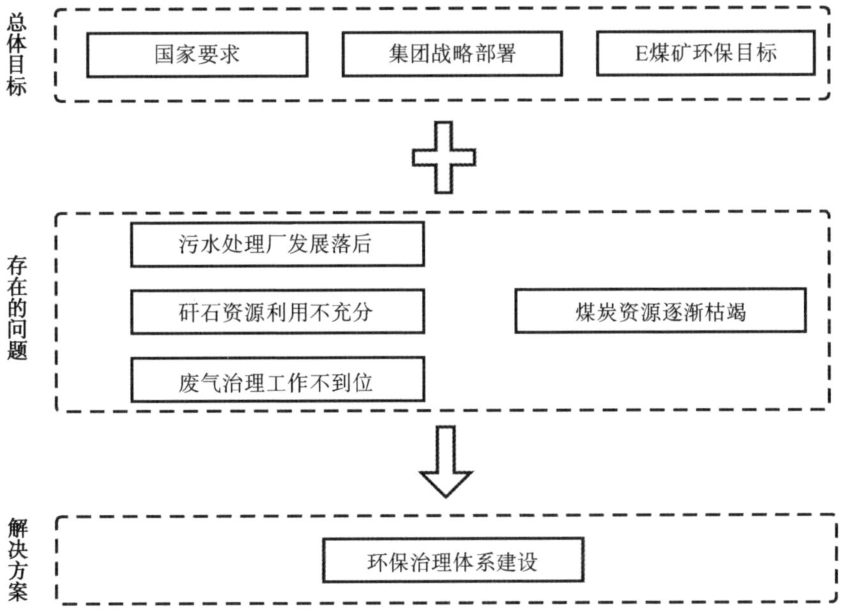

图11-3　解决方案思路示意图

第三节　应用过程

一、参与部门和人员

成立环境保护工作领导组，下设办公室，办公室设在基建环保部，配备环保分管领导1名、部长1名、副部长1名、管理员4名。基建环保部主要负责公司环境保护日常监督、检查、指导、考核等工作，定期组织开展环境保护宣传、培训及应急演练，配合运营部门加强在线监测设备日常管理，并负责环保工程的全过程审核、建设及验收工作。

现场实施由选矸队、装车队、新型建材厂、选煤厂、基建环保部等部门共同参与，通过扬尘治理、煤矸石综合利用、废气治理、固体废物治理，完成行政检查通过率和污染物排放达标率目标的相关工作；党办、工会、团委、基建环保部等部门共同对社区和谐满意度和居民投诉率负责，建立同社区、居民的互动机制，邀请周边社区、居民现场参观公司环保治理工作，虚心听取社区及居民对公司环保工作的意见及建议，并根据相关意见及建议积极加以整改。

与此同时，为构建以“提质、增效、节支、降耗”为目标的精益化管理体系，落实精益创新项目和精益现场改善工作，E煤矿设有精益管理办公室和技术创新管理办公室。精益管理办公室主要负责落实精益化管理工作的决策部署，制定精益化管理工作机制，推进精益化管理的实施，构建精益创新管理机制和监督与考核评价机制，以保障精益化管理工作的顺利推进；技术创新管理办公室主要负责研究确定企业的技术研发方向，批准企业科技发展规划、技术创新项目研发计划，下达研发任务等工作。

二、具体实施举措

（一）加强设备综合管理

1. 设备运行管理

矿井水处理站和生活污水处理站分别由选矸队、机运三队、选煤厂分区域管理，对污水处理设备中的鼓风机、水泵、加药泵、膜系统、机械过滤等设施按照运行模块进行划分。烟气脱硫除尘设备则由新型建材厂进行管理，布袋除尘设备由新型建材厂、选矸队、选煤厂分别进行管理，吸尘车和洒水车分别由装车队、选矸队进行管理。同时根据现有污染物治理设备的位置、所属模块、设备参数、安装时间、维修时间等内容，建立详细的设备台账，以便对设备进行清单化管理。对于需要更换的设备，由相关管理部门及时上报基建环保部，基建环保部上报项目计划，经各级部门审批后进行实施。此外，基建环保部负责对污染物治理设备进行整体监督，每月不少于一次对污水处理设备、烟气治理设备、布袋除尘设备、在线监测设备等进行现场监督、检查，针对发现的问题进行调查研究及动因分析，跟踪落实到具体的负责部门进行整改，并检查后续的整改效果。

2. 设备巡回检查

E 煤矿针对环保治理设施设备的运行管理建立巡回检查制度。对于污水处理设备，要求值班员根据污水处理设备巡检流程（见图 11 -4），每小时对运行设备进行一次检查，定时检查储药罐溶剂的分解程度，检查澄清池中的水是否清澈、生活水提升井是否堵塞、各种指示仪表是否正常、设备运行声音是否异常、温度是否升高等，检查完毕后认真做好记录。

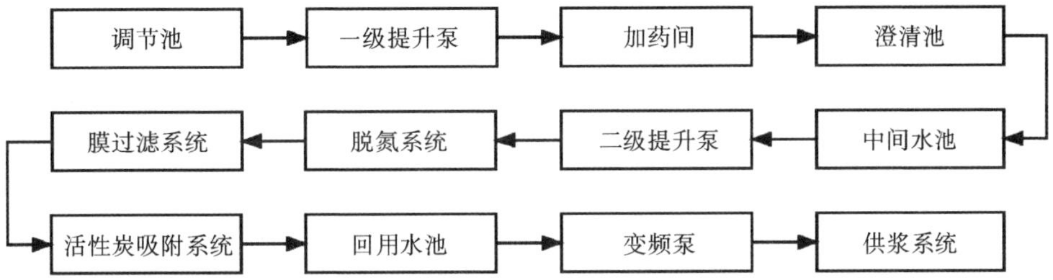

图 11 -4　污水处理设备巡检流程

对于大气污染治理设备，要求作业人员根据脱硫除尘设备巡检流程（见图 11 -5），每 30 分钟对设备进行 1 次巡检。重点检查脱硫除尘设备运行是否正常、维护是否到位、操作是否规范、污染物排放是否超标等；新型建材厂在烧结砖过程中要检查脱硫除尘设备是否运行正常，烟尘、二氧化硫、氮氧化物排放是否超标；煤炭运转时要检查运输设备是否采取全封闭或苫盖措施，是否采取洒水降尘措施等。要求工作人员结合环保运行工艺流程，重点加强对整体工艺中的核心和关键工艺单元进行巡查，做到每班多次检查，并将检查、维护、维修等信息实时填入运行记录台账，详细掌握所有设备的运行工况，以保证环保设备的良好运行。

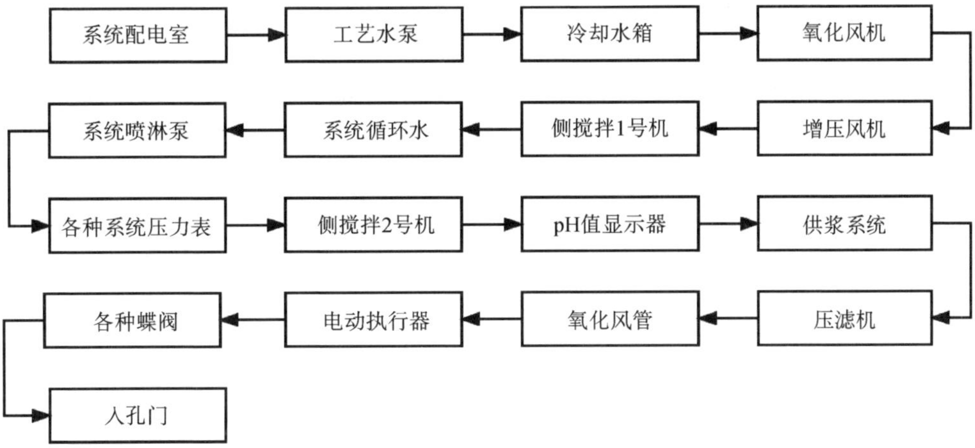

图 11 -5　脱硫除尘设备巡检流程

3. 设备清洗与保养

E 煤矿建立明确的设备维护保养制度，要求工作人员必须对岗位所属设备做到懂结构、懂原理、懂流程、会操作、会维护、会保养、会排除故障，能够准确依照操作规程和工艺要求正确操作使用设备，对设备运行中发生的异常情况能够做到及时发现、及时汇报、及时处理，对于需要润滑的部位要按规定做好设备润滑工作、定期进行加油保养。同时要求做好所属设备的清洁卫生，保持“无积灰、无油垢”状态。在设备清洗方面，当脱氮系统中石英砂压力大于等于0.2MPa时，需要对其进行清洗，压滤机在停机前需要对其清洗40分钟，并且每半个月对旋流澄清池进行一次清洗。在设备保养方面，当压滤机螺旋主轴承运行24小时需要进行一次注油，每半年对生活水处理鼓风机进行一次润滑油更换。

4. 设备数据监测

水污染物含量主要通过水在线监测设备进行监测，大气污染物含量则主要通过烟气在线监测设备和扬尘在线监测设备进行监测。一方面，企业设备操作人员通过监控实时查看数据是否达标，工作人员需每30分钟观察一次进水水质，并记录出水口COD、氨氮、总磷、pH值在线监测仪的数据；同时还需密切关注脱硫系统入口烟温以及烟气监测数据中氧含量、颗料物等指标变化情况，确保烟气监测数据保持稳定；另一方面，政府环保部门也会对矿污染物监测数据进行检查、监督和反馈，企业的这些在线监测设备均与政府环保部门联网运行，在线监测设备数据每个小时自动上传一次。此外，E煤矿每个季度委托有资质单位对15个监测点进行污染物含量监测并出具监测报告，以便发现问题并及时整改。

（二）强化技术人才培养

1. 人才选拔

环保治理设施、设备管理关键在于人才，E煤矿积极落实人才发展战略，以人才优先发展引领带动技术人才队伍建设，坚持公平、平等、竞争、择优原则，采取评聘分开，竞聘上岗的方法，在企业内部进行人才选拔。实行“岗位、条件、程序、结果”四公开，以考核为依据，以实绩为标准，择优上岗，鼓励职工凭个人能力、工作业绩、职业资格等竞聘上岗，倒逼专业技术人员业务素质提升，突出品德、能力、业绩导向，克服“唯学历、唯资历”的倾向，科学客观评价环保治理专业技术人才。通过选拔环保技术人才，成立专门的污水治理技术团队和大气治理技术团队，由污水治理技术团队和大气治理技术团队负责企业污染物治理过程中的技术工作，解决在治理过程中遇到的技术难点、痛点问题。同时，结合公司实际情况，将技术同现场治理相结合，由基建环保部及所在部门对技术团队人员实行“技术+现场操作”双重管理模式（即技术人员不离操作现场模式），促进企业环保治理工作水平整体提升。

2. 人才培养

E煤矿积极开展污染物治理专项业务培训，形成内外结合、重点培养的模式，即对相关污染物治理设备操作人员的培养主要分为外部培养和内部培养两种方式进行，对主要的污染物治理技术人员的技能、操作等方面进行重点培训，要求相关操作人员掌握污染物治理设备的基本知识、运行方式、一般故障的排查、应急处置规程等内容。同时注重加强业务指导，因人施教，对基层单位领导、分管领导、管理人员及操作人员提出靶向培训方向，要求分管环保领导掌握环保基本情况和环保工作的基本政策，环保管理人员掌握基本法规、制度和规范，操作人员明确达标处理的方式方法，以此整体提升环保人员业务素质。

3. 人才考核

E 煤矿建立以正向激励为主、绩效考核为辅的考核机制，以价值创造为导向，分类完善薪酬分配体系，持续调整优化薪酬分配结构，建立风险共担、利益共享、基础保障的薪酬分配新模式。同时，坚持科学定量、客观准确、公正公开、实用且易操作原则，对专业技术人员开展季度考核、年度考核和任职期满考核。具体而言，定期组织对污水治理技术团队和大气治理技术团队进行考核，考核主要以对岗位安全操作、污染物治理设备日常管理、一般故障排查处理是否到位为主要内容，以污染物是否达标排放为底线，对年度考核不合格的环保技术人员不予续聘。

（三）完善运行管理制度

E 煤矿针对污水处理厂的管理运行制定交接班制度、岗位责任制、设备维护保养制度、运行档案管理制度、材料发放管理制度、药品管理制度、危险源辨识制度、药剂调配方法、污水处理厂考核制度等 12 项管理制度，对每一项工作作出明确要求，对职工行为进行规范。

1. 岗位责任制

在岗位责任制中，对不同的岗位职责进行划分，将各项工作责任到人并落实到具体的制度文件中，使每个员工能够明确自己的职责范围，确保各项工作和设备的正常进行。比如对加药工，上岗前要检查各部件是否紧固、加水、加油，检查运行记录以确定搅拌机、加药泵有无故障记录等。对潜水曝气机操作工，上岗前要检查各部件是否松动、缺油，在曝气机手动运转时做好起动记录，准时停机，以免曝气时间过短或过长；在曝气机自动运转时不定时检查电脑显示与现场控制是否一致等。对旋流澄清池操作工，要求在检查旋流澄清池溢流情况时，应与池体保留相应的安全距离，防止非工作人员靠近澄清池现场，避免发生溺水事故；要及时观察水质变化、确定排泥时间，认真清理缸体和污泥池的残留物，保证工作现场的清洁卫生。

2. 危险源辨识制度

在危险源辨识制度中，为使员工明确避险措施及危害后果，E 煤矿将各个可能产生危险的环节、流程、设备等在员工工作过程中的显眼处张贴图文标志，以起到提醒警示作用。比如在易导致火灾危险的地点，提示员工不得携带火种、要掌握灭火器材的用途、会正确使用灭火器材、还要熟练掌握火灾事故避灾路线，并张贴了火灾避灾路线图；对易产生砸、碰、触电等伤亡事故的环节，为员工配备相应的防护用品，并张贴提示，提醒员工必须正确佩戴防护用品、检查并确定防护用品是否完好无损、使用完毕应将防护用品归置到何处以正确保存等内容。

3. 考核制度

E 煤矿针对污水处理厂运行管理，配套完善相应考核制度，以岗位职责、合规操作为主要依据，每周检查一次并不定期进行抽查，对表现积极、工作突出、完成技术革新、对设备进行改造、发现或解决重大生产隐患的员工，进行通报表扬及物质奖励；对严重违反劳动纪律或工作失误造成严重后果的员工，分别给予警告、罚款、待岗处罚等考核。通过考核奖惩，充分调动员工工作的积极性、主动性，使其能够自觉遵守相关制度规定，按照要求进行作业，减少意外事故的发生，提高工作效率。

（四）制定岗位操作标准

E煤矿制定加药工操作规程、潜水曝气操作工操作规程、控制室操作规程、旋流澄清池操作规程、污泥压滤机操作规程、加药设备操作规程、深度除磷/活性炭吸附系统操作规程等17项污水处理基本操作规程，明确各工序操作流程、岗位工作程序及注意事项，并对所有设备进行标识标牌规范化管理。

污水处理厂关键岗位操作流程包含一般规定、开机前现场准备、各项工艺流程现场操作规定、岗位操作注意事项四部分内容。例如在污泥压滤机操作规程中，一般规定包括压滤机司机经培训并持证上岗、司机必须熟悉本设备构造性能并可以排除一般故障、必须按规定时间进入接班地点进行交接班；现场准备工作包括开机前检查主机是否正常，检查浓缩机、加药泵、污泥泵、清水泵等设备是否正常，检查各润滑部位是否良好，检查压滤机各部位螺栓是否紧固完好，检查各防护装置是否齐全完好；现场操作内容主要包括配置絮凝剂的操作过程和时间节点，空气压缩机、主机、加药泵、污泥泵等各相关设备的开关机流程等；岗位操作注意事项主要包括确认操作环境是否安全、检查设备是否全部开启并运行正常、检查设备是否需进行维护或保养、检查药剂是否有效以及是否依规安全配置溶液等。

1. 加药工岗位操作流程

如图11－6所示，在加药工操作的开机前准备工作中，加药工首先要检查搅拌机和加药泵的运行记录，确定无故障信息，然后检查电机外接线有无裸露、电控柜是否完好、电机绝缘是否良好、漏电开关是否正常工作，最后再检查加药泵阀门是否打开、加药罐内浮球开关是否正常。在加药工操作规程的现场操作中，溶药时，加药工首先要打开进水阀门注满溶药罐，将搅拌机电控柜的电源箱打开并将待开电源闸合上，再按下电控柜搅拌机的

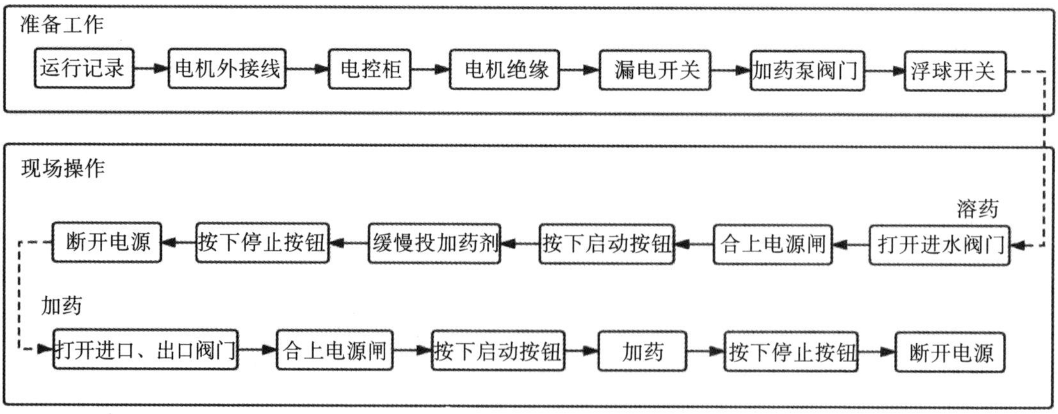

图11－6 加药工标准作业程序

启动按钮，然后在储药间缓慢投加药剂，直至药剂完全溶解再停机，停机时按下电控柜中待停搅拌机的停止按钮，并将电控柜内电源断开；加药时，首先要打开加药泵进口及出口阀门，将加药泵电控柜的电源箱打开并将待开电源闸合上，其次按下电控柜加药泵的启动按钮，最后在停止加药时按下电控柜停止按钮，并断开电源。

2. 污泥压滤机岗位操作流程

在污泥压滤机的操作流程中，需明确配置絮凝剂的流程以及开关机步骤。在配置絮凝剂时，应在加药装置里无任何液体时进行，首先要在 PAM 制备装置中加入清水，再启动制备装置中的搅拌电机，加入要求比例的药剂，待 PAM 完全溶解后，将 PAM 稀释装置底部的阀门打开，启动加药泵开始加药。在加药泵加药的同时，确保污泥泵开始吸泥，使其在泥药混合筒中充分混合。在开关机步骤中，第一步，首先要启动螺旋皮带输送机等待输送污泥，然后要启动空气压缩机并使气压为 0.5MPa，再打开主机电机并接通调速开关的电源，使主机转速从零开始慢慢地调至所需的运行速度；第二步，首先要启动污泥泵和加药泵，污泥能达预期的絮凝效果时，再打开清洗水泵及阀门，使清洗装置运行，如果发现清洗效果不好，则需要加大水压使水压大于等于 4kgf/cm^2；第三步也是最后一步，压滤机停止工作前，首先应关掉污泥泵及加药泵，其次再检查滤带是否清洗干净，待滤带清洗干净后再关掉清洗水，最后将主机的速度调至停止后放松滤带并关掉电源。

（五）加大环保技术创新

E 煤矿加大环保科技创新力度，积极组织开展环保技术创新工作，并在公司范围内开展精益改善提案活动和精益创新项目开发，鼓励员工进行小发明、小创造、小革新、小设计等“五小”改善提案创新活动，为职工搭建展示才能、表现自我的平台，鼓励职工积极投身科技创新工作，努力营造崇尚发明创造、技术革新、节约能源资源的工作氛围。

1. 资源综合利用体系

针对煤矸石利用问题，建设有年产 1 亿块煤矸石砖的新型建材厂，以产业升级带动煤矸石的资源化利用。在利用煤矸石进行制砖的同时，充分回收利用煤矸石烧结砖过程中产生的废热，为矿区供暖、提供洗浴用热水。同时不断改进余热利用系统工艺，比如为满足煤矸石砖厂烟气余热情况和取暖防冻需求，首次提出余热梯级回收利用工艺，采用热管结构、蜂窝板式结构和喷淋换热结构的三级烟气余热回收装置，实现 15°C 以上排烟、排潮余热的高效回收利用；研究制定湿式防尘、脱硫一体化技术方案，成功解决矸石砖厂余热回收利用烟尘污染和二氧化硫腐蚀问题。此外，对矸石砖厂排潮、排烟余热梯级回收利用系统进行优化设计，开发余热回收控制系统，可根据环境温度的变化实现余热回收的自动分配，在不影响矸石制砖工艺的条件下实现余热回收。

2. 边角残余资源回收综合管理体系

矿生产技术部门针对边角煤问题进行精益创新项目立项，开展井下各类边角资源特性研究，以建立边角残余资源回收综合管理体系为研究目的，探索不同形式开采工艺，科学设计边角资源工作面回收方案，最大限度的回收矿井优质 3#煤炭资源，稳定矿井生产能力，延长矿井服务年限。

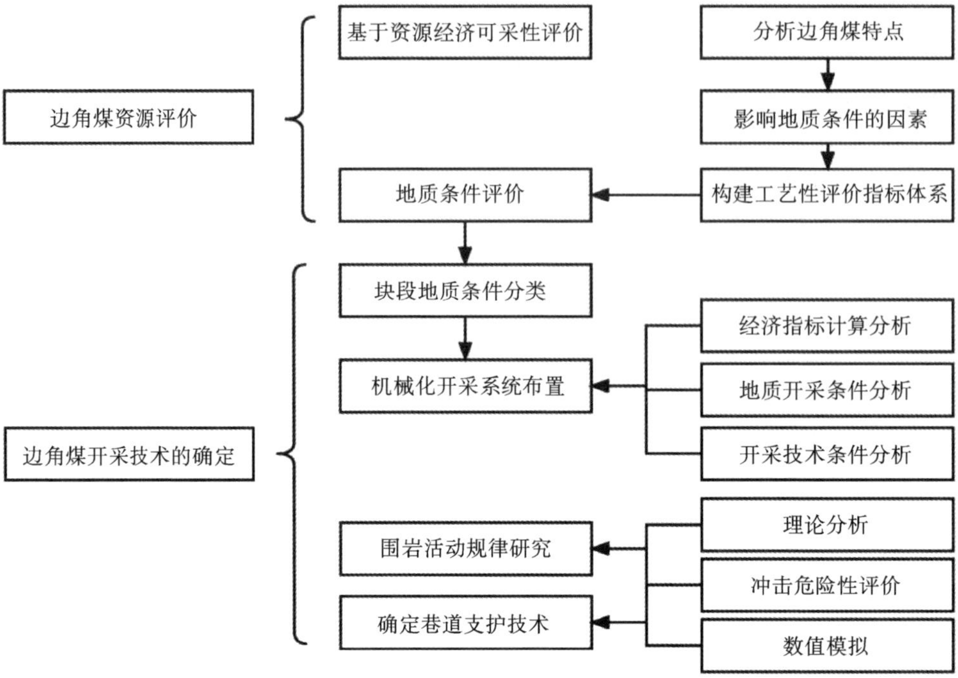

图 11－7　边角残余资源回收综合管理体系技术路线图

边角残余资源回收综合管理体系建立的第一步是进行边角资源地质资料的收集及分析工作。通过前期资料的收集以及对边角资源数据的整理，完成初步分析以及对边角资源赋存情况的分析，做好边角煤块段开采前的调研论证工作，选择合适的开采技术方案；第二步是确定机械化开采工艺方案，通过对矿井不规则边角煤块段开采的现状研究，提出不规则边角煤块段典型机械化开采的方法及其工艺系统布置方案，即采用综采面正梯形开采、倒梯形开采、综采面变向推进及连续采煤法的旺格维利工艺系统的布置方式；第三步是建立地质评价体系模型，采用目前应用比较成熟和可操作性较强的模糊综合评价方法进行评价，应用采矿原理、模糊数学、层次分析等方法，研究边角煤块段煤层地质条件主要因素对开采工艺选择及开采效果的影响，构建煤层地质条件多层次多因素的综合评价模型，进行具体边角煤块段的评价与分类，并给出建设性的开采工艺方式；第四步是建立经济可采性评价模型，边角煤块段的经济可采性评价根据煤炭资源的自然价值理论和环境资源价值理论将煤炭资源价值分为自然价值和环境价值，引入“费用－效益”分析法原理，结合不规则边角煤块段特殊的赋存状况，构建基于煤炭资源价值的不规则边角煤块段经济可采性评价模型，即根据公式“平均吨煤售价－吨煤生产成本－吨煤补偿费用－其他吨煤费用≥0”来判断边角煤块段是否值得开发及其效益情况；第五步是建立围岩力学结构评价体系模型，以 E 煤矿边角工作面残留边角煤块段为例，采用 ANSYS 有限元模拟软件和 FLAC3D 有限差分数值分析软件，对实体煤中巷道、沿空留巷、沿空掘巷变形机理和“孤岛”状态下巷道的应力分布、位移场特征、巷道围岩变形特征等内容进行分析，揭示不规则边角煤开采的围岩活动规律，确定巷道合理支护方式；第六步是开展机械化开采实践研究，将项目试验应用于边角工作面近 3 个月的生产实践验证，工作面顺利完成初采并正常回采，工作面回采期间，矿压监测显示矿压围岩压力得到有效控制，实现工作面安全高效回采，工作面平稳渡过地质构造，确定边角工作面具有可采价值。

3. 创新改善提案活动

E 煤矿针对现有生活污水处理中间水池淤泥无法清理干净，导致后端深度处理工艺负荷过大，造成活性炭、石英砂以及过滤膜更换频繁的问题，通过研究实施旋流净水技术，有效提高了对生活污水的处理能力，达到了处理淤泥的效果，并减少了深度污水处理材料的耗费。同时，针对企业出现的布袋除尘技术较为落后、粉尘排放达不到最新排放标准的问题，通过研究布袋除尘器超低排放技术工艺，使布袋除尘器粉尘达到 $10mg/m^3$ 以下，实现了粉尘的超低排放标准。

第十二章　F 煤矿精益人才育成管理

本案例以 F 煤矿为案例企业，基于精益化管理视角，对其在精益人才管理工作中的优秀管理理念、方法、措施和经验进行总结提炼，为煤炭企业提高人才育成管理水平提供借鉴和参考。F 煤矿从企业精益化管理的客观需求出发，坚持问题导向，以精益化管理价值创造为根本理念，以追求精益化管理水平提升、实现企业高质量发展为方向，以培养建设具有精益管理思维和应用能力的人才队伍为工作目标，构建人才价值链“选、用、管、育、留、离”各环节于一体的精益人才育成管理体系。

第一节　案例背景

一、单位基本情况

F 煤矿是国家“七五”期间建设的国有重点煤矿，其于 1983 年 11 月开工建设，1990 年 6 月正式投产，现设有 19 个职能管理部门、6 个共享服务中心、8 个生产单位、2 个分公司，生产区队由采煤、掘进、开拓、井下辅助、地面生产和后勤服务组成，全矿在册职工 3600 人。矿井核定生产能力 360 万吨/年，井田工业储量 10.71 亿吨，可采储量 5.94 亿吨，服务年限 106 年，属煤与瓦斯突出矿井，水文地质条件复杂，矿井煤种齐全、品质优良，以肥煤、焦煤为主，贫煤、瘦煤次之，生产的精煤产品，成为国内首钢、鞍钢、宝钢等 30 余家钢厂、焦化厂的主要配煤煤种。

二、存在的主要问题

（一）基层干部思想理念落后

基层矿井管理人员精益化管理理念转变较为迟缓，思维创新相对不足，存在思想僵化、观念老化、思维教条等问题，个人追求不高、工作标准不高，思想观念转变跟不上集团整体部署，学习积极性、工作主动性、业务精益性都有待提升，与新发展格局和高质量

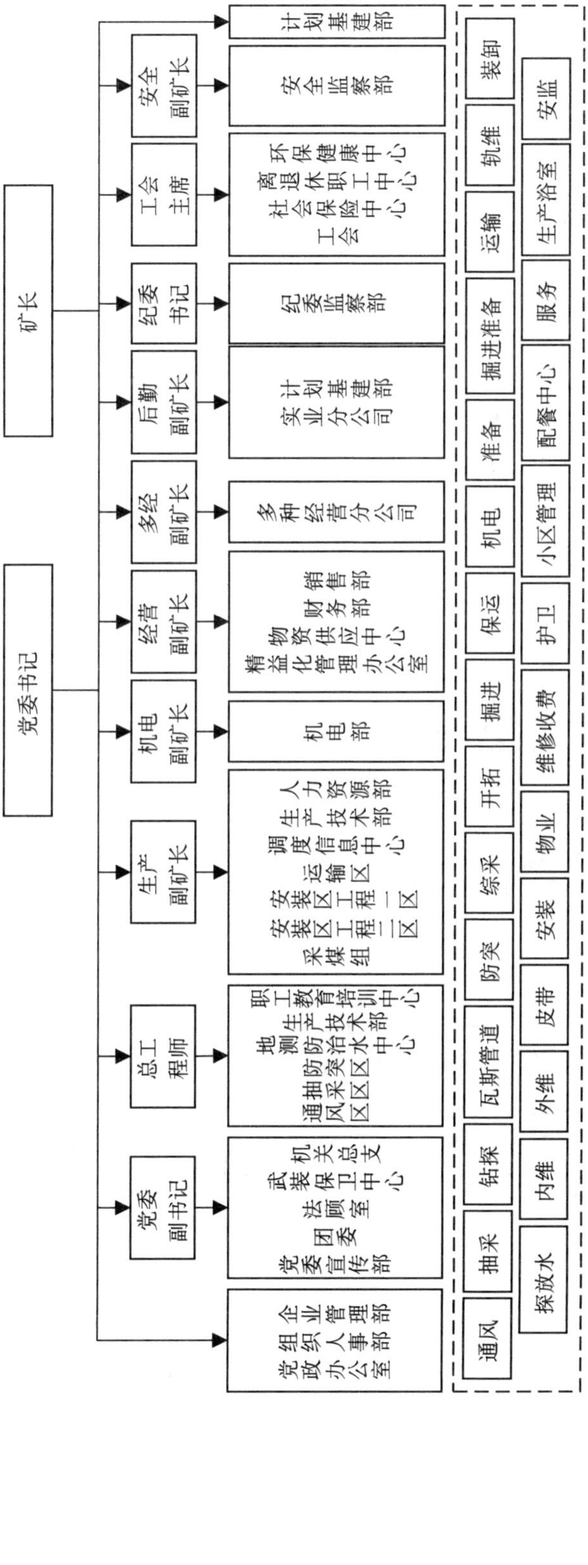

图 12-1　F 煤矿组织机构网络图

发展要求差距较大。

问题成因主要有以下三点：第一，干部队伍整体年龄偏大，优秀年轻干部储备不足，存在知识结构固化、创新意识不强、管理思路不够开放等问题；第二，干部选拔、评价、考核、激励约束机制不健全，考核标准不全面，考核结果难以与薪酬奖金、职级升降等有效挂钩，干部改革和创新动力不足，难以做到“能上能下、能进能出”；第三，干部培训教育工作存在局限性，主要停留在教条式培训层面，难以与矿井基层生产实际需要和问题相对应。

（二）高技术技能人才短缺

专业技术岗位缺员严重，人才储备薄弱，缺少生产、地质、通风、防突等方面的专业技术人才，尤其是井下一线岗位人才紧缺；技能人才队伍素质相对较低，技能人员多、优秀人员少，高技能人才（包括高级工、技师、高级技师）人员比重远不能满足生产需要。除此之外，智慧矿山建设背景下新装备的应用和大数据等新技术的发展对人才培养提出了高要求，矿井对于复合型人才的需求越来越大，智能化人才既要熟悉煤矿生产工艺，又要了解自动化、智能化知识，当前矿井生产经验丰富的职工理论知识结构不完善，高学历人员招聘困难，且新招聘人员对生产各环节工艺不了解，复合型应用性技术技能人才短缺。

问题成因主要有以下三点：第一，井下一线生产岗位“采、掘、开”人才招聘难，人才流失严重。煤炭一线生产工作艰苦、劳动强度大且存在安全隐患，加之薪酬待遇未能合理匹配，大学毕业生招聘人数少，退休人员逐年增多，新老接替隐忧。第二，技术技能人才培养模式缺乏创新。重使用、轻培养，培养方式单一，外出培训机会少，培养体系不完善，未对机械化、自动化、信息化、智能化建设人才开展针对性培训，人才能力素质难以有效提高，后备人才储备不足。第三，薪酬体系固化，激励制度缺位。对于生产、科研一线的人才创新激励不完善，难以激发人才活力，且技能人才发展通道窄，一线技能人才流失严重。

（三）存在人力资源浪费现象

在实际生产过程中，部分专业存在“协调不利的浪费”“无序的浪费”“低效的浪费”三种人力资源浪费现象。例如，在地测日常工作中，井下测量、地质构造观测、物探作业、仪器设备检修等方面，下井前不同专业和类型的人员之间沟通不到位，不同专业间业务知识缺乏，专业局限性强，导致井下工作中存在非本专业技术人员地质构造看不懂、中腰线不会用、涌水点不会描述、机器操作不到位等问题，需重复安排不同专业类型的人员下井才能解决同一地点的地测问题，人力资源浪费现象严重。该类问题成因可归结为沟通配合机制不完善、专业培训体系不健全、人员工作责任不明晰和仪器设备管理不到位。

三、精益人才育成管理体系的内涵

精益人才管理即以精益思想为指导，坚持精益管理的本质——“以人为本”思想，从精益的视角对企业的人力资源进行经营管理，丰富人才育成管理内容，优化人才育成管理流程，为员工提供可以随时随地改善的环境，以最少的投入激发员工的工作意愿和潜能，最大化其主动性、能动性和创造性，最终实现人才价值最大化。精益人才育成管理体系则是企业精益人才管理方法的集成，其贯彻精益思想理念，以培养建设具有精益管理思维和应用能力的人才队伍为目标，涉及人才价值链“选、用、管、育、留、离”各环节，输入精益管理的理念和价值、精益管理的工作和原则、精益人才育成管理的标准，输出能够匹配企业转型升级、高质量发展的精益人才。精益人才即具备精益思维，掌握精益方法，能持续推进企业内部精益变革的人才，其不仅包括知识结构完善、能力业绩突出的高素质高水平人才，还包括在某个专业或基础岗位上技术技能突出的精益匠人。

四、选择构建精益人才育成管理体系的主要原因

一是价值导向更准确。F 煤矿以培养建设具有精益管理思维和应用能力的人才队伍为目标，系统化培养满足矿山企业高质量生产发展需求的高水平管理人才、高素质技术人才和高技能操作人才，以最少的投入创造最大化的人才价值。

二是人才培养目标更明确，能够更好地匹配企业精益化管理人才需求。F 煤矿基于矿井精益化管理现状，从管理人才、技术人才和技能人才队伍建设三方面来育成精益人才，为员工提供可以随时随地改善的环境，在人才知识、能力和态度三方面内容培养上下苦功，知识方面强调人才专业知识和精益技术知识的培养，能力方面强调人才专业能力的培养，心态方面强调尊重信任、反求诸己思维的培养，实现人才价值最大化。

三是人才培养机制更完善、更科学。精益人才育成管理体系涉及人才选拔、培训、考核、晋升等各个环节，且各环节结合矿山实际生产情况制定了明确的标准，能够做到精选拔、优培训、全考核、励成长。

四是体系内部各要素之间能够形成有机统一。人才培训能够作为人才评估考核的依据，人才评估考核能够作为人才培训和晋升的基础，人才晋升又能够作为人才培训的参考，精益人才培训体系、精益人才考核体系、精益人才成长管理体系和精益人才保障体系四大子体系之间能够相互补充、相互协调、相互促进。

第二节　总体设计

F 煤矿响应国家政策和煤炭行业产业结构升级及转型发展的要求，从矿山精益化管理的客观需求出发，坚持问题导向，以精益化管理价值创新为根本理念，以追求精益化管理水平提升、实现企业高质量发展为方向，以培养建设具有精益管理思维和应用能力的精益人才队伍为总体目标，构建集人才价值链“选、用、管、育、留、离”各环节于一体的精益人才育成管理体系，完善精益人才选拔、培养、考核评价、激励等工作机制，畅通和拓

宽精益人才发展通道，充分调动精益人才的主观性、能动性和创造性，解决基层干部思想理念落后问题、高技术技能人才短缺问题和人力资源浪费问题，全面、持续、深入地推进精益人才管理。

F煤矿创新体制机制，将人才开发培养融入企业高质量转型发展的战略坐标系中，统筹推进“管理、技术、技能”三支人才队伍建设，在原有人才管理体系的基础上，构建了矿山企业精益人才育成管理体系。F煤矿精益人才育成管理体系包括精益选拔、精益培训、精益考核和精益成长四个方面。其中，由于人才招聘由集团公司负责，F煤矿精益选拔聚焦于后备人才和干部的选拔工作。具体来说，精益人才育成管理体系由精益人才培养体系和精益人才保障体系两部分构成，精益人才培养体系又包括精益人才培训体系、精益人才考核体系和精益人才成长管理体系三大子体系。F煤矿以精益人才保障体系为基础支撑，以精益人才培养体系为主要方式，真培训、真学习、真应用、真成长，保安全、保技能、保效果，由上到下形成精益管理的人才梯队，在提升矿山人才自身竞争力的同时，使得企业人力资源效益最大化，强化企业精益化管理专业人才支撑，助力企业高质量发展。

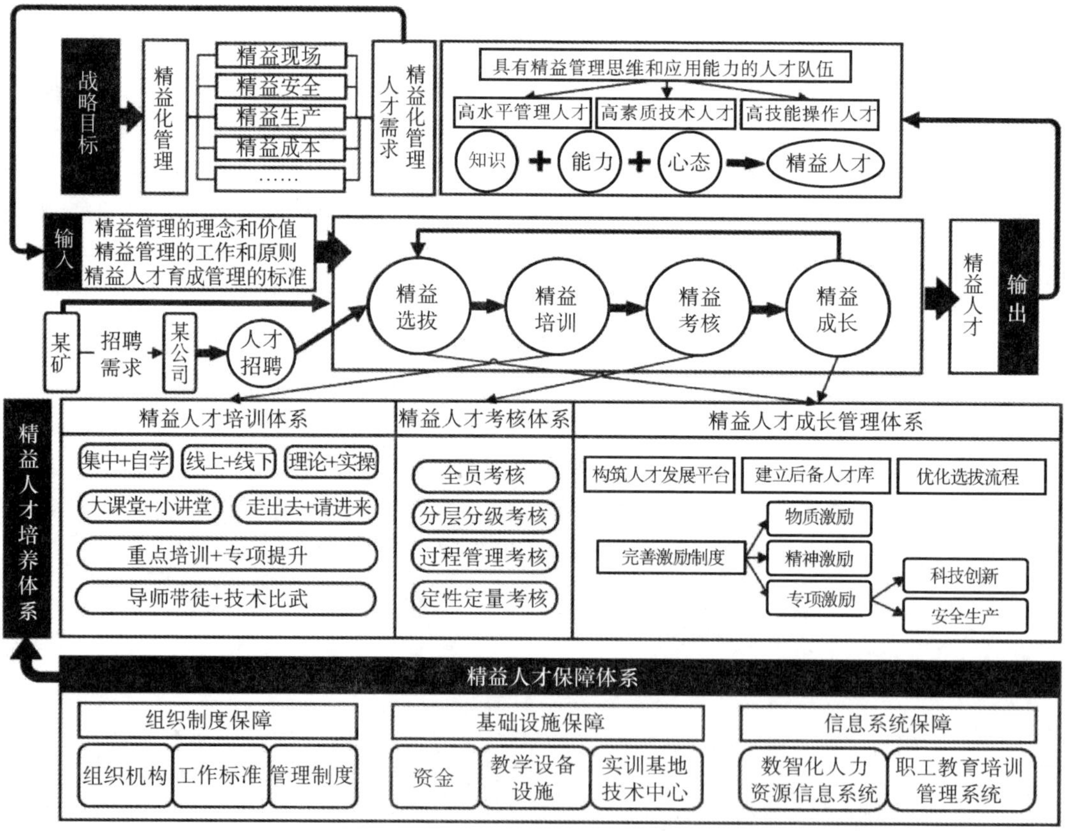

图12-2 精益人才育成管理体系总体设计框架图

第三节　应用过程

一、精益人才培养体系的构建

（一）精益人才培训体系

1. 践墨随敌保安全——安全生产培训

F 煤矿不断加强职工教育培训工作的科学化、制度化、规范化建设，积极开展全员、全方位的职工素质提升培训。矿成立以党委书记、矿长为组长的职工教育培训工作领导组，并于职工教育培训中心设置办公室，根据“教考分离”制度要求，办公室下设培训教学组和考核考务组。

第一，培训制度标准化。矿属各单位于每年 11 月底以前，将本单位下一年度的《职工教育培训需求调研表》报职工教育培训中心。职工教育培训中心根据公司年度培训计划以及矿安全生产、经营发展规划，并结合矿井安全生产实际以及基层需求，编制年度职工培训计划（草案），经矿领导班子审议、提交职代会讨论通过后实施。由职工教育培训中心负责逐月分解安排落实，形成月度培训计划，在矿办公系统上进行发布。根据月度培训计划，由职工教育培训中心按照各工种教学大纲制定教学计划，选配班主任和讲课教师，制定开班计划，经批准后组织开班。

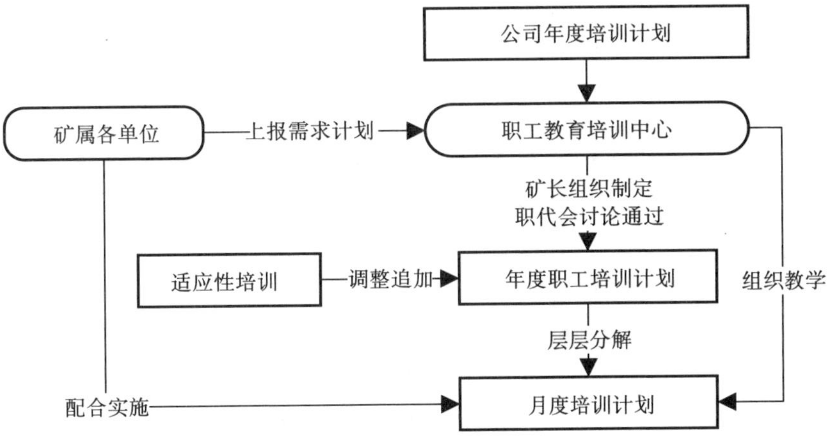

图 12－3　职工安全生产培训计划编制流程

第二，培训要求差异化。安全培训按人员类别主要分为两类，即“三项岗位”人员培训和其他从业人员培训，“三项岗位”人员培训以“持证上岗”和“先培训后上岗”制度为着力点，确保“三项岗位”人员 100% 持证上岗；其他从业人员培训严格落实“教考分离”制度，对照教学课时标准，健全教育与惩处相结合机制，进一步做好安全基础知识培训、岗位培训、新工人培训、转（返）岗培训、“三违”培训等工作，持续加强人员行为规范管理，确保其他从业人员培训100%合格后上岗。人员在培训实际开展时细分为主要负责人及安全生产管理人员、班组长、煤矿特种作业人员和其他从业人员四大类，并在此基础上按照专业类别、职称和技能等级层层划分。

第三，培训方式多样化。响应集团公司精益化管理和煤炭企业生产经营要求，开展“三项岗位”人员和业余安全生产培训，提升各类人员素质水平。“三项岗位”人员的安全生产培训由上级公司教育中心承担，每月由矿职工教育培训中心按计划组织选送参培人员。业务安全生产培训由各单位、队组结合本单位的安全生产实际组织开展，主要培训形式是“每日一题、每周一课、每月一考”和现场安全技能培训。“每日一题”班前进行，针对当班的安全生产实际情况结合现场需求培训；“每周一课”针对本周本单位的安全生产实际情况和事故案例进行，每队必须有“每周一课”备课本，并详细记录备课、授课情况；“每月一考”考试内容主要是本月本单位所培训的“每日一题”的内容，考核成绩排名与本人的安全结构工资挂钩，在当月工资中兑现；现场安全技能培训通过采取场地（车间）办班、模拟场景培训等多种形式，不断增强从业人员适应新技术、新材料、新装备的岗位实践操作能力。

第四，培训队伍专业化。矿按照管理岗位特点和工作要求，将岗位技能培训按采煤、掘进、机电、运输、通风、地测防治水、井下调度、瓦斯抽采、预防煤与瓦斯突出等专业进行划分，分期分批通过外聘专家、内部教师授课等形式按专业组织开展培训，并采用学分制定期考核人员培训结果。在职工教育培训教师队伍建设方面，教师队伍由专职教师和兼职教师组成，专职教师为职工教育培训中心持有《煤矿教师资格证》且直接从事教学工作的人员。兼职教师为矿根据相关规定聘用的部分在职管理干部、优秀专业技能人才、退居二线或离退休优秀人才、专业需要外聘的技术人员等，在培训中聘请操作技术经验丰富的专业技术人员、技术大拿等作为岗位技能培训的兼职教师，能够弥补专职教师现场经验缺乏的不足。

2. 衣钵相传育人才——“导师带徒”活动

“导师带徒”活动以师徒关系为培训纽带，通过“传、帮、带、教”打造矿人才队伍。F煤矿坚持分层次、分专业、系统性开展“导师带徒”活动，活动由“导师带徒”活动领导组牵头保障实施，并做到“一签定、一承诺、三明确、一确保、一公示”。“一签订”即签订“导师带徒”合同书；“一承诺”即师徒双方书写承诺书，公开承诺事项；“三明确”即明确师徒人选、明确师徒权责、明确培养目标；“一确保”即确保师徒双方在合同期限内同单位、同班组、同岗位；“一公示”即结对师徒要在所在队组（部室）张贴公示接受职工监督。“11311”工作思路帮助“导师带徒”活动实现制度规范化、流程标准化、目标明确化、培养高效化。

F煤矿立足于岗位和人才特点，以各级领导干部、业务（技术）骨干、技术比武优秀选手、技能等级高级工能者为师，以全员全岗位为教育培训对象，传道授业解惑，并突出重点，强化关键岗位和关键人才培训，尤其是对于新入职上岗、人才稀缺的技术岗位或特殊岗位等人员的培训。导师依据“导师带徒教材”，根据各工种性质和现场工作要求，制

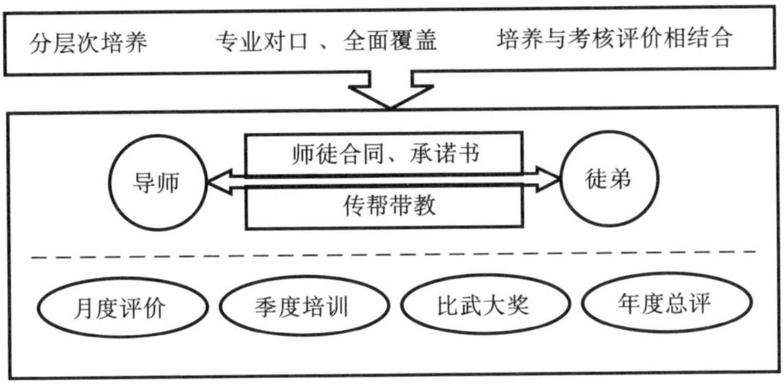

图 12－4　“导师带徒”活动主要内容

定教授计划、学习目标，开展职业道德教育，传授业务理论知识和实际操作经验，重点加强岗位安全管理教育，并引导徒弟开展合理化建议及创新创效活动，提升徒弟独立思考、分析问题、解决问题的综合能力，实现员工素质全方位提升。

此外，为保证“导师带徒”活动培养有效性，F 煤矿实施以下两方面举措：第一，活动赋予师徒双向自主选择权，导师有权主动提出终止对于不用心学技术、钻业务，思想意识差，不听导师教诲徒弟的带教合同，徒弟也有权主动更换不履行答疑解惑义务的导师；第二，活动实施月度评价、季度考核和年度总评制度，月度季度监督评价师徒教学情况，辅助解决教学难点痛点，年度综合考核教学成果，开展“导师带徒”专业考试，奖先奖优。

3. 实干践学提技能——大师实操讲堂

“大师实操讲堂”以实际操作为主、理论讲课为辅，解决工作中“大系统中的小隐患”、职工“干什么学什么”“缺什么补什么”的难点问题。“大师实操讲堂”由职工教育培训中心牵头，职工创新工作室、技能大师工作室、各区队工作场地等联合办学，始终坚持“实”“精”“新”三要素。“实”即符合安全生产实际和职工岗位需求，以现场实操培训为主，课堂理论讲课为辅；“精”即重点突出，主次分明，脉络清晰，人员少，每期不超过 20 人，时间短，每期以 1—2 学时为主，最多不超过 4 学时；“新”即授课人以在各岗位，各环节、各系统中不论学历、技能等级，具有一技之长，超人一等的在岗人员为主。

“大师实操讲堂”培训开展的主要特点如下：第一，需求更明晰，规划更合理。月度、季度周期性分解培训教育任务，从全矿计划出发，结合基层部门“实操培训需求表”“大师实操小课堂授课推荐表”两表上报的培训需求，细化培训内容、讲课次数、课时要求，落实授课人员，及时更新丰富各类教案。第二，授课有水平，方式有创新。一方面选择知识水平高、实践经验丰富、业绩水平突出的高技术技能人才和在某领域具有一技之长、超人一等的精益匠人开展培训，围绕培训对象特点和需求备课，采用现场实操培训为主、课堂理论讲课为辅的方式授课，结合“实操小讲堂反馈表”跟踪反馈学习情况，针对性解决学习难题，确保参培人员学懂弄通；另一方面充分发挥“劳模创新工作室”“智能煤矿创新工作室”在创新研发、技术改进等方面的优势，开展设计性、开发性的探索试验，每月组织 1—2 次技术攻关活动，不定期进行技术交流研讨，融合不同专业、不同岗位高级技能人才优势，加强成员间交流合作，培养创新型、技能型人才。第三，内容更全面，重点更强化。授课内容包括国家政策法规、企业制度要求、各工种专业知识和操作技能等多方面，重点关注生产管理过程中关键环节和易发部位，重点培训安全生产相关知识，重点开展新技术、新工艺、新设备培训，满足智能化矿井人才需求。

4. 朝督暮习培习惯——安全“三基”建设

为解决现有技术人员和技能人员知识面窄，专业局限性强，专业间协调配合度差等问题，F煤矿完善各专业工作制度流程，定期开展技术例会和每月一考工作，培养技术技能人员工作习惯和技能，提升安全“三基”建设水平。

F煤矿形成每日早会、每周技术例会清单管理模式；每日早会合理安排下井任务，及时协调沟通，杜绝不必要的重复下井工作；每周例会对业务交叉的各个单位技术负责人集中座谈，明确人力资源浪费原因，开展专业讲课工作，逐步打破专业壁垒，实现技术人员一岗多能；开展以促学强“三基”活动，每季度组织所有基层干部分专业业务考试，每月定期开展专业考试抽查工作，未过关人员停工培训，合格后重新上岗作业，确保在岗人员能力素质匹配。同时，为职工随时随地学习习惯的养成，创新培训模式，推出手机APP培训软件平台，在矿公众微信平台上线“微信端在线考试系统”，形成线上培训与线下培训相结合、集中脱产与业余自学相结合的学习模式。

5. 以赛促学立标杆——技能比武大赛

“技能比武大赛”通过操作岗位、技术岗位、管理岗位技能比武，以赛促学。关于技能大赛比武内容，结合各岗位特点和人才需求，操作岗和技术岗比武工种竞赛分理论考试和实际操作两大项目，管理岗位竞赛包括理论考试和现场答辩两大项目，答辩包括安全管理、专业知识及企业文化等内容。

“技能比武大赛”特点如下：第一，覆盖面广，重视安全生产。矿确定技能大赛工种为48个，且近年来在工种设置上更加注重安全管理，从井下生产安全、职业卫生安全、焦化系统安全、电力系统安全、网络管理安全等方面，分别设置了矿井安全管理队长、安全调信员、井下安全检查工、安全仪器监测工、环境监察管理员、防爆检查员、瓦斯检查工、维修电工、网络管理员等比武工种。第二，全员参与，层层选拔。比武竞赛率先在班组、队、区（车间）、矿（厂）层层开展，选拔优秀选手参与公司技能大赛，并把操作岗位的大中专毕业生、技校生和复转军人全部纳入到“学、练、比”活动中，增加青年员工参赛比例。第三，激励完善，带动效应高。矿比武各工种前三名选手授予荣誉称号并给予相应的物质奖励，对参与上级单位比武大赛获得优胜名次的选手分别给予重奖，奖金额度也随着职业技能竞赛级别的升高而不断提高，同时给予其工种牵头人、负责人、辅导老师等有功人员表彰和奖励。

（二）精益人才考核体系

1. 基层级干部考核

（1）“ABCDE百分制”月度考核。F煤矿坚持客观公正、民主公开、科学公平原则，建立基层级干部“一事一清单”“ABCDE百分制”月度考核机制，对基层干部分层分级考核、过程管理考核、定性定量考核，并将综合业绩考核与干部评优评先、任用调整相挂钩，切实将“精益化”管理理念贯穿到干部业绩评价全过程。

考核由基层干部综合业绩考核领导组牵头，考核办公室设在组织人事部，考核办公室成员单位（包括党政办、企业管理部、安全监察部、生产技术部、人力资源部、财务部）细化实施。“一事一清单”和“ABCDE 百分制”考核机制即把基层干部综合业绩考核内容细分为 A、B、C、D、E 五类，每类分项量化 100 分，合计 500 分，其中 A、B、C、D 四类为扣分项，E 类为激励加分项。具体来说，A 类考核即每月由矿领导对分管单位（部室）正队级及以上干部、业务对口管理的干部进行业绩考核；B 类考核即每月由各单位（部室）正职对本单位（部室）副职、正队级干部进行业绩考核；C 类考核即各单位（部室）根据日常的工作情况，对有业务往来的其他单位（部室）正队级及以上干部进行考核；D 类考核除由企业管理部对精益化管理、制度落实、过程管理、日事日毕四方面进行业绩考核外，每月定期或不定期对临时任务进行督察，督察次数不少于 3 次，临时任务完成情况也列入考核；E 类考核由安全监察部、党政办、企业管理部、生产技术部、人力资源部、财务部对下井奖励指标、排名奖励指标、创新奖励指标和增效奖励指标四方面进行业绩考核。基于“5 +5 +5 +5 +4”考核大类，办公室成员单位制定实施细则，细化考核内容，同时安排专人开展组织督察工作，并联系相关部门对基层干部进行月度季度绩效工资考核、奖罚兑现。

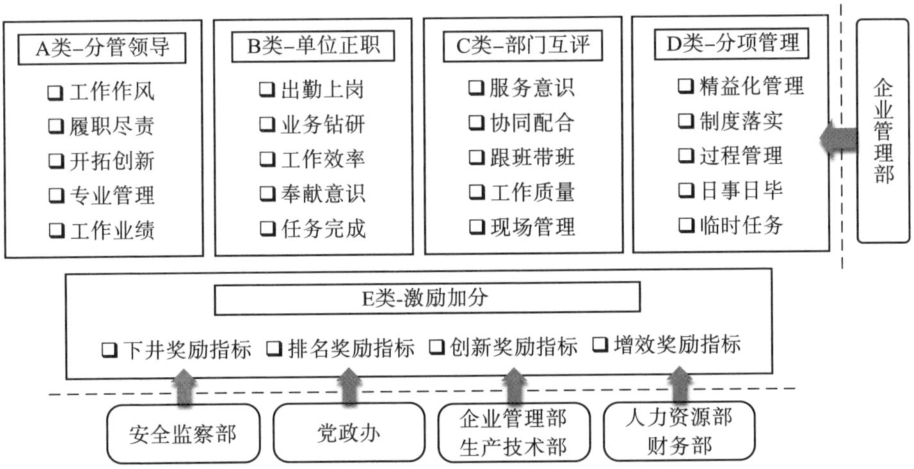

图 12 –5　基层干部综合考核方案主要内容

（2）经营业绩半年度考核。为强化矿经营管理，F 煤矿建立了年度经营业绩评价、评比体系，依据矿年度安全生产经营目标和重点工作，确定考核评价指标，对各单位、部室进行经营业绩评比，对正队级及以上管理人员进行工作业绩半年度、年度评价，评价结果与正队级及以上管理人员的年度评比、任职和工资收入挂钩。

考核由矿长、党委书记为组长的经营业绩考核评价工作领导组牵头，考核办公室负责，考核办公室设在企业管理部，考核办公室成员单位即 22 个分项责任考核部门细化实施。矿对各单位考核指标设置为安全指标、经济指标、环保指标、稳定指标、系统管理指标及否决指标六大类。考核评价方法即对各单位、部室经营业绩实行百分制评价，以安全指标和经济指标评价得分，减去环保、稳定、系统管理及否决指标评价扣分，计算评价得分，确定评价结果。

表 12 - 1　　基层级干部经营业绩考核主要内容

考核指标	考核内容
安全指标	杜邦安全体系建设、风险隐患排查治理、三个责任落实清单、安全生产标准化考核和安全生产事故处罚等
经济指标	一优三减、原煤产量（产值）、掘进（开拓）进尺、利润（成本）、瓦斯钻孔进尺、瓦斯抽采量标态、产品质量、研发投入、“四个煤量”、资源回收率、全员效率、转岗分流、原煤完全成本（费用）指标、工作任务、服务质量、工作标准化等
环保指标	各类污染物排放达标率 100%、矿井水处理率 100%、矿区生活水处理率 100%、工业固体废物处置合格率 100%、综合利用率 75%、危险废物处置合格率 100%、煤堆料堆渣堆覆盖率 100%、运研、运煤车辆扬尘控制 100%、矿界噪声达标率 100%、建设项目环保“三同时”执行率 100%、杜绝重大环境污染事故等
稳定指标	贯彻落实党的各项主题教育实践活动要求，着力解决“四风”问题；认真开展民主管理工作，维护企业和职工合法权益；加强党风廉政建设，规范各级干部从业行为，全年无违法、违纪案件加强社会治安综合治理，维护矿区社会治安，无重大火灾、重大交通事故等重大社会治安事件；严格落实信访责任制度，积极疏导教育，依法、及时、就地解决问题，无重大、特大群体性事件及进京、赴省、赴集团公司集体上访、聚众闹访等群体行为等
系统管理指标	党建群团工作、人力资源管理、财务管理、企业管理、技术创新管理、机电供应管理等
否决指标	重大安全生产事故、重大群体性事件、重大社会治安案件、重大环境污染事件、违纪经营五项否决指标，实行否决考核等

2. 专业技术人员考核

F 煤矿不断完善考核评价标准、规范考核评价程序、丰富考核评价手段，做到专业技术职务评聘分开、竞聘上岗，更好地促进了专业技术人员队伍素质的提升。

在组织机构建设方面，矿成立专业技术人员管理委员会，并于组织人事部设立办公室，下设工程系列，政工、教育、卫生、图书档案、群众文化系列和经济、会计、统计系列专业技术职务评聘组，负责矿专业技术职务岗位设置和专业技术人员任职资格评审推荐、聘任、考核、落实待遇政策等工作，积极推进专业技术人员由身份管理向岗位管理转变。

在专业技术职务聘任方面，采取评聘分开，竞聘上岗的方法，实行岗位、条件、程序、结果四公开，以考核为依据，以实绩为标准，择优上岗，聘任形式包括同级聘任、低职高聘、高职低聘、续聘、待聘等，鼓励职工凭个人能力、工作业绩、职业资格等竞聘上岗。

在专业技术人员考核评价方面，对专业技术人员开展季度考核、年度考核和任职期满考核，考核由矿专业技术人员管理委员会牵头，各单位内部评价实施，并由各系列专业技术职务评聘组成员复核，形成“优秀、称职、基本称职、不称职”四个等次的考核结果，作为动态技术津贴发放、专业技术职务评审和专业技术职务聘任的主要依据。

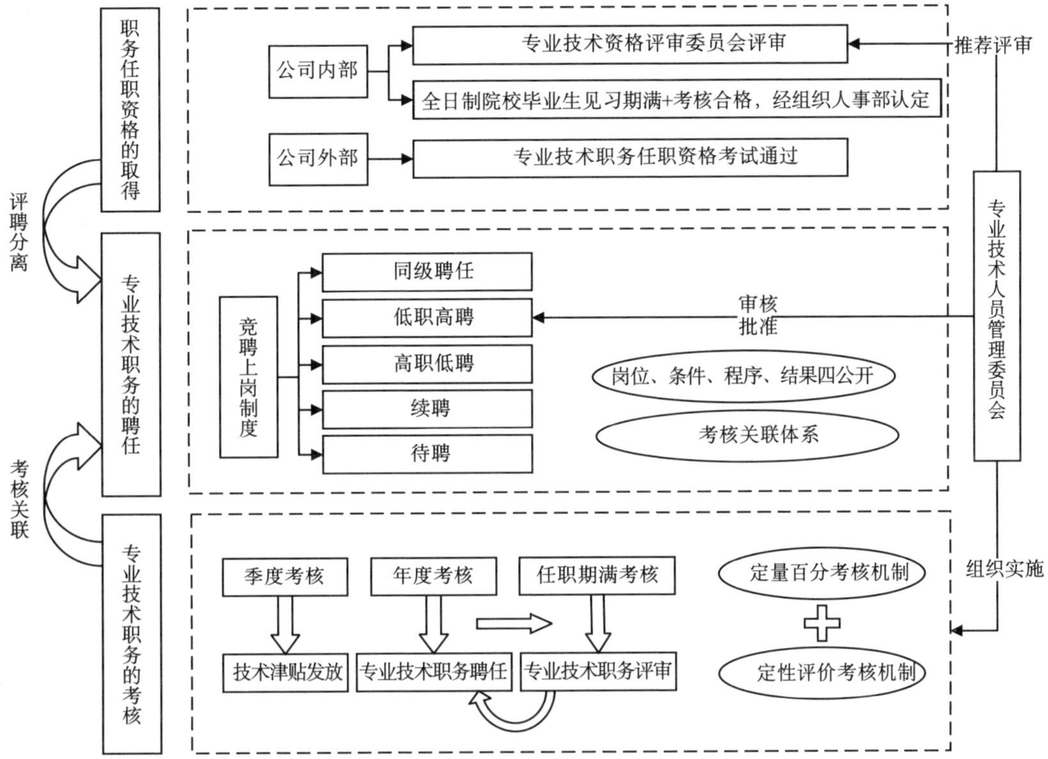

图 12－6 专业技术人员管理流程

季度考核采用百分制定量考核方式，年度考核和任职期满考核采取阶段性和连续性相结合，季度考核结果按一定比例计入年度考核和任职期满考核结果，定性评价和定量考核结果相结合，专家、领导和职工评议相结合的方式，结合年度专业知识测试结果综合分析确定等次。考核以履行岗位职责或任期目标的工作实绩为主要内容，从德、能、勤、廉、安、绩六方面进行考核。“德”主要考核政治表现、思想觉悟、职业道德，“能”主要考核业务知识和工作能力，“勤”主要考核工作态度、勤奋敬业和遵章守纪的表现，“廉”主要考核意志品质和廉洁自律情况，“安”主要考核安全管理和专业技术工作完成的优劣程度，“绩”主要考核本岗位职责、完成任期目标情况，完成工作任务的数量、质量、效益，取得成果的水平及社会效益和经济效益。

表 12－2 专业技术人员季度定量考核表

姓名		性别		单位
现有专业技术资格		现聘专业技术职务		
考核内容及分值			得分	备注
德（15分）	思想政治表现（5分）	学习贯彻执行党的基本路线和方针政策，遵纪守法		
	职业道德（5分）	服从领导，实事求是，爱岗敬业，对工作精益求精		
	社会伦理道德（5分）	公道正派，顾全大局，团结协作，乐于助人，谦虚谨慎，举止文明		

续表

考核内容及分值			得分	备注
能 （20 分）	学术理论水平 （4 分）	掌本职工作基础理论，能运用理论指导实践、解决问题，对本专业及相关领域最新学术动态和科研成果有一定的了解		
	本职业务工作能力 （4 分）	系统掌握本职业务工作的内容、要求，能独立完成本职业务工作和承担与本职工作相关的工作任务		
	组织协调能力 （4 分）	工作有计划，有条不紊，注意与他人沟通、配合和指导，督促他人完成工作任务		
	技术创新能力（4 分）	积极想办法推进本职工作，工作有生气、有特色、有创新		
	表达能力（4 分）	口头表达准确，思路清晰，具有完成本职业务工作需要的写作能力		
勤 （10 分）	出勤情况（4 分）	严格遵守劳动纪律、考勤制度，勤奋敬业，遵章守纪，积极参加集体活动		
	工作表现（6 分）	工作认真细致，积极主动，有事业心、责任感，钻研业务，有奉献精神		
廉 （10 分）	廉洁自律（5 分）	坚持政策指导，严格遵守廉洁从业的有关规定		
	意志品质（5 分）	思想端正，作风扎实，严于律己，廉洁奉公，秉公办事		
安 （20 分）	安全管理（10 分）	严格遵守各项安全管理制度，无“三违”，无事故		
	技术工作履职（10 分）	认真履行本专业技术岗位职责，技术工作无失察、失误、失职现象		
绩 （25 分）	工作数量（7 分）	完成本职工作目标的工作量和领导交派的任务		
	工作质量（9 分）	完成工作任务质量达到标准		
	工作效率效益（9 分）	完成工作任务准确，可靠，省时，效率高，效益好，技术革新、学术论文等方面技术工作绩效明显		

3. 职业技能人员考核

为全面推进矿职业技能鉴定工作，将薪资分配和职业技能鉴定紧密结合，为技术工人铺就一条“初级工—中级工—高级工—技师—高级技师—特级技师”的成才之路，矿成立职业技能鉴定管理、考核评审委员会，并于委员会下设各专业考评组，并按照职业技能鉴定工种、等级、人数等情况，随即组成考评小组并不定期轮换，负责全矿职业技能鉴定考核、评审和聘用工作。

在职业技能人员考核评价方面，结合各工种的具体岗位职责，从德、能、勤、绩四个方面进行百分制考评，按照考评分数将其划分为“不合格”“合格”“优秀”三个等级，将考评结果与月度、季度、年度绩效工资挂钩，并将考评结果作为晋升、续聘、解聘的依据。考核具体内容如下：“德”主要考评遵守国家法律法规和企业各项规章制度的情况以及政治思想表现、职业道德、工作是否能认真负责、是否能带领本工种工人出色地完成生

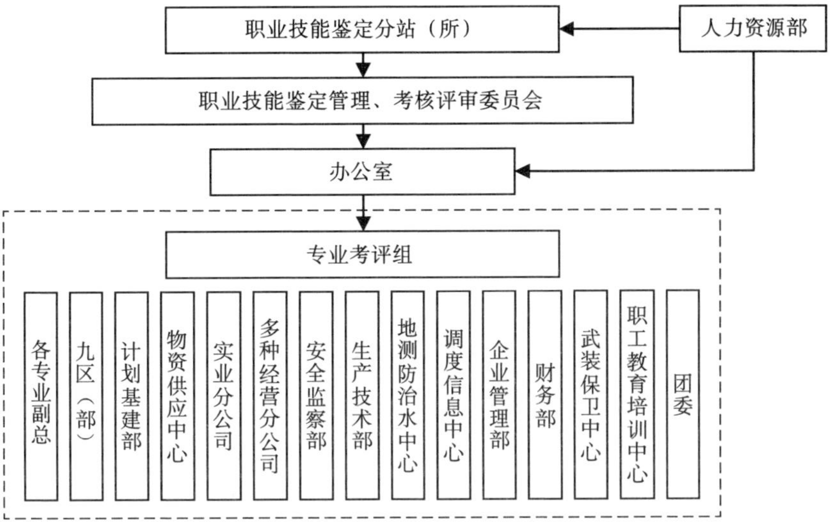

图12－7　技能鉴定人员管理组织架构

产任务；“能”主要考评是否具有丰富的生产实践经验和高超的技艺，能否独立解决本工种生产加工操作中的关键技术问题，并在技术革新、技术攻关方面是否成绩显著；“勤”主要考评工作态度、勤奋敬业和遵守劳动纪律情况；“绩”主要考评是否履行岗位职责，完成任期目标，完成工作任务的数量和质量，取得技术成果的经济效益和社会效益。

表12－3　F煤矿技术工人考评内容

考核内容	标准分	评分标准	得分	备注
遵守国家法律法规和企业规章	5	违反规定一项（次）扣2分，直至扣完		
是否有赌博偷盗等行为	5			
触犯钢规铁纪	5			
安全事故及受处分情况	10	每次扣5分，“三违”取消资格		
在质量标准化中的贡献	10	根据个人完成情况扣减		
本人完成工作任务情况	15			
能否负责起模范作用	13			
是否有生产实践经验和高超技艺	15			
遵守劳动纪律	10	每次扣5分		
是否达到法定出勤	12	较法定少一天扣2分		
出勤天数	法定			
考核得分				

（三）精益人才成长管理体系

1. 建通道——构筑人才发展平台

F煤矿以留住人才和用好人才为目标，构建了管理人才、专业技术人才、职业技能人才三支人才队伍发展三序列，并在此基础上推行了管理、技术、技能人才职业发展三通道，拓宽了人才成长发展路径。

第一，职位序列完善化。单位职位分为经营管理、专业技术和技能操作三个序列，经营管理序列设基层正职级和基层副职级两个层级；专业技术序列设员级、助理级、中级、高级四个层级，设工程、政工、经会统、教育和其他五大类型职位；技能操作序列设学徒工、初级工、中级工、高级工、技师、高级技师、特级技师、首席技师“八级工”职业技能等级，各层级各类别职位在薪酬待遇和绩效激励上分层定级。

第二，职业通道畅通化。实行“W”型人才管理模式，构建管理、技术、技能人才职业发展三通道，由单序列晋升模式拓展为管理通道、技术通道、技能通道融合晋升模式，为不同类型人员之间的流动提供了通道。

第三，职位职数适配化。坚持最低岗位原则、最少岗位原则、最合适岗位原则、最高层次原则、最优结构原则、最佳组合原则、最多限额原则，以具体专业技术任务分解为基础，明确相应的工作岗位，确定所需要的职务系列和专业技术职务档次。

2. 优储备——建立后备人才库

F 煤矿以干部队伍现状和工作需要为依据，将后备人才队伍建设作为持续性、基础性工程，分层分类建立后备人才库，致力打造人才“蓄水池”。

优“推”严“评”择干部。后备干部推荐环节，推荐包含民主推荐和组织推荐两种形式，组织推荐又分为矿领导提名推荐和基层单位提名推荐两种形式。其中，民主推荐得票率按有效票三分之一作为参照，并对不同层次人员推荐票进行综合分析；组织推荐根据领导干部岗位特点、工作职责分工、具体业务管理情况等择优推荐。后备干部评选环节，先由后备干部推荐工作组结合纪检监察部、安全监察部和武装保卫中心等部门意见对后备干部人员进行资格条件初审，重点做好“三龄两历一身份”的审查工作，经党委会投票选举确定人选。

因“岗”分类选人才。对于不同类别的人才制定不同的后备人才选拔方案，努力培养和选拔符合矿井发展需求的人才骨干。为全力打造“窗口、示范、排头兵”样板矿井，F 煤矿制定了生产系统技术副队长后备人才选拔方案，选拔任用素质高、能力强、肯吃苦、肯钻研的专业人才，提高用人质量。关于选拔流程，除对公开竞聘人员进行条件初审复审外，采用“笔试 + 答辩”两关卡对人员进行考核，并结合人员“附加分”情况，按照“笔试成绩 ×0.4 + 答辩成绩 ×0.6 + 附加分 = 最终成绩”公式计算，择优确定后备人才。其中，附加分项目包括学历加分、专业技术职称加分、荣誉加分、论文加分、工作能力及业绩成果加分、井下工作时间加分、出勤加分共 7 大类，尤其重视工作能力及业绩成果加分项，根据人员完成的工程项目方案行业标准、产品研制报告、技术推广总结、施工工法、专利、科研项目研究报告、科技成果等对应累积加分。

3. 精选拔——优化选拔方式

一方面，选拔流程规范化。坚持“八步”聘任流程：①拟定方案，成立组织。结合工作需要，拟定选拔方案，成立干部选拔任用工作组。②确定提名人选。按空缺岗位 1:1 或 1:2 优先从后备干部中推荐，或重新通过民主推荐和组织推荐方式确定。③民意测评。测评结果按照优秀、称职、基本称职、不称职四档次赋予分值，加权平均计算综合得分。

④审核审查，确定考察对象。⑤组织考察。实行干部考察工作责任制，结合一贯工作表现开展民主测评和组织考察，考察谈话人数不少于 15 人。⑥会议决定，任前公示。召开矿党委会议，实行署名票决制，确定人选。⑦任前谈话。矿党政主要领导进行集体谈话。⑧宣布聘任。

另一方面，选拔标准全面化。第一，建立以职业道德、知识结构、技能技术、工作实绩为主的选拔标准，依据干部选拔任用条件和不同岗位的职责要求，从信念坚定、为民服务、勤政务实、敢于担当、清正廉洁、品德高尚、实绩突出、工作创新、善于学习、发展潜力等方面综合考察；第二，打破部门、单位、身份等限制，打破岗位聘任中“论资排辈”的传统观念，设置同级聘任、低职高聘、高职低聘、续聘、待聘等多种聘任形式，坚持多劳多得、优绩优酬、破格晋升制度，确保人才“才配其位”。

4. 促成长——完善激励制度

（1）物质激励层面。F 煤矿分类完善薪酬分配体系，持续调整优化薪酬分配结构，形成重实效、重贡献的薪酬分配机制。第一，坚持“以奋斗者为本”，实现全员绩效考核，深入实施宽带薪酬，打破“平均主义”，合理拉开收入差距，实现能高能低。绩效工资与安全生产、工作质量、成本费用、劳动纪律、服务质量、文明生产挂钩，必须体现按劳分配的原则，不得搞平均主义。第二，坚持效率优先、兼顾公平原则，向奋斗者、贡献者、复合型高档次、高水平、高技能人才倾斜及苦、脏、累、险的生产一线岗位倾斜拉开分配档次，并同时兼顾弱势群体，惠及全体员工。第三，坚持效益第一、成本否决、工资负亏原则，建立工资总额与效益增长同向联动机制，工资水平根据矿经济效益情况调整。

F 煤矿为鼓励高技能人才在岗位上发挥技能、带徒传技，设置了技术技能津贴和带徒津贴。矿专业技术人员技术津贴实行动态执行标准，综合考虑专业技术人员职称等级和考核结果，按照职称等级和考核结果高低分层设置技术津贴。实施层面，矿对在岗在聘无行政职务（非正队级及以上干部）的专业技术人员季度定量考核结果作为下一季度技术津贴发放的重要依据。矿职业技能人员技术津贴同样按照技能等级和考核结果来分层发放，技能等级分为初级工、中级工、高级工、技师、高级技师、特技技师，考核结果分为合格和优秀两个档次。师带徒津贴结合比武大赛结果和年度总评结果来发放，徒弟获得比武大赛前三名，师傅和徒弟分别获得 1000 元、800 元、500 元的奖励，徒弟于年度总评考试中成绩达到 95 分和 90 分，徒弟分别给予 1000 元、800 元奖励，师傅分别给予 800 元、500 元奖励。

F 煤矿努力建设一支“高、精、坚”的工程技术人员队伍，主要在八区（部）及所属各队组、安全监察部、调度信息中心、生产技术部、地测防治水中心的煤炭主体专业在岗在聘的无行政职务（非正队级及以上职务）的优秀专业技术人员中选拔拔尖工程技术人员。受聘的八区（部）及所属各队组拔尖工程技术人员，每月补助津贴 500 元；受聘的业务部室（安全监察部、调度信息中心、生产技术部、地测防治水中心）拔尖工程技术人员，每月补助津贴 1000 元；受聘的负责矿井生产系统设计的拔尖工程技术人员，每月补助津贴 1500 元，受聘人员的补助津贴经考核合格后由矿专业技术人员管理委员会办公室按季度发放。补助津贴与季度考核分数挂钩，季度考核分数达不到 95 分的，补助津贴按 75% 发放，季度考核分数达不到 90 分的，补助津贴按 50% 发放；季度考核分数达不到 85 分的，补助津贴按 25% 发放；季度考核分数达不到 80 分的，取消补助津贴。

（2）精神激励层面。F 煤矿在内部岗位公开竞聘、择优录取的基础下，坚持契约化、引入任期制，强化考核淘汰机制，破除“职场铁交椅”，激发人才工作活力。一期一聘，到期重聘，周期调整，例如选拔出的后备干部和后备人才有效期一般为一年，专业技术职务和职业技能等级聘任期限为 1 年，且在聘用职数内根据工作需要和本人表现持续考核，合格者续聘，不合格者解聘。

F 煤矿加强荣誉、表彰激励，评先评模，发挥人才示范引领作用，对符合条件的高技能人才按规定授予五一劳动奖章、青年五四奖章、青年岗位能手、三八红旗手、巾帼建功标兵等荣誉，对在技能比武大赛、导师带徒等活动中取得优秀成绩的人才优先列入优秀人才信息库和后备人才库，优先提拔重用。

（3）专项激励层面——科技创新。为提高矿科技创新能力和生产效率，F 煤矿成立以矿长、党委书记为组长的科技创新领导组，并于生产技术部设置办公室，建立完整的科技创新实施体系，完善科技创新管理制度，编制科技创新发展规划。第一，明确责任目标，为矿基层干部、各队组技术副队长、各区队每年、每季度设置科技创新项目责任目标，明确规定科技创新项目、科技成果项目、小改小革项目的上报最低要求。第二，实行项目负责人制，项目负责人对项目的完成目标、实施进度、资金使用、项目总结等负全面责任。第三，全程监督项目进度，项目实施年限一般不超过两年，并可以逐年滚动立项，超过两年的项目进行中期检查和中期评估；项目承担单位在项目实施过程中每季度要向矿科技管理领导组报送项目进展及经费支出情况报告，项目承担单位项目完成后向矿科技管理领导组申请项目验收，矿科技管理领导组将组织相关部门专家对项目进行验收。第四，开展全面质量管理工作，各单位设置一名专（兼）职质量管理员，负责质量管理（QC）小组的日常管理工作，质量管理（QC）小组活动要遵循科学程序，按照 PDCA 循环开展活动，每月集体活动不少于两次，每次成员出席率不得低于 80%，定期填写《质量管理（QC）小组活动记录本》，矿每季度对开展活动情况进行检查。

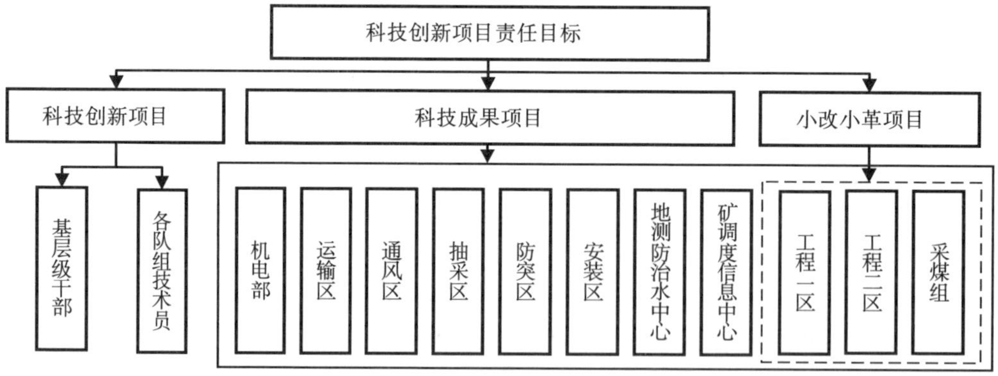

图 12－8　科技创新项目责任目标

为引导和推进自主创新工作，矿实行以奖为主、以惩为辅的考核激励制度。矿依据各单位年度考核结果对单位负责人和创新工作负责人进行奖惩，年度考核前 3 名、4－6 名单位分层对其进行奖励，对未能完成全面质量管理（QC）小组成果、科技论文、科技信息等科技创新活动责任目标的单位技术负责人进行扣罚，并作为年终考核的依据。科技创新奖励分为小改小革（创新项目）和科技成果奖励、专利奖励、全面质量管理（QC）奖励、科技论文奖励、科技先进集体和个人奖励五大类。对于小改小革（创新项目）和科技成果，矿每两年对小改小革（创新项目）和科技成果进行集中评比奖励，根据项目推广使用情况、创造的直接或间接效益分别设置奖项。对于专利，按发明、实用新型及外观设计给发明人或设计人一次性奖励。对于全面质量管理（QC），根据矿群众性质量管理（QC小组）活动开展情况，对获矿、公司、省部级、国家级优秀QC小组成果奖的成员小组分别给予一次性奖励。对于科技论文，对在矿和公司组织的优秀论文评选获奖的论文、被省级期刊录用或省（部）、市级获奖的论文、被SCI、EI、ISTP检索系统或中文核心期刊录用的论文给予论文作者一次性奖励。对于科技先进集体和个人，矿每两年召开一次科技创新表彰大会，根据在科技创新、成果转化方面做出贡献的情况，设置“科技创新先进集体”“科技创新功臣”“科技创新立功个人”“科技创新标兵奖励”“科技创新先进个人”“优秀技术员”及“小改小革创新个人”七大类奖项。

（4）专项激励层面——安全生产。为全面抓好矿井安全生产标准化管理体系工作，F煤矿成立以矿长、党委书记为组长的安全生产标准化管理体系持续改进工作领导小组，并于安全监察部设置办公室，不断调整完善安全生产标准化管理体系运行机制，明确各专业安全责任范畴，定期对各专业安全生产工作进行考核评价。

关于安全生产标准化管理责任分工，矿长、安全副矿长分别作为安全生产工作的主要负责人和分管负责人，负责组织制定工作制度，对安全工作全面负责；生产副矿长负责采煤、掘进、运输、调度专业质量控制，机电副矿长负责机电专业质量控制，总工程师负责通风、地质灾害与测量专业质量控制；安全监察部是持续改进工作的责任部门，负责组织召开季度自查自评总结会议，形成内部考核分析报告，编制体系运行分析报告，制定矿下年度提升规划和调整方案；其他相关部门负责对本专业、本单位涉及安全生产标准化部分进行总结分析、措施落实、检查验收、运行质量分析等持续改进工作。

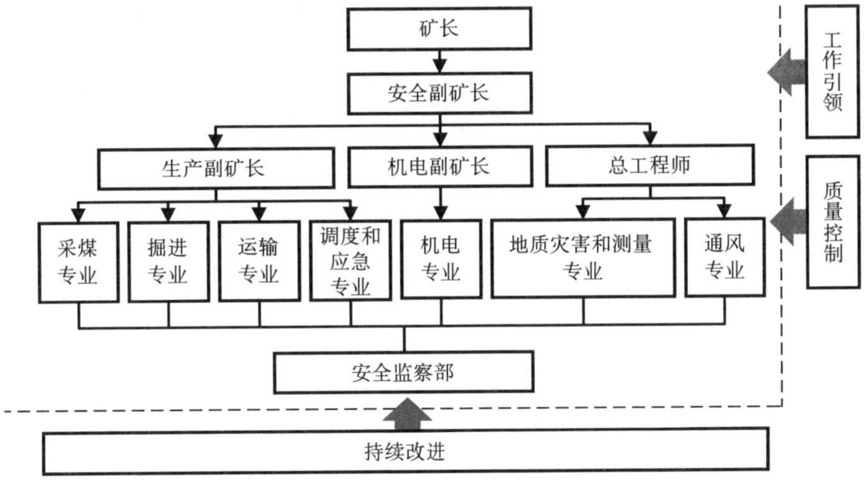

图12-9　安全生产标准化管理体系主要责任分工

关于安全生产标准化管理考核评价，各专业按照制度规定季度末将季度内部自查自评和外部检查考核相关原始资料报安全监察部进行汇总；每季度召开一次归纳分析会议，针对本季度发现的问题或隐患分析其根源，制定改进措施并落实；每年年底各专业组根据体系运行分析报告，制定下一年度工作改进方案。

关于安全生产标准化管理绩效评价，由安全监察部牵头，每季度第一个月上旬对各分管部门和相关责任人员进行上一季度的季度综合考核，并兑现奖惩。季度考核内容包括安全生产目标完成情况、标准化管理体系内部自查和外部检查考核结果情况；考核对象包括负责理念目标和矿长安全承诺、组织机构、安全生产责任制及安全管理制度、从业人员素质、安全风险分级管控、事故隐患排查治理、通风、地质灾害防治与测量、采煤、掘进、机电、运输、调度和应急救援、职业病危害防治和地面设施的各专业部门；考核奖惩根据专业部门工作排名进行，对取得前三名的专业部门进行分层现金奖励，对取得前三名的专业负责人按本专业所得奖励的10%兑现，对排名倒数后三名的专业对照前三名奖励的50%进行处罚和反思检查。

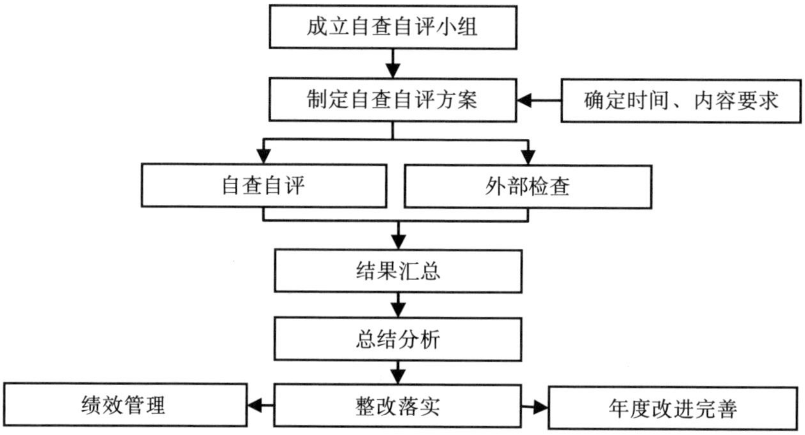

图12－10 安全生产标准化管理考核评价工作流程

（5）专项激励层面——成本管控。为认真贯彻落实精益化管理成本管控理念，F煤矿成立以矿长、党委书记为组长的精益化成本管控工作领导组，并于财务部设办公室，重塑成本管控机制，创新成本管控方式，构建成本管控模型，建立了“1＋8”精益化成本管控体系，即1个总成本管控中心，下设8个成本项目管控中心，做到层层有任务、人人有指标、月月有考核。

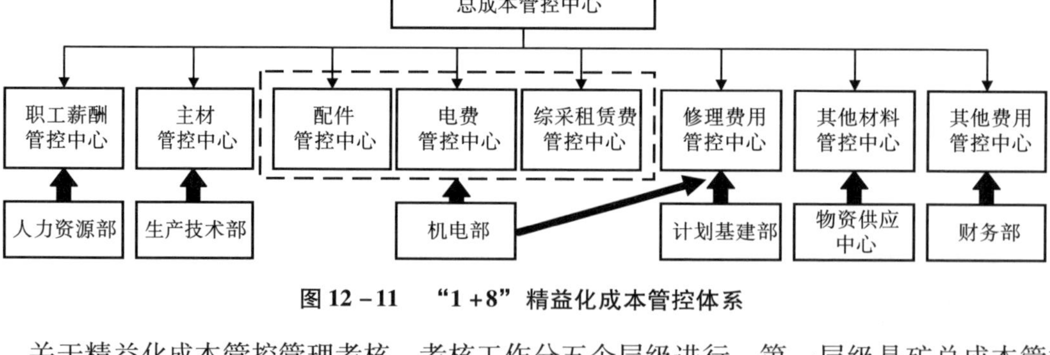

图12－11 “1＋8”精益化成本管控体系

关于精益化成本管控管理考核，考核工作分五个层级进行，第一层级是矿总成本管控层级，管控部门为财务部，负责全矿目标成本指标的分解；第二层级是项目成本管控部门，将成本指标精益分解到延米、吨煤、进尺、钻孔数量等单位，作为每月控制成本下达的基础；第三层级是各生产、辅助队组、机关部室、地面单位；第四层级是各单位所辖队组；第五层级是全矿各班组和职工个人。各成本管控中心将成本管控指标精细分解，落实到基层各单位、队组和个人，并以月为周期考核兑现。

成本管控考核执行当月考核，累计兑现，年末进行综合考核。全年完成指标的，扣除部分可全额返还；全年未完成指标的，对已奖励部分从当月工资中全额扣除，超支部分正常考核，扣除部分未能完全执行的，滚动计入下年度考核周期。关于对各指标管控部门的考核，财务部针对八大成本管控中心计算月度成本节超的百分比，并按照《精益化成本管控考核表》进行考核，《精益化成本管控考核表》见附录。关于各指标管控部门对各单位、队组的考核，实行分项月度考核。对生产、辅助区的区部考核内容分两部分，第一部分是区部自身产生的费用，第二部分是其所管辖队组的奖罚总额。对生产辅助队组的考核内容及标准按节超额的100%进行考核，队组班子承担固定比例的考核金额，其他人员执行连带考核。对机关科室和地面单位指标费用的考核，实行月度均衡考核，办公、事物用品、材料费节超额按100%进行奖罚，其他费用按30% -50%进行奖罚。对多种经营分公司利润、实业分公司收费的考核，实行季度考核，超额完成季度指标的，按50%兑现工资奖励；未完成季度指标的，按亏利额（减收额）的50%扣除各单位工资，责任单位主要负责人应承担工资抵补总额的一定比例。

二、精益人才保障体系的支持

（一）组织制度建设

组织有保障。为确保矿精益化管理工作全面推进，F煤矿成立以矿党政为组长的精益化管理工作领导组，负责全面领导矿精益化管理工作，研究制定精益化管理制度，统筹安排各项工作任务；精益办负责落实领导组做出的精益化管理各项部署，制定总体工作方案和规章制度，并结合工作实际，对全矿各单位、部门精益化管理开展进行督导考核，组织开展精益化管理知识培训。

工作有标准。为强化基础管理工作，F煤矿重新梳理、修订了矿井各单位的管理职责和岗位职能，并借鉴模拟电器开关“模糊和傻瓜”模式，修订了《岗位流程图》，明确了地面和井下280余个重点岗位的操作流程，使各项工作有了可视的量化标准，使管理工作有了依据，实现了员工的全流程闭合式管理，达到了岗位工作的程序化、标准化、规范化、高效化。

管理有依据。为使精益人才能够对精益化管理工作的推进起到支撑作用，F煤矿围绕《精益化管理工作实施方案》，更新制定了《精益创新项目管理办法》《精益现场改善提案实施方案》《党风廉政建设精益管理考核办法》《“导师带徒”活动管理办法》《安全生产标准化管理体系持续改进工作制度》《考勤管理制度》《基层级干部综合业绩考核实施方案》《公开选拔生产系统技术副队长后备人才实施方案》《科技创新管理办法》《劳动工资管理办法》等制度文件，且在人才培训方面制定下发了《其他从业人员安全培训实施办法》《职工教育培训管理办法》《兼职教师管理办法》《安全培训管理制度》，建立健全了人才培养长效机制，确保人才培养工作有据可依。

（二）基础设施建设

1. 资金保障方面，F煤矿根据上级公司《职工教育培训经费提取与使用管理办法》规定，按全矿职工工资总额的2.5%足额提取职工教育培训经费，职工教育培训经费专款专用，当年结余转入下年度继续使用。在使用时，职工教育培训经费用于安全培训的比例不低于总额的40%，用于一线职工教育培训的比例不低于总额的60%，重点投向技能型人才特别是高技能人才的培养以及在岗人员的技术培训和素质提升教育。

2. 教学设备设施保障方面，基于人才培训需求，培训中心配备了教学相关设备设施，包括教室桌椅、多媒体计算机、投影仪及其附属设备设施等，建立了教学设备设施登记台账，对于重要教学设备设施安排专人管理使用，并对教学设备设施的数量、质量和保管使用情况定期检查、维护和更新。

3. 实训基地和技术中心建设方面，F煤矿重视员工实操技术技能培训，在培训时以职工创新工作室、技能大师工作室和各区队工作场地作为实训场所，在资金、技术、人员等方面全力支持技能大师工作室建设。职工创新工作室于2019年挂牌成立，现有高级工程师2人，工程师3人，助理工程师2人，技师1人，其以“物联网整合，互联网传输，数字化集成，可视化保障，程序化操作”为核心，以实现智能化开采机制为创办宗旨，一方面深入开展新技术、新设备、新工艺的推广应用及课题研究，项目攻关，技改落实等各项创新工作，另一方面通过实训联合办学加强高技术、高技能人才队伍建设。

（三）信息系统建设

F煤矿响应集团总体部署安排，成立人力资源信息系统项目实施小组，应用集团统一的数智化人力资源管理信息平台，规划人力资源数据标准，优化人力资源业务管理流程，支撑人力资源信息分析应用，实现人力资源战略管控定位，提升人力资源信息化水平。人力资源信息系统以规范基础数据管理和主要业务流程为目标，建立统一的人力资源数据库，为战略管控提供信息化支撑，实现同主要关联业务信息系统的集成。实施内容包括软件系统平台、硬件系统平台及共用业务功能模块三方面，其中，共用业务功能模块包括组织机构管理、员工信息管理、岗位管理、人事管理、干部管理、劳动合同管理、职业技能鉴定、薪资管理、培训管理、保险管理、统计报表、人力资源门户、系统维护。数智化人力资源信息系统的建设，进一步加强了人力资源的管理工作，实现了人力资源管理的规范化、信息化、科学化，提升了人力资源业务的分析与管控能力。

更新打造职工教育培训管理系统。职工教育培训中心为适应当前信息化教学发展趋势，结合实际工作情况，上线集查询、学习、练习、考试为一体的职工教育培训管理系统，发挥智能化培训管理作用，规范“一期一档”“一人一档”建档过程，健全档案台账管理，建立统一流程，同时可视化职工相关培训记录和持证信息，满足职工个人培训信息查询需要，便于队组登陆该系统查缺补漏，适时安排人员及时参加培训，避免无证上岗的情况，达到提高工作效率、精益流程管理的目的。

附录　F 煤矿精益化成本管控考核表

单位：元

考核内容	节超区间奖罚比例			考核单位			生产辅助区队、机关单位、地面单位											多经公司利润、实业分公司收费			
							区部、机关部室、地面单位							队组							
							成本考核				连带考核										
				部门正职	部门副职	相关人员	考核基数	单位正职、经营副职	其他副职	相关人员	考核基数	单位正职、经营副职	其他副职	考核基数	一线队正职	二线队正职	相关人员	单位正职经营副职	其他副职	队正职	相关人员
月度考核项目	0	~	10%（含）	1000	600	300	节超额	25.00%	20.00%	余额	所辖队组奖罚总额的100%	20.00%	10.00%	节超额	20.00%	30.00%	余额	/			
	10%	~	20%（含）	3000	1800	500		20.00%	15.00%	余额		20.00%	10.00%		20.00%	30.00%	余额				
	20%	~	30%（含）	5000	3000	1000		15.00%	10.00%	余额		20.00%	10.00%		20.00%	25.00%	余额				
	30%	~	40%（含）	8000	4800	1500		13.00%	8.00%	余额		10.00%	6.00%		15.00%	20.00%	余额				
	40%	~	50%（含）	10000	6000	2000		11.00%	6.00%	余额		10.00%	6.00%		10.00%	15.00%	余额				
	50%	~	以上	15000	9000	2500		11.00%	6.00%	余额		10.00%	6.00%		10.00%	15.00%	余额				
季度考核项目	0	~	10%（含）	1000	600	300	节超额	20.00%	15.00%	余额	所辖队组奖罚总额的100%	8.00%	5.00%	节超额	20.00%	25.00%	余额	30.00%	15.00%	10.00%	余额
	10%	~	30%（含）	4000	2400	1200		15.00%	10.00%	余额		8.00%	5.00%		15.00%	20.00%	余额	20.00%	10.00%	8.00%	余额
	30%	~	50%（含）	9000	5400	余额		10.00%	6.00%	余额		8.00%	5.00%		10.00%	15.00%	余额	15.00%	6.00%	5.00%	余额
	50%	~	以上	15000	9000	余额		10.00%	6.00%	余额		8.00%	5.00%		10.00%	15.00%	余额	10.00%	6.00%	5.00%	余额
年度考核项目	0	~	50%（含）	5000	3000	余额	节超额	20.00%	15.00%	余额	所辖队组奖罚总额的100%	5.00%	3.00%	节超额	5.00%	8.00%	余额	/			
	50%	~	以上	10000	6000																

参考文献

1. J. M. Morgan & J. K. Liker: "The TOYOTA Product Development System", Productivity Press 2006,『トヨタ製品開発システム』, ダイヤモンド社, 2002年。

2. Hiromoto, T. 1988. Another hidden edge: Japanese Management Accounting. Harvard Business Review, 66 (4): 22 – 26.

3. Cooper, R. (1994), Cost Management in Confrontation Strategy: Lesson from Japan, Harvard Business

4. 大野耐一（1978）『トヨタ生産方式—脱規模の経営をめざして』ダイヤモンド社。

5. 田中雅康（1995)『原価企画の理論と実践』, 中央済社。

6. 土屋裕, 田中雅康, 中神芳夫編集代表（2007）『VEハンドブック』, 日本 VE 協会。

7. 小林英幸（2017)『原価企画とトヨタのエンジニアたち』, 中央経済社。

8. 片岡洋人（2017)「レベニューマネジメントとビジネスモデルの多様化」『産業経理』77 (1), 79 – 89.

9. 加登豊（1993)『原価企画: 戦略的コストマネジメント』日本経済新聞社。

10. 門田安弘（1994)『価格競争力をつける原価企画と原価改善の技法』東洋経済新報社。

11. 門田安弘（2016)『トヨタプロダクションシステム』ダイヤモンド社。

12. 日本会計研究学会（1996)『原価企画研究の課題』森山書店。

13. 田中雅康（1979)「原価管理とコスト・エンジニアリング」『原価計算』229.

14. トヨタ自動車株式会社（1987)『創造限りなく』トヨタ自動車株式会社。

15. 伊藤嘉博（1999)「日本的知識創造プロセスの海外移転の可能性と困難性～イタリア企業における原価企画導入プロジェクトに関するフィールドリサーチ」『国民経済雑誌』179 (2), pp. 13 – 30.

16. 小林英幸（2017)『原価企画とトヨタのエンジニアたち（メルコ学術振興財団研究叢書)』中央経済社。

17. 清水信匡（1992)「原価企画活動における目標原価情報と知識創造の関係」『産業経理』51 (4), pp. 1 – 9.

18. 田中雅康（1992)「原価企画における原価改善技法」『原価計算研究』17 (2), pp. 1 – 19.

19. 谷 武幸（1997）『製品開発のコストマネジメント—原価企画からコンカレント・エンジニアリングへ』中央経済社。

20. 日本会計研究学会（1996）『原価企画研究の課題』森山書店。

21. 余绪缨，汪一凡主编，《管理会计学》，中国人民大学出版社，2010 年版。

22. ［美］加里·柯金斯著，《作业成本管理：完全操作手册》，谭丽丽译，经济科学出版社，2006 年版。

23. ［美］詹姆斯·A. 布里姆森、［美］约翰·安托斯著，许燕译审，作业成本预算，经济科学出版社，2006 年版。

24. 李守武主编，《管理会计工具与案例：成本管理》，中国财政经济出版社，2018 年版。

25. 李守武主编，《管理会计工具与案例：绩效管理》，中国财政经济出版社，2018 年版。

26. ［美］斯坎特·达塔、马达夫·拉詹著，王立彦、谌嘉席，郭放译，《管理会计：决策制定与业绩激励》，北京：中国人民大学出版社，2015 年版。